シリーズ

花岡事件の人たち

中国人強制連行の記録

第三集　花岡鉱山

野添 憲治

社会評論社

シリーズ・花岡事件の人たち刊行にあたって

一九三五年に秋田県北の山村に生まれたわたしは、小学校が国民学校に改称された一九四一年に入学し、戦争教育を受けて育った。やがて父が出征し、働き手のいないわが家ではわたしが学校を休んで妹たちを見て家事をやり、田畑で働いた。生活は苦しかった。

日本が敗戦になる直前の一九四五年の七月初旬、村の山奥に二人のチャンコロ（当時は中国人をこう呼んでいた）が逃げてきたので、騒然となった。年寄りの男たちが鎌や竹槍を持って山狩りに歩き、田畑へ働きにでる人もなく、夜は枕元に鉈《なた》を置いて寝た。三日目に二人は捕らえられ、村の人たちは役場前へ見に行った。学校から連絡がきてわたしたち児童も見に行き、縛られて土に坐っている二人にツバを吐きつけ砂をなげ、罵声をとばした。それほど気持が高ぶる軍国少年だった。

新制中学校を卒業後は山林の出稼ぎに七年ほど歩き、その後は村内の国有林で働いた。はじめて日曜日が自分のものになり、昔話の採集に興味を持っていたわたしは、村々を歩いた。二七歳の夏、花矢町の花岡鉱山に行き、戦争中に起きた花岡事件のことを聞いた。これほど残酷な事件が、村から山を二つほど越えると行ける所で起きたのを知らなかった。しかも、話を聞いているうちに、戦争末期にわたしの村に来た二人の中国人は、花岡事件で逃げた人たちだと気がついた。先生に引率されて行ったとはいえ、その二人にツバを吐きつけ、砂をなげたうえで何度も罵声を叫んだのだ――。

わたしはそれまで、軍国少年であったことは認めるが、戦争に直接手をくだした加害者ではないと思っていた。しかし、花岡事件を知って中国人たちを痛めつけている自分を見つけて愕然とした。わたしも加担した花岡事件を詳しく知りたいと思ったが、当時は本も手に入らなかった。花岡鉱山に行くと話を聞いて歩いたが、「花岡事件」というだけで戸をしめられた。花岡鉱山では触れてはならない禁句になっていたが、地元の人たちに聞くより方法を持たないわたしは、戸をしめられ、睨《にら》みつけられても話を聞きに通うようになった。花岡事件とわたしのつながりはここからはじまったが、その後は中国人強制連行や朝鮮人強制連行にも手を拡げたものの、いまもこの作業を続けている。

花岡事件を簡単に説明すると、一九三七年に日本は中国侵略を拡大して日中戦争をはじめたが、翌年に日本政府は国家総動員法を制定し、国民徴用令を公布して労務動員計画をたてた。朝鮮人に対しては一九三九～四五年まで約一五〇万人（朴慶植）を日本各地に強制連行したが、太平洋戦争にはいるとさらに労務者不足は深刻になった。一九四二年に東条内閣は中国人労働者の内地移入を閣議決定し、一九四四年の次官会議決定を経て約四万人の中国人を日本に強制連行し、一三五事業所で働かせた。そのうち、現在の秋田県大館市花岡町の鹿島組（現鹿島）花岡出張所は、花岡鉱山から請け負った水路変更工事に九八六人を使役したが、重労働や鹿島組補導員らの暴行や虐待に抗議し、一九四五年六月三〇日の夜に中国人はいっせいに蜂起した。憲兵隊などによる鎮圧後の死者も含め、帰国までに四一八人が死亡した。日本の敗戦後に中国人強制連行は花岡事件だけが横浜の第八軍法廷で裁かれ、六人に実刑の判決が下されたものの全員が仮出所し、実際に刑は執行されなかった。

帰国した花岡事件の生存者と遺族は花岡受難者聯誼会を結成し、一九八九年に「鹿島建設に対する公開書簡」を発表し、（1）謝罪、（2）記念館の設立（秋田県大館市と北京）、（3）賠償を要求した。だが交渉は進展せず、一九九五年に耿諄たちに一一人は損害賠償請求訴訟を東京地裁に起こした。しかし、「損害賠償請求権は消滅した」と請求は退けられ、東京高裁に控訴した。二〇〇〇年一一月二九日に和解が成立し、鹿島は五億円を中国紅十字会に信託したが、三点の要求は認めなかった。

目次

第三部

花岡事件を見た二〇人の証言（後編） 305

ＧＨＱが1945年10月に地元の写真店に撮らせた中山寮。米国立公文書ワシントン記録センターで接写撮影。（御茶の水書房『花岡事件と見た二〇人の証言』より転載）

進駐軍秋田市に入る

右上：進駐軍が秋田市に入る様子を伝える秋田魁新報（1945年9月20日付）。左：米国立公文書ワシントン記録センターで接写撮影より。鉢巻山と呼ばれた中国人の墓。右下：ＧＨＱの指示で鉢巻山から発掘した遺骨。（御茶の水書房『花岡事件と見た二〇人の証言』より転載）

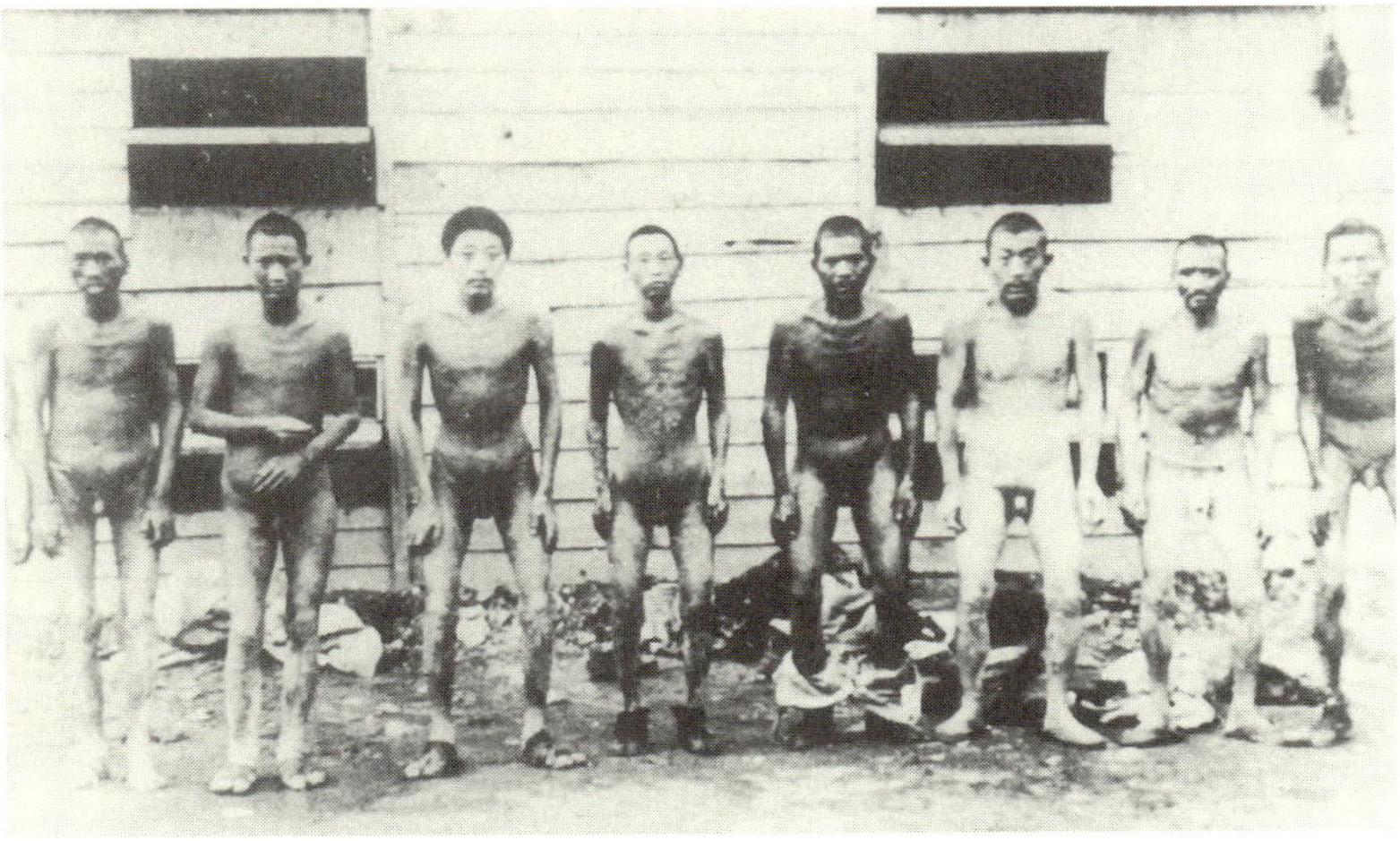

米国立公文書ワシントン記録センターで接写撮影。上：1945年10月にＧＨＱにより地元の写真店が撮影した花岡鉱山の生存者たち。健康状態を知るため裸にして撮影された。左下：同じくＧＨＱにより地元の写真店が撮影。中山寮で発見された遺体。右下：秋田検事局が1945年6月30日直後、花岡事件を裁くため中山寮内部を撮影。（御茶の水書房『花岡事件と見た二〇人の証言』より転載）

米国立公文書ワシントン記録センターで接写撮影。右上：発掘された中国人の遺骨。左上：「花岡中国人殉難者遺骨発掘作業所の前で「全日自労花矢町花岡分会」の人たち。右下：華人死没者追善供養塔から出された中国人の遺骨。左下：故国に着いた中国人殉難者の遺骨。

p.9 〜 p.12：1982 年 6 月 30 日より同年 10 月 27 日まで秋田・北鹿新聞紙上で連載された「聞き書き 花岡事件」。経緯など詳しくは巻末「第三集あとがき」を参照。（抜粋記事はいずれも『復刻 聞き書き 花岡事件　37 年目の証言』能代文化出版社、2003 年から転載。）

聞き書き 花岡事件

37年目の証言

野添憲治

①

連載にあたって

昨年の十一月二十四日の夜、NHKラジオ第一の「あの時わたしは」という番組の一つとして、「昭和20年・花岡事件」が放送された。この番組は、事件に直接かかわった人たちの証言をとおして、昭和史を描くのが狙いだったが、放送されるまでに小さな内幕があった。

制作はNHK仙台放送局が担当したが、花岡事件を取り上げることが決まったとき、事件が事件だけに一人から証言を得るのは難しいと思うので、わたしに証言者からの聞き役になってもらえないかという話があった。永年にわたって花岡事件を調べてきた一人として、この事件の真相を多くの人たちに知ってもらうにはいい機会だと思い、わたしは聞き役を引き受けた。

NHKではさっそく、証言者探しをはじめた。名前を出さないのだったらいいが、名前が出るのだったら困るということで、だいぶ苦労したようだった。ようやく花岡鉱山労務員の未亡人から承諾をとり、大館市の自宅におじゃまして収録を終えることが出来た。駅前の喫茶店でコーヒーを飲みながら、

「花岡事件はまだ生きているのだな」

と、ディレスターはつぶやいた。

ところが、放送三日前の夜、証言者から名前を出さないで欲しいという電話が担当者に入り、さっそく東京の担当者とも相談したが、名前が出なければ証言の意味が希薄になるので、放送には使えない。だが、時間がないので、わたしの体験をしゃべってもらえないかというのだった。翌日の日曜に、秋田放送局で落ち合って収録し、ようやく放送することが出来たのだが、花岡事件とわたしとのかかわり方は、小さなものだった。

山本郡藤琴村（現在の藤里町）に生まれたわたしは、太平洋戦争がはじまった昭和十六年四月に国民学校へ入学したので、花岡事件が起きた昭和二十年六月三十日は、五年生であった。梅雨が続いていた日と記憶しているが、中国人の俘虜が花岡鉱山で暴動を起こし、わたしの村にも逃げて来たという話が伝わった。その中国人たちは、山採取りに行った娘を焼いて食べたとか、農家から牛や馬を盗んで食ったという話も伝わり、村の人たちは恐怖におののいた。

日中は男たちが、鎌や竹槍を持って山狩りに歩き、夜になると集落の入り口にたき火をして夜警がついた。わたくしたち子どもも寝る時は、枕元に鉈などを置いて、いざという時にはいつでも手に持てるようにした。

戦時中の花岡（前田）＝無明舎刊・思い出のアルバムより

こんな日が二日ほど続いて、二人の中国人は捕えられた。その翌日、中国人を見に来いという知らせが来て、わたしたちも見に行った。両手をうしろに縛られ、土の上に坐らされていたが、その二人の周囲を列を組んで歩きながら、先生の号令に合わせて、

「チャンコロの人殺し」

と叫びながら、何度も回わった……。

これがわたしの体験だが、のちになって花岡事件のことを詳しく知ったとき、わたし自身も加害の一人だったことを知った。子どもが先生に引率されての行動だったでは、許されることではない。そう気付いてからわたしの花岡事件への取り組みがはじまったと言って、中国人強制連行からはじまり、花岡事件とその後の概略を語り、ようやく「昭和20年、花岡事件」は放送されたのだった。

聞き書き 花岡事件 ㊼

37年目の証言

野添憲治

戦時中の花岡

これまで見たいくつかの資料でもわかるように、戦時中の花岡鉱山では大量の民間人や俘虜などを投入しながら、生産をつづけていた。また、その一方では、労働管理や施設の充実にはほとんど手をつけなかったために、坑内外で頻繁に事件が発生し、怪我人や死亡者が続出していた。こうした中で、昭和二十年の春が深まったころに、「七ッ館事件」が発生するのだった。

花岡鉱山にある七ッ館鉱床は昭和四年に発見されたものだが、発掘の最盛期が日中戦争から太平洋戦争にかかっていたため、できるだけ費用をかけないようにするため、独自の坑口はつくらず、坑夫たちは隣の堂屋敷坑口から出入りしていた。また、発掘の終わったあとに、ジリを入れて空洞を埋めるという初歩的な処置さえもとらないで、乱掘につぐ乱掘をつづけていた。

鉱山側の資料によると、昭和二十年「五月二十九日突如として七ッ館坑が坑内伏流水の異状出水のために崩落し、奔出地下水は泥流水となってたちまちポンプ座を浸し、連絡坑道に侵入して堂屋敷七番坑以下を水没せしめるという不測の災害が発生、崩壊個所で二十四名の尊い殉職者を出したのは花岡鉱山史上痛恨きわまりないことであった。（遺体収容は、地盤の自然安定を見るまでは危険のため着手不能のまま経過、ようやく戦後二十七年に同坑土砂竪坑から坑内作業に移ることができて、今なお続行中である）堂屋敷坑下部の復旧には非常な努力を傾注した。取明け作業は一進一退の困難を繰り返すのみで、期待される増産は深刻な打撃を被った(1)」という。

「七ツ館事件」と「花岡事件」の共通性

この落盤と浸水による事故によって、坑内で作業をしていた十二人の日本人労働者と、十二人の朝鮮人労働者の計二十四人が生き埋めとなった。しかも、陥落後も数日にわたって、七ッ館坑の奥深くまで敷かれている軌道のレールが、坑内の奥でハンマーで叩かれる音がかすかに聞こえて、生き埋めにされた人たちの生存を告げていたというが、花岡鉱山ではこれを無視して救いの手をさしのべなかったという。

坑夫の遺族や仲間の坑夫たちは、せめて遺体だけでも掘り出してくれるように、花岡鉱業所に懇願したが、

「そんなことをやっていると、鉱石の発掘が大幅に遅れてしまい、大東亜戦争にも重大な影響をあたえるので、それはできない」

と、戦争に責任を押しつけて、遺体の発掘を拒否した。

だが、鉱山側の資料には、「遺体収容は、地盤の自然安定を見るまでは危険のため着手不能」と記されていることは、前にも引用しているが、戦時中の発言と、戦後になってからの記録とでは、あまりにも異なりすぎるのだ。この大きな違いの中に、この事件にたいする鉱山側の対応がよく出てはいないだろうか。

結局は、「軍需に追われて生産をあげるという形で、莫大な利益を確保している鉱山経営からすると、日本人も朝鮮人も働く道具の一つにすぎないこと(2)」を、この事件の後始末は、明確に語っている。ということは、花岡事件を掘り下げていくと、深い部分で、七ッ館事件と共通していることを、わたしたちはまざまざと知らされるからである。

鉱山側に遺体の発掘を願う家族たち
（「花岡ものがたり」より）

(1)「七十年の回顧」
(2)「花岡事件の人たち」

聞き書き 花岡事件 (81)

37年目の証言

野添憲治

一斉蜂起

二回にわたった三浦太一郎元大館署長の話は、他の関係者や証言者の話とはかなり違っている部分もあるが、ここでは問題にしないで、取り締まりの側にいたもう一人の万から話を聞きたい。元秋田憲兵分隊伍長のHさんである。

「花岡で暴動が起きたというのは、県警から電話で第一報が入ってわかったが、時間ははっきりしませんな。ただ、夜中の二時半に秋田駅を出発したという記憶はあるス。というのは、大館はお前の地元で詳しいだろうから、まずお前が先に行けといわれたが、車がないわけだスよ。さっそく秋田駅に汽車がないかと聞いたら、無蓋貨車よりないというんで、よし、それでいいから出せと指令したわけだス。しかも、暴動は起きたというものの、さっぱり内容がわからないのだスな。ただ、日本人を殺して六百～七百人が逃げたという程度よりわからないのだス。だが、もし万一のことがあればというので、十七連隊の方に一個中隊（三百人）をいつでも出動できるように待機させて、わたしは補助憲兵十三人を連れて、貨車に乗って出発したわけだスな。貨車にムシロを敷いて、座ったス。大館駅に着いたら、霧の深い朝が明けてきたころであったども、時間は七月一日の午前五時半ごろでなかったかなと思うス。

話を聞くと、大半の中国人が獅子ケ森に逃げたというので、地理はよく知っているものだから、下代野をまわって行ったら、地元の人たちが竹ヤリとか、本物の昔のヤリを持ったりして、うろうろしておったスな。獅子ケ森の麓に行った時は、まだ頂上に霧がかかっておったスよ。実弾を持っていったものだから、補助憲兵に実弾をつめさせ、銃剣をつけさせたス。

事件報道は封じ込め

元憲兵伍長の証言

その後で中山寮に行って、補導員が殺された現場とか寮を見たり、話を聞いたりしたども、中国人があんなひどい扱いを受けているのをはじめて知ったわけだス。わたしの耳には、まったく聞こえてこなかったスね。また、憲兵隊から見れば、アメリカ人とか朝鮮人にはかなり気をつけていたども、中国人は問題外にしていたわけだス。わたしも花岡鉱山に行くと、鹿島組の人とは会ったども、中山寮には行かながったものな。それとももう一つは、鹿島組花岡出張所に、まともな人がいなかったということだスべね。もっとしっかりした人がいれば、あんなことにはならなかったと思うス。

また、憲兵隊では、暴動の鎮圧にあたると同時に、県警を通じて各新聞社に、記事の差し止めを命令したわけだス。だから新聞記者は、花岡に入れなかったわけだス。それから、花岡とか大館の郵便局では、郵便物の検閲をやったス。手紙の封を切っては、花岡の暴動のことを書いてある手紙は、没収したわけだス。わたしがやったわけではないが、暴動のこと書いてあった手紙も、あったそうだス。

口コミといっても、当時は汽車のキップが、なかなか手に入らなかったから、人の往復があんまりなかったのだス。だからこの事件は、全国的にだけではなく、県内にもあまり知られなかったわけだス」

Hさんの証言で、当時の新聞をいくら見ても、これほどの大事件が一行も報道されていないことや、敗戦後も遅くなってから、広く知られるようになった原因もわかった。

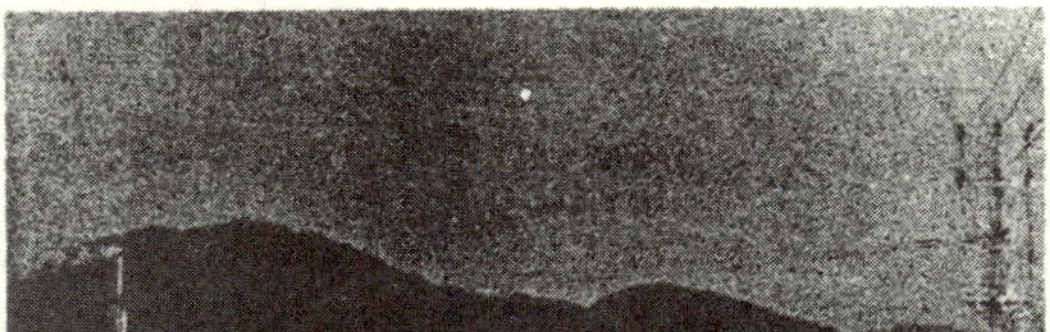

獅子ケ森の遠景

聞き書き 花岡事件 ⑪⑧

37年目の証言

野添憲治

日本に残ったのは四人

三人は札幌 一人は横浜 **健在者三人は病身**

事件処理

では、最後に、裁判のために日本へ残った二四人は、その後どうなったかを知らせたい。というのは、裁判のために残ったにもかかわらず、日本在住の中国代表部からは、白い目で見られていた。というのは、「代表部の人たち、わたしたちにこう聞くの。『お前たち、どうして日本に来た。中国に、ほんとに家あるのか』とね。ひどいこと言うよ。わたしたち、中国で日本軍の捕虜になって、日本に連れてこられて、働かされた、たくさんの中国の人たち死んだけど、わたしたちようやく生きのびたこと、いくら話しても、『うん』と言わないの。あの人たち心の中で、『お前たち、中国で戦うのイヤで、日本に逃げてきたのだろう』と、思っているわけね」（李振平）というためだった。

ところが、刑務所にいて裁判を待っているうちに、中国代表部から衛兵に来て欲しいと言われ、一四人が行った。だが、刑務所にいるよりも食事が悪く、逃げた人も何人かいたが、すぐとらえられて、また刑務所に送られてきたりするということもあった。

だが、二十三年三月一日に裁判が終わると自由の身になり、二〇人は大陸へ帰ったが、四人は日本に残った。

劉智渠さんは、裁判をしているうちに新宿の中華料理店に勤めたが、やがてそこの主人に認められ、一二万円を借りて札幌市に小さな屋台店を出したのが二十二年十月末だった。裁判の時は、札幌から通ったという。苦労の末に商売をひろげ、現在は新山観光株式会社の社長で、妻と一男一女がある。

李振平さんは中国代表団の衛兵をやり、裁判が終わった年に結婚し、妻を連れて帰国した。だが、内乱のために汽車も車もないので、故郷の河北省に行くのをあきらめ、また日本に戻った。知っている中国人からカネを借り、東京や横浜でパチンコ店や料理屋などをやったが失敗した。昭和三十一年に札幌市に移り、仕事を転々と代えたあと、中国貿易輸出入の会社をつくり、現在はその社長をしている。妻のほかに一男一女がある。

宮嵜栄さんの場合は「花岡でのことは、悪いユメをみたと思って、他人さまにはいっさい話さないことにしてきたんですよ。戦後二十七年、日本の人たちのなかで助け合って生活している身ですからね(1)」と、はっきりしない。現在は横浜市で、食堂を経営しているという。

林樹森さんは中国代表部の仕事を昭和二十八年までしたあと、札幌市に行った。ドブロク造り、米のヤミ屋、古着屋、その他の仕事をしたあと、大きな料亭やクラブなどを経営した。だが、強制連行時代の過労が頭痛、鼻血、神経痛となってあらわれるようになったほか、経済の変動でそれらを手放し、「北京飯店」という小さな食堂を経営した。四十八年の暮れには中国を訪ねて、二歳の時に生き別れた長男と会うことになっていたのに、この年の九月に服毒自殺を図った。発見が早くて助かったものの、ついに意識は回復せず、肝臓疾患に急性肺炎を併発して死亡した。妻とまだ小さい三人の子どもを残して――。

日本にそのまま残った人たちは、こうした人生を歩んだのだった。しかし、現在は、強制連行の時の過労が影響して、どの人も病身の状態だという。

（完）

証人として出廷した中国人たち
（『中国人強制連行の記録』より）

(1)「潮」昭和四十七年五月号

秋田県地図

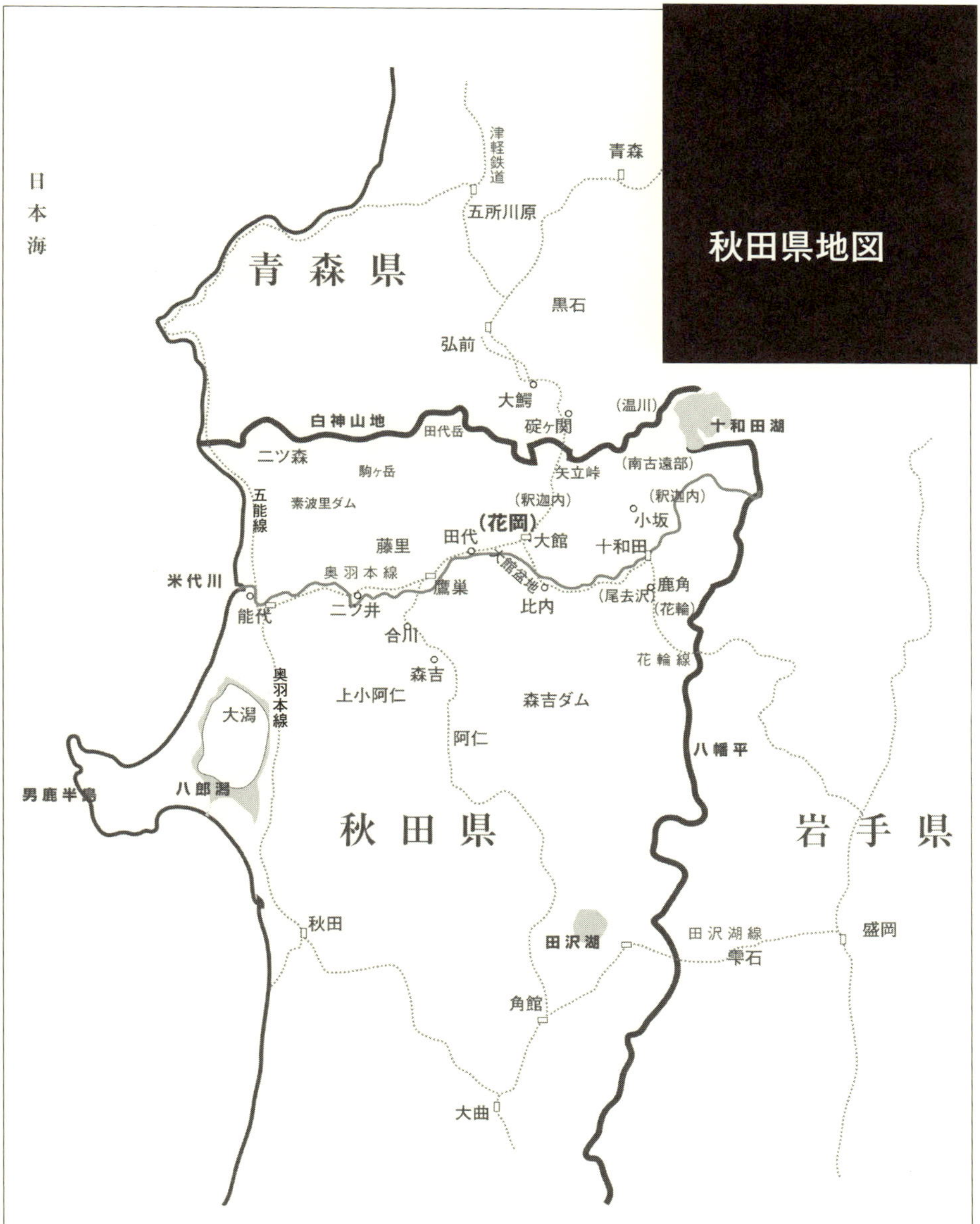
日本海
青森県
津軽鉄道
青森
五所川原
黒石
弘前
大鰐
(温川)
白神山地
田代岳
碇ヶ関
十和田湖
二ツ森
駒ヶ岳
矢立峠
(南古遠部)
五能線
素波里ダム
(釈迦内)
(釈迦内)
小坂
(花岡)
藤里
田代
大館
十和田
奥羽本線
大館盆地
米代川
鷹巣
比内
(尾去沢)
鹿角
能代
二ツ井
(花輪)
合川
森吉
花輪線
奥羽本線
上小阿仁
森吉ダム
大潟
阿仁
八幡平
男鹿半島
八郎潟
秋田県
岩手県
秋田
田沢湖
田沢湖線
盛岡
雫石
角館
大曲

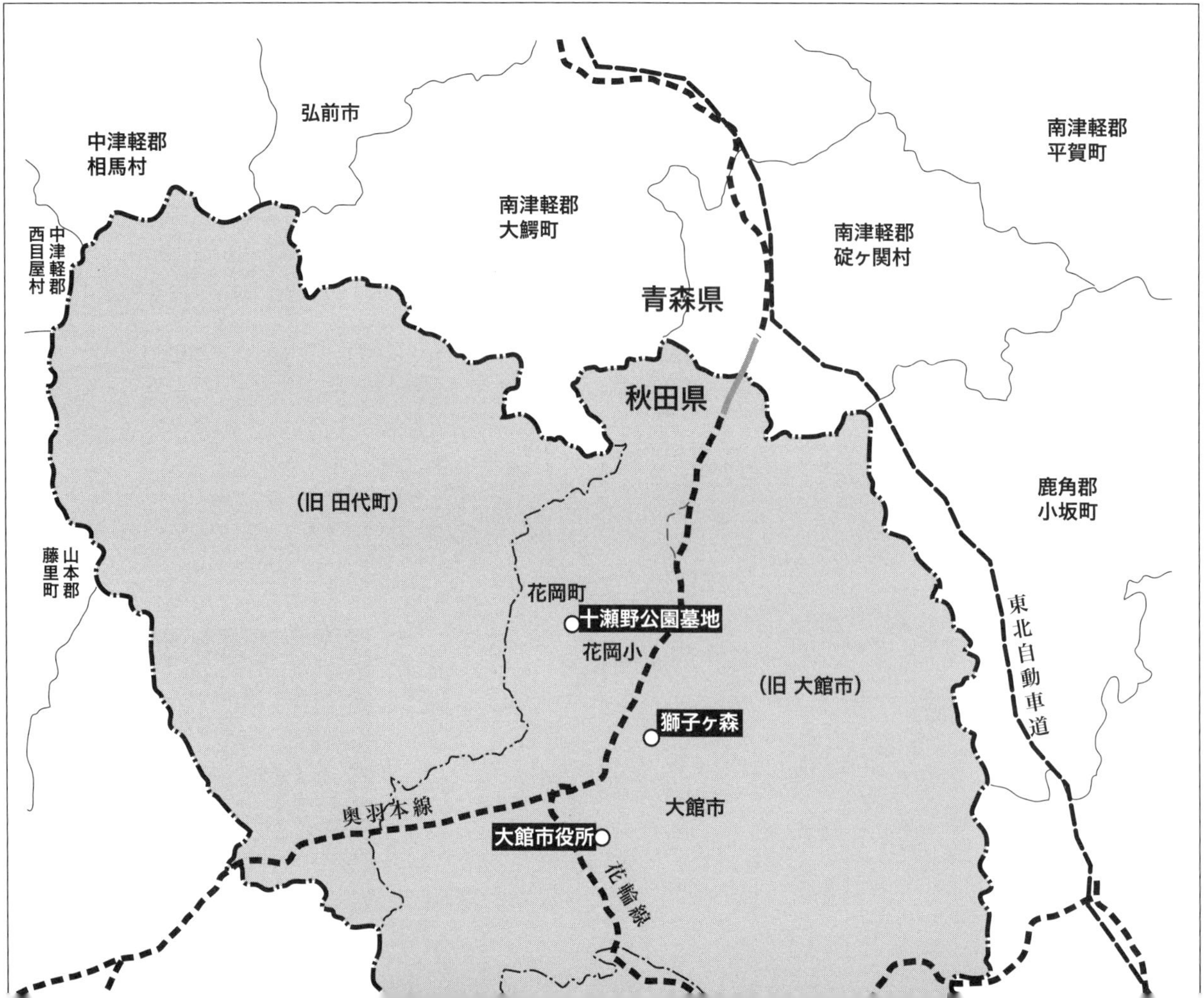
中津軽郡
相馬村
弘前市
南津軽郡
平賀町
南津軽郡
大鰐町
南津軽郡
碇ヶ関村
中津軽郡
西目屋村
青森県
秋田県
(旧 田代町)
鹿角郡
小坂町
山本郡
藤里町
花岡町
十瀬野公園墓地
花岡小
(旧 大館市)
獅子ヶ森
東北自動車道
奥羽本線
大館市
大館市役所
花輪線

大館市地図

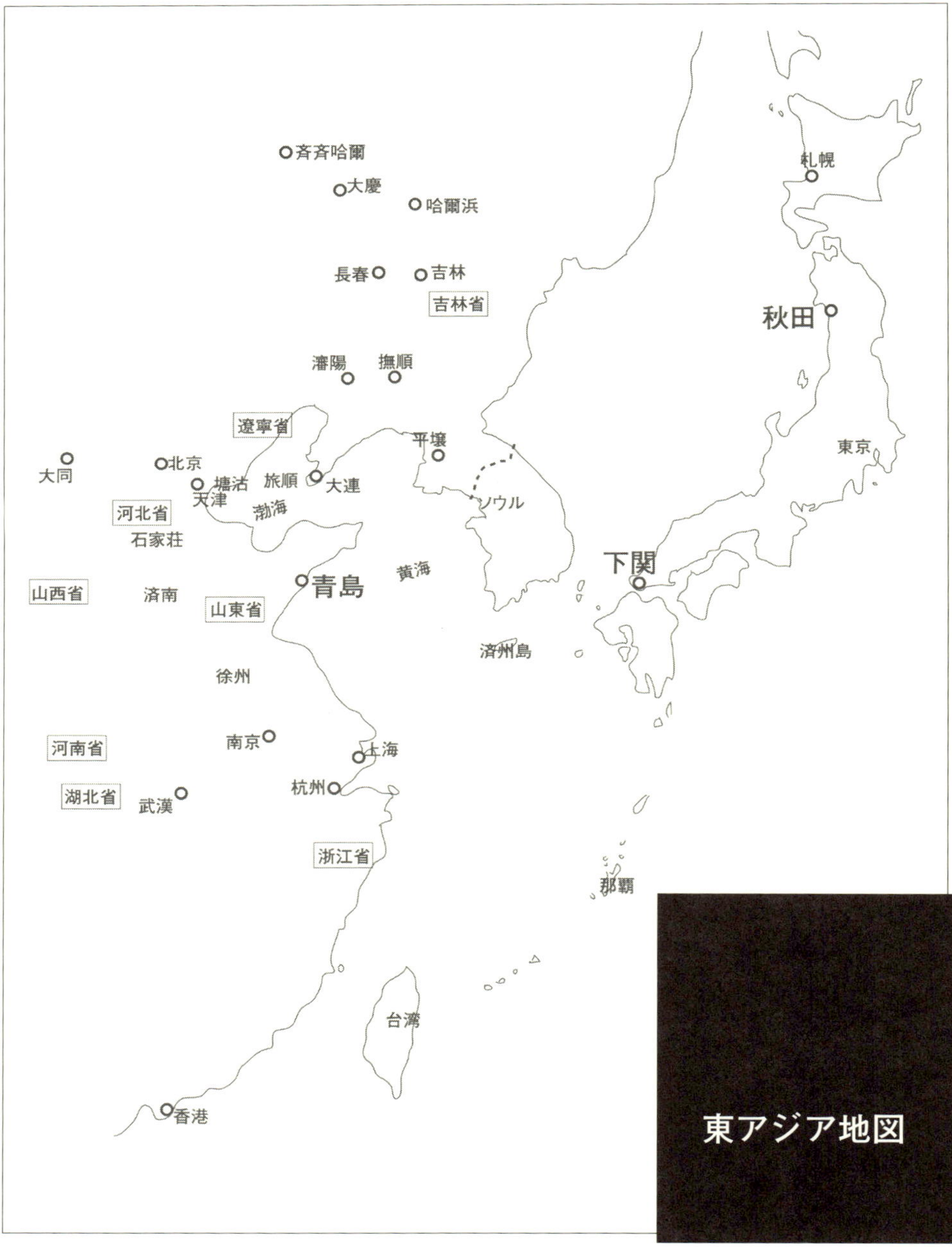
斉斉哈爾
大慶
哈爾浜
札幌
長春
吉林
吉林省
秋田
瀋陽
撫順
遼寧省
平壌
大同
北京
塘沽
天津
旅順
大連
ソウル
東京
河北省
渤海
石家荘
下関
黄海
山西省
済南
青島
山東省
済州島
徐州
南京
河南省
上海
杭州
湖北省
武漢
浙江省
那覇
台灣
香港

東アジア地図

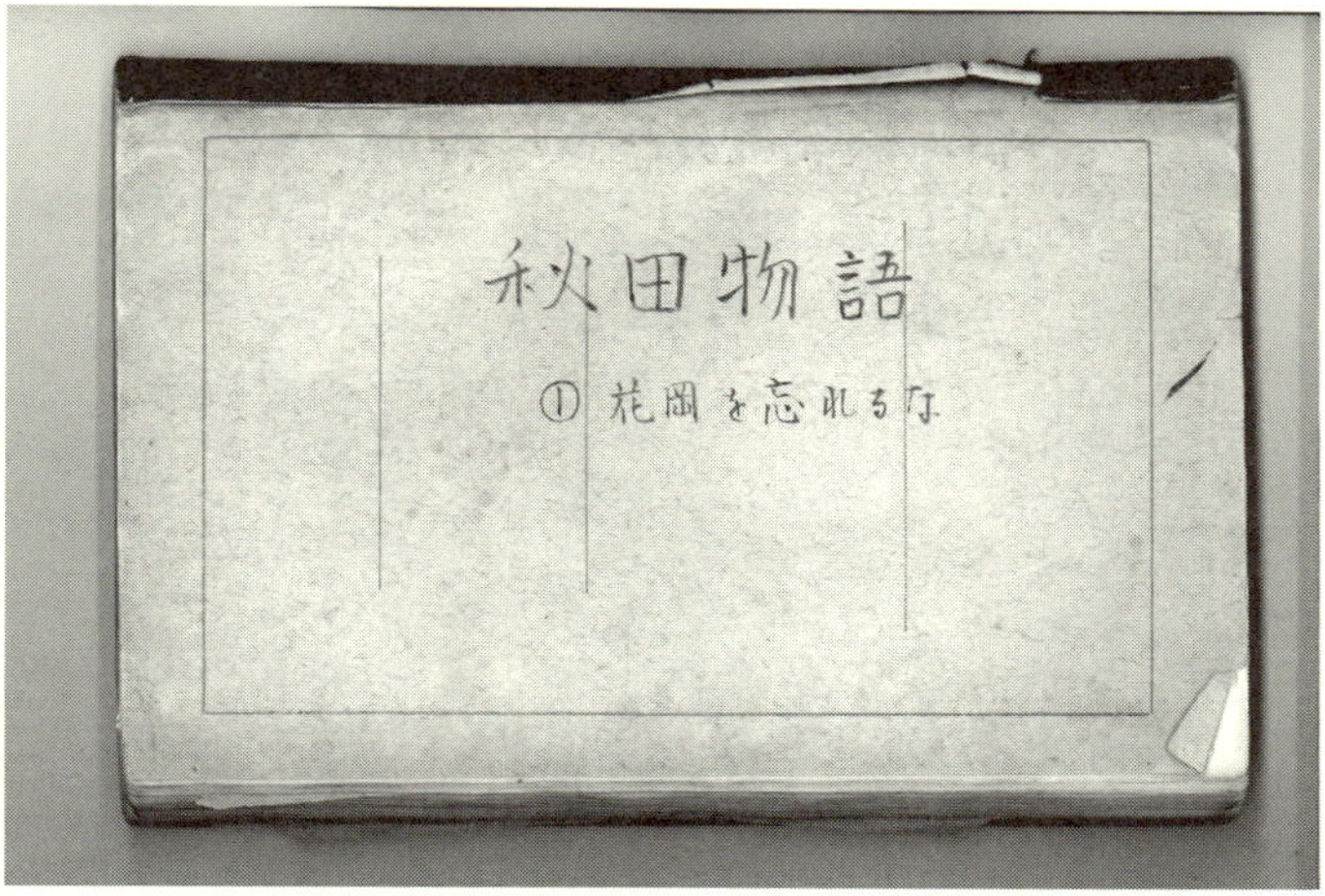

版画『秋田物語』ノート（3）

花岡事件を調べるようになって八年ほどたったころ、大館市の知人から一冊のノートを見せられて驚いた。刷りあがった版画が一枚ずつ貼られ、そのわきに筆と鉛筆で添え書きをしている。一九五一年に発行された『花岡ものがたり』の原本になったものだ。印刷した版画よりも黒々として、花岡事件の深さが感じられた。

『花岡ものがたり』が発行になったあと、版木の所在がわからなくなっていた。ようやく見つかったのが一九八一年で、新しく版木からおこして無明舎出版が発行した。この時に、ノートは秋田県出身の画家で制作者の一人である牧大介さんがつくったものとわかったが、苦労の跡が残っている。

中国から日本に伝えられた木刻連環画の手法で製作されたこの『花岡ものがたり』はのちに中国の新華書店から発行され、広く読まれたという。

なお、シリーズ第四集『戦争責任』に、この事情を詳しく書いた文を収録している。

蜂起。門出の血祭り――。
「思い知れ。民族の裏切り者め」との一撃が、軍需長の任鳳岐らに。
しかしこれは計画より早い展開であった。宿直室から４名の補導員が逃げ出した。

鹿島組の補導員のうちには逃がされる者もあった。
彼らの宿直ではない日が、蜂起決行のときであった。

サイレンが次々と鳴り出した。半鐘の音も聞こえてきた。
電話線をひきちぎり、武器をうばった。
蜂起した中国人たちは、獅子ケ森へと進むことになる。

蜂起した中国人を捕らえるために出動した地元の主力部隊。

「暴動」を本部に知らせる補導員。
鹿島組花岡出張所から鉱山事務所や駐在所へ電話がされ、「暴動」で鉱山町は大騒ぎとなる。

竹槍を持ち夜警にかりだされるた地元の警防団。

解放の爆弾――。
「暴動」の連鎖をおそれ、朝鮮人たちは坑内にとじこめられた。

軍刀を手に将校は訓示する。
「手段をえらばぬ暴徒たちをとらえよ。」
地元の消防団員、警防団員、在郷軍人、青年団員、警官、弘前憲兵隊など延べ三万人を動員。
逃げた中国人たちの山狩りがはじまる。

鬼の形相で石をもちあげるその先に、彼らを追いつめる憲兵たちがみえる。

獅子ヶ森での抵抗も、しだいに勢いを失ってゆく。
同胞たちが次々に倒れ、捕らわれする悲しい戦場。

耿諄たちは大館警察署へ連行され、取り調べがはじまる。

蜂起の翌日、共楽館前の広場に二人ずつ後ろ手に縛れた中国人たちが次々に集められた。
警官や兵隊が首謀者をつきとめようと拷問がくりかえされる。その罵声。
中国人たちからの悲鳴や呻き声。

共楽館広場で殺された中国人の死体は、後日になってから姥沢山へ運ばれ埋められた。
戦後、その大きな穴からは、九七体もの死体が発掘された。

作　　新居広治　牧 大介　滝平二郎

※各巻にノートからの版画を順を追って収録していきます。

第一部　聞き書き花岡事件　三七年目の証言

（註）本文中の引用文について、本文との整合性をとるため、数字・年数の表記を一部訂正しています。

凡例　昭和二十年六月三十日
→一九四五年六月三〇日

はじめに

太平洋戦争中に日本政府は、国内の労働力不足を補うために、主に日本軍の大包囲作戦（兎狩り戦法ともいった）で捕えた中国人たちを日本に強制連行してきたが、その数は三万八千九三五人という厖大なものだった。この中国人たちは、日本国内の三五社の一三五事業所で強制労働をさせられたが、日本の敗戦によって中国に帰されるまでに、六千八三〇人が死亡している。日本に渡るために中国から乗船した総数に対する死亡者の比率は、一七・五パーセントにあたるほど高いものであった。しかもこの死亡の内容は、日本人の手によって殺されたといってもいいほど、苛酷なものだった。

秋田県北にある藤田組（現同和鉱業）花岡鉱業所の工事を請負っていた鹿島組（現鹿島）花岡出張所でも、さらに新しく花岡川の水路変更の工事を請負ったために人手不足となり、強制連行されてきた中国人たちを花岡鉱山に連れてきた。一九四四年と四五年の三回にわたり、年齢の最低が一六歳、最高が六七歳の九八六人が中山寮に配置されると、強制労働をさせられた。しかし、過度の重労働、食糧不足による栄養失調、補導員たちの暴行などで病気や怪我、死亡する人などが続出し、このままでは全員が殺されると考えた中国人たちは、一九四五年六月三〇日の深夜に蜂起した。これが花岡事件と呼ばれるものだが、この蜂起のために殺害された人も入れて、鹿島組花岡出張所に強制連行されてきた九八六人のうち、船中や汽車での連行途中の死亡も含めて、四一八人が死んでいる。約半数に近い死亡者だが、蜂起で流した犠牲も大きかった。

しかし、日本に強制連行されてきた三万八千九三五人は一三五カ所の事業所で強制労働をさせられ、鹿島組花岡出張所の場合とほぼ同じような扱いを受けたにもかかわらず、敗戦後もその責任は不問に付された。そのなかで鹿島組花岡出張所の日本人関係者だけが、不十分ながらも戦争責任を問う裁判がおこなわれたのだった。蜂起による犠牲は大きかったが、この蜂起がなければ、中国人強制連行は戦争犯罪として裁かれることがなかったであろう。その点からも、花岡事件の持っている意味は大きいのである。

また、戦争中に日本軍は多くの他国を侵略したが、同じ方法を日本の国内でもとっているのである。そのことを具体的に知らせてくれるのが、花岡鉱山で強制労働をさせられた中国人の実態であり、また花岡事件なのである。それだけに、この事件はわたしたちの親の世代が、戦争という異常な状況のなかで起きた問題だという処理の仕方ではなく、わたしをも含めた日本人の過ちだというとらえ方が必要である。ということは、もし同じような状況のなかに置かれたら、わたし自身も同じ行為を中国人に対してとったのではないかという危倶を抱くからである。

あまりにも悲惨な事件だが、どうか目をそらさずに、最後まで読みとおして欲しいと願う。

連行そして寮へ

第一次の二九五人の中国人が花岡鉱山に連れて来られた一九四四年八月八日は、朝から蒸し暑い日だった。大館《おおだて》駅前には、昼すぎから日本刀やピストルを腰にさげたり、木刀を手にした多数の警官たちが、緊張した顔をしながら集まっていた。

やがて貨物列車が大館駅に着くと、列車に乗って来た銃に帯剣したままの兵隊が十数人、ホームに降りた。警官が有蓋《ゆうがい》貨車を取り囲むと、戸の錠がはずされ、中から中国人がこぼれるようにホームへ降りたが、まともに歩ける人はほとんどいなかったという。この時に連行されてきた李振平《りしんぺい》さんは、その時のことをこう語っている。

「花岡に着いたの、汽車に乗って、四日目の昼のことね。貨車のドアあけられても、立って線路に降りることのできる人、何人もいないよ。みんな貨車から線路にころがり落ちたさ。わたしね、貨車から落ちた時に腰打って、息止まったような気持して、しばらく立てなかったさ。するとね、日本の憲兵来て、木刀で突くの。やっと立っても、ふらふらして歩くことのできないの」

李さんのことはあとで詳しく紹介するが、日本軍に捕えられて日本に送られ、花岡事件の時は主謀者の一人だった。そのため、敗戦後は裁判の証人として日本に残され、そのまま永住している一人である。いまは札幌市に住んでいるが、秋田県ははじめての土地だったので、大館駅を花岡駅と勘違いしたものらしい。

また、これまではわたし自身も含めて、貨物船に乗せられて山口県の下関に着いた中国人たちは、下関から花岡まで、四日間も汽車に乗り詰めだったと書いてきた。だが、これは間違いで、花岡線が国鉄ゲージに拡張されたのは一九五一年一一月のことだから、大館駅で花岡線に乗り替えなければならなかった。このことは、日本人の関係者がこう証言をしている。

「当時、大館駅機関区で働いていた現大館市議、工藤良一さん（四八）に話を聞いた――いつごろでしたか、一九四四年八月と思いますな。そばに近よらせなかった。貨車でなく、おんぼろ客車で来て、みんなボロボロの服を着てました。憲兵がついて、そばに近よらせなかった。物珍しいので、機関区の仲間はみんな、車庫のかげから見ていました。汚ない真っ黒な毛布に包んだものを運んでいましたが、ありゃ恐らく死体でしょう。棍棒を持った人が引き立てていて、ゾロゾロ、駅の西側から線路沿いに小坂鉄道の方に歩いて行きました。惨《みじ》めな感じでね。私たちは俘虜《ふりよ》団だとききました」（清水弟『花岡事件ノート』秋田書房）

同じころ、駅前の店で働いていたA子さん（当時一九歳）も、中国人たちの行列を見に行っている。

「おもしろいのが来たから、見に行こうって誘われて行ったが、兵隊の姿がうんと見えたもんだから、おっかなくて遠くから見ておったス。皆なヨロヨロって歩いていたスな。ちゃんと立って歩いている人はいなかったス。着物だって、あのころはわたしもろくな物を着ていなかったども、ボロキレみたいなのを、着ておったス。どこの人たちだろって言ったものだども、中国人の俘虜だって、後で聞かされたス。人ごとながら、ひどい生活ぶりだと思ったスよ。アメリカ人とか、朝鮮人の俘虜も何回か見たとも、あんなではながったス」

中国人も、また日本人も語っているように、汽車で大館駅に着いた一行は、満足に歩けないほど、疲れきっていた。それは、大陸で日本軍に捕えられると俘虜収容所に入れられ、さらに貨物船で日本に着くまでにも、ひどい生活をさせられたためだが、このことについてはのちほど詳しくふれたい。だが、第一次の場合も、実際は三〇〇人が出発したのだが、青島《チンタオ》収容所から船に運ばれる間に一人が逃げて射殺され、一人は乗船の時に海へとび込んでいるし、一人は船の中で病死している。大陸から日本に着くまでも死と隣り合わせの旅だったが、下関から大館までの旅もまた同じだった。李さんの話を聞こう。

「日本は魚の国でしょ。日本に着くと、うんと魚食べられると思ってたけど、水も渡してくれないよ。次の日ね、おにぎり二つくれたの。何日も食べてないから、みんなそのおにぎり、呑みこんでしまった人多いよ。下関から花岡まで、四日間も汽車に乗っていたけど、この間にもらったの、駅の弁当一つだけね。木の弁当箱まで、バリバリ食べたいような気持ね。あのときの二九七人の人たち、五〇歳以上の人たち二〇人くらい、一六歳より少ない少年が六人ぐらいでしょ。あとの人はみんな、二〇代から三〇代の青壮年たちでしょ。いちばん腹の減る年ごろに、四日の間に駅の弁当一つで、水もなんにもないから、おなかすいて気違いのようになるの、あたりまえのことね」（第一集・強制連行 所収、第一部「花岡事件の人たち」より）

下関から大館まで乗せられたのは、大館駅機関区に勤めていた人の証言では〝おんぼろ客車〟だというが、わたしが会った三人の中国人は、貨物の有蓋車だと言っていた。有蓋車に立ったまま乗せられたので、汽車が揺れるたびに、隅の方に重なって倒れた、ということだった。しかも、弱ってくると立っていられないので、人の上に人が坐るような状態になったという。

また、有蓋車に乗せられるというより、押し込まれて錠をかけられるので、車内に空気が入ってこなかった。そのため汽車が動きはじめると、板張りの壁の板と板の小さな隙間に口や鼻をつけると、かわりがわりに空気を吸った。しかし、汽車が停車すると、空気が流れてこないので、人いきれで車内は地獄のようになった。

しかも、有蓋車にはもちろん便所がなかった。大便や小便は車内のひと隅を決めて、そこでやったものの、臭いは車内に充満した。しかも真夏の暑い盛りに、空気もほとんど入ってこないだけに、弱った体はその臭いだけで参ってしまった。

また、食事は四日の間に駅弁を一つだけ渡されたものの、水は一滴も渡してくれなかった。喉はヒリヒリとかわき、気が狂いそうになったという。なかにはとうとう我慢ができなくて、自分の小便を呑む人もいた。だが、小便を呑んだ後がまた苦しかった。かわいた喉に塩分がしみるので、あまりの痛さに板へ頭を叩きつけて悲鳴をあげたという。

そのため、下関からは二九七人が乗ったのに、大館に着くまでに二人が車内で死んだのだった。真夏のことなのですぐに死体が腐り、その臭いがまた中国人たちを苦しめるというように、文字どおりの死の旅であった。

ようやくの思いで花岡線の大館駅から客車に乗った中国人たちは、多くの警官に守られながら花岡鉱山へと向かった。四日目にして、ようやく十分に空気の吸える汽車に乗ったのだ。

終点の花岡駅で下車すると、共楽館《きょうらくかん》という大きな劇場の広場に連れて行かれた。大館でも花岡でも、昼食も水も出なかったので、栄養失調で青黒くなっている顔も体も、骨の形がはっきりわかるほどにやせ、空腹でひっこんだ目玉だけをぎょろぎょろさせていた。

炎天下の広場で整列させられたあと、しばらく待たされた。体が弱って一人で立っておれない人は、仲間の肩につかまっていた。

共楽館の広場には、中国人たちを見ようとたくさんの人が集まり、人垣がぐるっとできた。中国人たちのみすぼらしい姿を見た中年の主婦が、

「可哀相だな。こんなに暑いのに、裸足で歩いて……」と、思わず口走った。

これを聞いた警官が走り寄ると、

「この不忠国者！」と、主婦の頬《ほお》を握りこぶしで、力いっぱい殴りつけた。

悲鳴をあげて倒れた主婦は、鼻からどくどくと血を流したが、誰も助け起こそうとしなかった。殺気だっている空気に恐れた見物人は、次々と広場から姿を消してゆき、窓の隙間や物陰からこっそりと見る人が多かった。

木箱にあがった鹿島組花岡出張所長で、中国人たちが入る中山寮の寮長の河野正敏が、訓話をした。河野の話は、華北労工協会から派遣されてきている于傑臣通訳が、中国人に伝えた。長い訓話だったが、要約すると、

「東亜各国が共存共栄のため、日本は大東亜戦争という聖戦を続けているが、日本は神国であり、不敗の皇軍と偉大な大和魂があるから、必ず勝つ。そのために日本へ来たお前らは、十分に働け。もし怠ると、徹底的に罰を加える」というものだった。

やがて中国人の一行は、警官や鹿島組花岡出張所の補導員（現場監督）たちに囲まれて歩きだした。鉱山町から花岡駅前を通り、花岡鉱業所のわきを通り抜けると、石ころの急な坂道となった。四日の間に駅弁一つより食べていない中国人たちの歩き方は遅かったし、よろめく人が多かった。そのたびに警官は、木刀や竹の棒で打ったり突いたりしたが、うめくだけで声をあげる人もいなかった。

中山寮に全員が着いた時は、夏の燃えるような太陽が、山頂に沈みかけている時であった。粗末な中山寮が建っている所は、あまり陽のあたらない湿地だった。中山寮のある場所から民家は一軒も見えなかったし、鉱山町からもまた中山寮は見えなかった。

中山寮は補導員の事務所、宿直室、炊事場、倉庫などのある一棟に向かい合うように、長方形の三棟があった。これが中国人の宿舎で、汽車のように真ん中が通路で、両側は板を敷いた居間と寝室の兼用で、上下の二段になっていた。背の高い人だと、頭がつかえるほど低かった。

四棟から少し離れたところに、病人を収容する部屋のほかに、遺骨安置室と看護人が入る看護棟があった。この看護棟よりも山の方に、死体焼き場があって、近くを小川が流れていた。これが中山寮の全景だった。

中国人たちが寮の前に整列すると、護送してきた警官たちは、鹿島組の人たちに引き渡して帰った。このあとは憲兵や警官たちが、ほとんど毎日のように見回りに来るものの、中国人の管理いっさいは、鹿島組花岡出張所が担当することになった。

二九五人の大隊長は、大陸を出発する時から耿諄《こうじゅん》に決まっていた。元国民党軍の将校で、なかなか信望のある人だった。その耿諄が幹部を決め、花岡鉱山に着いてから全員をふり分けたのだった。

大隊長の下に副隊長、書記、軍需長、看護長を一人ずつおき、大隊を三つの中隊に分けてその下に小隊をおいて、それぞれ中隊長と小隊長をおいた。看護長の下には三人いたが、中隊長以上の人たちは、現場で働く人たちよりは仕事が楽だったという。

中国人たちはこうして割りふりされたあと、自分がこれから寝起きする寮に入ったが、この晩のことを林樹森《りんじゅしん》さんはこう言っている。林さんのこともものちに詳しく紹介するが、李さんと同じように裁判の証人として残り、そのまま日本に永住した一人だった。

「花岡鉱山についた晩、会食のことを言っていた。なに出るか楽しみにしてたら、夜遅くなってから出たの、イワシ一匹と饅頭《まんとう》一つね。寮の中に、わたしたちのご飯つくる人いないでしょ。わたしたちの中から料理つくれる人選んでつくったから、遅くなったの。饅頭ね、うどん粉少しより入ってないの。あとはリンゴのカスとか、ドングリの粉でしょ。あとは知らない草みたいなものいっぱい入っている。ふわふわしないから、ぜんぜん饅頭の味しないの。だけど、おなかすいてるから、イワシと饅頭、すぐになくなったさ。イワシの頭も骨も、みんな食べた。大きい骨も、残さないね」

林さんも言うように、最初の晩からその後に続く地獄のような食生活が待っていた。しかし、久しぶりに食べたイワシ一匹と饅頭一つの食べ物は、どんなにおいしかったことか。同じ晩のことを林さんは、「でも、イワシ一匹と饅頭一つでは、誰のはらも満足しないね。そこで、顔洗うというて、寮のわき流れる水汲んできて、それ呑んだの。でも、その水呑んでるのわかると叩かれるから、まず顔洗って、捨てるふりして呑んだの。わたしいまも考えるけど、水いっぱい流れとるでしょう。いくら呑ませたって、誰も損しないさ。それなのに、呑ませないのだからね。呑むの見ると、もう棍棒とんでくるでしょ。おかしいことね。でも、水呑んで腹一杯にするのこと、多かったさ」と語っている。

イワシ一匹と饅頭一つに、顔を洗うといって汲んできた水を呑んでいるうちに、まもなく寝る合図の軍用ラッパが鳴り、寮の通路に一個だけ吊されていた石油ランプも消された。

中国人たちは、着のみ着のままの姿で、板の上へ横になると、自分のひざを抱くように、丸くなって寝た。板の間にゴザもなく、体にかける毛布もなかった。大陸から来る時に支給されたシャツが、もう破れている人もいた。

昼は暑い花岡鉱山だが、姥沢《うばさわ》の夜はもう涼しかった。羽目板の隙間から、冷え込んだ夜風が吹き込んでくると、ブルブルと身振いがしたという。

鹿島組が花岡鉱山に出張所を置いて、藤田組の仕事を請け負うようになった年代ははっきりしていない。『七十年の回顧』（同和鉱業株式会社）の中にも、「選鉱場工事は清水組、ダム工事・河川工事は鹿島組の請け負で、それらの下請けには秋田県下の土建業者が動員された」と書かれているが、花岡鉱山にはかなり早くから大手の土建会社が入り込んでいた。

強制連行された第一次の中国人二九五人が花岡鉱山に来た一九四四年八月ごろの鹿島組花岡出張所と、中山寮とに勤めていたのは、次の人たちであった。（年齢は一九四四年現在である）

河野正敏（四〇歳）が花岡出張所長で、中山寮長も兼ねていた。だが、寮長の仕事は寮長代理の伊勢にやらせ、自分は中山寮から一キロほど離れた花岡出張所にいることがほとんどだった。河野の下には労務課長の柴田三郎（四五歳）、労務係の高久兼松、佐藤勇蔵、配給係の塚田亀夫などのほか、女子事務員も含めて約二〇人ほどが勤めていた。

また、河野は大館市大町の借家に住み、そこから出張所にかよっていた。庭には中国人を動員して造らせたという、立派な防空壕があった。

中山寮長代理は、もと裁判所の書記だったという伊勢知得（四〇歳）で、河野寮長に相談しながらいっさいをやっていた。伊勢の下には庶務（食糧係）の小畑惣之介（三二歳）がおり、傷痍《しょうい》軍人で中国の戦場から帰還した人であった。このほかに有明千代吉（四五歳）という元軍人もいたが、彼は中国人が蜂起する二日前に雇われた人だった。

もう一人の庶務（事務係）は越後谷義勇（一九歳）で、軍隊の経験がなく、中国人をかばいすぎるとして、同僚から心よく思われなかった。

実際に監督にあたった補導員は、福田金五郎（三五歳）、長崎辰蔵（三〇歳）、猪股清（三〇歳）、桧森昌治（三五歳）、吉谷四郎（二五歳）の五人で、小畑と同じように傷痍軍人で、中国戦線からの帰還者だった。清水正夫（二五歳）は日中混血で、中国語が上手であった。石川忠助（四〇歳）も軍隊の経験がなく、越後谷と同じに、中国人から信頼された。

医務担当の高橋豊吉（四五歳）は元衛生兵で、もちろん医師の資格はない。高橋は一日に一度くらい中山寮へ顔を出すだけで、治療にはあたらなかった。また、鉱山病院の大内正医師は、死亡届を書くだけで、病人の治療にはあたらなかった。

このほかに、元特高巡査で、中山寮に中国人が来てからは、その巡視役となった大館警察署の後藤健三巡査部長が、毎日のように中山寮や、作業現場に顔を出していた。また、華北労工協会から通訳として派遣されていた于傑臣は、中山寮や作業現場に行ったりしたが、同じく華北労工協会から来ていた木村初一は、鹿島組花岡出張所にいて、あまり中国人とは接しなかったという。

こうした人たちが、花岡鉱山に連れて来られた中国人たちの相手をしたのだが、補導員の中に五人、庶務に一人の計六人の中国戦線帰りの傷痍軍人と、一人の日中混血がいたことに注目すべきである。大陸生活の体験があり、片言にしても中国語がわかるというのが採用の条件だったのかもしれないが、結果的にはこの人たちが、大陸でおこなった同じ行為を、花岡の地でも繰り返したのだった。

では、強制連行されてきた中国人たちには、補導員を含めた関係者のことが、どのように見えたことだろうか。花岡事件の生き証人として、いまも札幌に住んでいる劉《りゅう》智《ち》渠《きょ》さんは、こう回想している。これは、花岡鉱山に着いた翌朝に、伊勢寮長代理が訓話をした時のものだが、中国人ははじめて中山寮と自分たちを管理する日本人を、まざまざと見たのだった。

「伊勢の左に立っている補導員は、丈の余り高くない、頭と眼の大きい男で、大きな眼鏡をかけ、口の引きしまった顔で、異常な尊大感を与える人間だ。胸の白布には『福田』という姓が書かれてある。彼の左隣りには『清水』というのが立っているが、これは小肥りした男で、背丈はさらに低く、きたない余りスマートでない男だ。更にその左隣りのは『石川』といい、中年の男で、八字ひげをたくわえ、人相の悪い凶悪な顔付きである。一番左のが『越山』という痩せた丈の高い男で、着物の上にたくさんつくろった針のあとがある。伊勢の右隣りには、『小畑』というのが立っていて、中肉中背、額のへっこんだ、唇の大きい男で、眼が大きく、生きた閻魔《えんま》王のように凶悪にみえる。その右隣りに『猪谷』という男が立っているが、これも伊勢と同じように少しも笑顔のみられない豚のような男である。一番右翼に『長崎』というのが度の強い近視の眼鏡をかけている。よく見ると片眼しかなく、もう一つの眼はつぶれている。片眼しかないけれども人を射るような光を放ち普通の人の両眼よりも更にこわい感じがする。日本は確かに神国である。伊勢配下のこの七名の勇猛な『虎将』は、誰一人として凶神や厄神に似ないものはない。ただ惜しいことにちんばの『李鉄拐』一人を欠いているが、後でこれが加わって『八仙』になった」(劉智渠・述、劉永露、陳蕚芳・記『花岡事件―日本に俘虜となった一中国人の手記』中国人俘虜犠牲者善後委員会)

人の名前などに、間違いや不正確な点があるし、表現もあまりに直接的である。しかし、この憎しみにみちている人物描写は、それだけに中国人たちが彼たちの手で、どのように扱われたかということを、如実に物語ってはいないだろうか。そのことは、これから事件を追っていくなかで、いっそうはっきりしてくるだろう。

補導員については、他の二人の中国人もこう証言している。

「わたしたち、日本人のことばよくわからないね。補導員に『オーイッ』と呼ばれると、もう叩かれるか、踏みつけられるかでしょ。この叫ぶの聞くと、もうからだ固くなったさ。いまでも補導員たちの叫ぶ声、よくわかるね」(林樹森)

「補導員たち、中国のことばわかるの人多いね。ほとんどの人たち、わたしたちの言うのわかる。だからわたしたち、あまり文句や悪口、言ったりできないの。そのこと聞こえると、また棍棒とんでくるから

ね」（李振平）

三人の中国人たちは、花岡鉱山で奴隷のような生活をさせられただけに、直接に手をくだした補導員をこう見るのは、当然のことであろう。それにしても、こうした人たちだけが補導員として集められたところに、花岡事件に発展する深い根があったのだった。これに、戦争という状況が加えられながら――。

中山寮生活

花岡鉱山での中国人たちの生活は、午前五時に鳴る軍用ラッパの音ではじまった。ラッパの音に驚いて起き上がると、板の間に坐った。着たままなので着替えることも、毛布をたたんだりする必要もなかった。また、歯をみがいたり、顔を洗ったりするにも、道具も場所もなかった。坐ったまま大きなあくびを二～三回やり、手で目を二～三回こすってから、掌で顔を何回かなでると、もう朝の準備は終わった。

食事が配られるころ、ようやく東の空が白くなりはじめた。朝食は小さな饅頭《まんとう》一つと、皮がついたまま煮たフキが一本だけだった。食べたという気持がしないうちに、もうなくなっていた。

弱い朝の陽がさしてきたころ、中国人全員が外に呼びだされると、中山寮の前に整列した。やがて、伊勢寮長代理や補導員も集まると、南に向かって〝皇居遥拝《ようはい》〟をした。それが終わると、伊勢寮長代理の訓話がはじまった。それを于通訳が中国語に訳して、全員に伝えた。

「みんなはじめて花岡に来たのだから、特別待遇として最初の一週間だけ休暇を与えるが、その後は本格的に仕事にはいってもらう。だが、この一週間も遊んでいるのはもったいないから、山を開墾して畑をつくることにする。この仕事も大東亜建設に尽す義務のひとつだから、なまけたりしないで、精いっぱい働け！」

訓話が終わると、班ごと（一班が一〇人）に分かれて仕事がはじまった。幹部たちは花岡川を改修する工事現場を見に行ったし、看護班の人たちは便所をつくったり、寮の前に井戸を掘ったり、寮の中やまわりの整理をやったが、ほかの人たちは荒地を開墾して畑にする仕事をやった。だが、中山寮の設備は、少しもよくならなかった。

「中山寮の設備、ぜんぜんダメだからね。わたしたち花岡鉱山に来たの、八月の半ばに近いことでしょ。昼は暑いけど、夜はもう寒いからね。わたしたち、日本の気候に馴れてないから、とくに寒いの。寝るところ、上下二段のベッドで、板は敷いとるけど、布団も毛布も、一枚もないの。着替えるものも持ってないから、そのままごろっと横になるだけね。腕枕にして寝たの。疲れてるから眠るけど、夜中に寒さに気がついて、何度も何度も目が覚めるの。だから、夜も十分に眠れないから、からだもっと疲れるわけね」（李振平）

「せめて、アンペラぐらい敷いとるといいけど、それもないからね。中山寮のあるところ、かなり高い山の中腹でしょ。夜になると、冷たい風吹きおろしてくるから、寒いの。羽目板の隙間から、その寒い風入ってくると、からだガタガタふるえてくるの。足縮めて、丸くなって寝ても、寒くて死にそうな思いね」（林樹森）

「中山寮の中に、風呂もないでしょ。体は垢だらけでしょ。カミソリもないから、頭の髪やひげ、のび放題さ。一枚きりの衣服、ぼろぼろでしょ。わたしたちの姿、地獄で難行苦行している亡霊みたいさ」(劉智渠)

一九四四年八月ころといえば、日本人も貧しかった。だが、異郷に強制連行されてきた中国人たちの場合は、あまりにもひどかった。しかも、こうした悪い待遇は、秋に向かうにつれて、エスカレートしていくのだった。

特別待遇の一週間が過ぎると、ダム工事に歩いた。この仕事は秋まで続き、冬が訪れるころから本格的な仕事をはじめた。鹿島組では藤田組から、花岡川を信正寺付近から切り替えて、前田北部を東に神山台地に横断して大森川へ落とす工事を請け負っていたが、日本人の労働者を雇うのは難しいために、国の方針で強制連行してきた中国人を連れてきたのだった。

最初の日は、肌寒い風が吹く早朝に、寮の広場に整列した中国人たちに対して、伊勢寮長代理のおこなう訓話からはじまった。

「特別待遇の一週間は、昨日で終わった。今日から本当の仕事に入るが、鉱山は大東亜建設の原動力のひとつである。作業には、すこしの怠慢もあってはならない」

于傑臣通訳がとぎれとぎれに訳して伝えたが、中国人たちは寒さと疲れがかさなり、聞いている人はほとんどいなかった。伊勢寮長代理の訓話が終わると、数列に並んで現場に向けて出発した。列のところどころに補導員が付きそって、監視の目を光らせた。

中国人たちが姥沢《うばさわ》の中山寮から現場へ行く道順は、できるだけ人目につかないように、上手に工夫されていた。それだけ距離は遠くなったが、同じ花岡鉱山に連れて来られているアメリカ人俘虜《ふりよ》とか朝鮮人俘虜、それに日本人に見せないようにしたのだった。

中国人たちは、「日の出といっしょに姥沢から、観音堂の裏山道へ、そこから花岡川の上流へ、新水路現場へと狩りだされた。この途中にある人里はといえば、上流ダムの西岸にひらけた小さな部落の白沢と、そこから東岸へうつって長屋町のうら山みちへぬける道すじだけだった。その道は長屋町からきて北へ、――国民学校や町役場のある花岡本郷へ通じていた。俘虜隊はそのみちをよこぎって、すぐさま東がわの裏山みちへおいこまれた。白沢には、盆地でたったひとつの寺である信正寺と、日蔭田をたがやす百姓家が二十戸あまりちらばっていた。けっきょく中国人俘虜の行列を目にしたのは、朝早くから田に出る白沢の百姓や、この道をとおって鉱山町にかよう女子挺身隊、飯場にかよう炊事婦など、わずかの勤め人にすぎなかった」（松田解子『地底の人々』民衆社）というようにして、中山寮と現場との間を往復した。

その当時、花岡町に住んでいたB子さん（当時二六歳）は、中山寮と現場を行き来した中国人たちを見ている。いまは秋田市に住んでいるが、農家の嫁さんだったので、田んぼで見たり、道ですれ違ったりしたということだった。

「毎日のように、朝早く二列とか三列になって、現場に歩いておったたね。長い列だったども、わたしらはほれ、中国人っておっかないもんだと聞かされておったもんだから、中国の人たちが来るのを見れば、ずうっと離れだものだね。だども、腹へってらんだが、疲れでらんだが、よろよろと歩いてあったたなあ。可哀相であったね。だまって見てると、監督の人にじろっとにらまれるもんだから、あまり見ねェようにしたね。見ねェようにして、見ではあったどもな。あんた歩き方をする日本人は、病人であったね。だから中国の人も、みんな病人であったのでないかなと、いまなれば思ったりするな。病人どこ働かせるのだから、戦争中だとはいっても、鹿島組の人たちはひどいことをしたものだね」

姥沢の中山寮から作業現場まで行くまでの苦しさを、中国人たちもこう言っている。

「労働するの時間、朝の六時からはじまるでしょ。それに、中山寮から川掘る現場まで、かなり遠いね。わたしたち看護班も、はじめは病人いないから、土方の仕事に歩いたよ。誰か現場で死ぬ人あると、姥沢に運んできて、焼いたけどね。補導員に殴られて、歩けない人も、中山寮に運んできたが、あれ、遠かったね」(林樹森)

「遠いさ。あれ、四キロはあるよ。それに、山の坂道が半分以上あるからね。朝くだっていく時はいいけど、晩に帰る時はたいへんさ。途中で息切れて、何度も休むね。休むの見つかると、補導員の棍棒とんでくるから、息切れそうになっても、なかなか休めないの」(李振平)

こう語っているように、人目にたたない道順がえらばれたのは、外国人の俘虜や日本人に会わせないようにしただけではなく、補導員の棍棒で半殺しにされた中国人が、背負われて行くのも目につかないようにしたからだった。時には殴り殺された中国人が運ばれることもあった。

中山寮と作業現場との往復もたいへんだったが、仕事はそれ以上に辛く、苦しいものだった。川に掘り下げる所は、雑木の茂った石ころの平地だった。青写真を手にした日本人の技師たちが、ハガネの巻尺をひろげている助手を相手にして、赤白のポールをたてて測量しながら、トランシットやレベルをすえていた。測量の終わった現場では、中国人たちが「ノコやクワで雑木や、雑草の根かぶにいどみ、ある現場は表土をほりおえて、やがて幅三メートルほどの川のかっこうをつくりはじめ、ある現場では、くずしはじめた山から沢へかけて、残土をはこぶトロッコの仮レールをしいていた」(『地底の人々』)というように、作業がはじまった。だが、まったくはじめての日本式の土木作業をする苦労はたいへんであった。

「仕事は、平たい地面のところ深く掘って、水流してくる川つくることでしょ。仕事のやり方、補導員が大隊長に話して、大隊長から中隊長、それからわたしたち小隊長、それから班長に伝わってくるの。仕事の終わる時間、だいたい午後の六時となってるけど、六時に帰れる人、何人もいないさ。ひとりが一日働く分として、川を掘る面積、一㎡ずつ割り当てられるの。六時までにその分の仕事終わった人は帰れるけど、その分終わらなかったら、暗くなっても帰れないさ。晩の八時ころまで働く人もいたさ」(李振平)

土木機械は一つもなく、スコップとツルハシに、なわで編んだモッコというように、体を使っての仕事であった。しかも、一人に一日分の仕事量を割り当てられるので、それをこなしていくのがたいへんだった。

第一次の二九五人を世代別に見ると、一〇代＝二四人、二〇代＝九〇人、三〇代＝四九人、四〇代＝二四人、五〇代＝三〇人、あとは不明となっている。一〇代の子どもたちにも、五〇代の年配の人たちにも、同じ量の仕事を割り当てた。働き盛りの二〇代から四〇代まではいいとしても、年少者や年配者にとっては、たいへんな仕事量であった。午後六時の時間どおりにできないのも、当然であった。

しかも、中国人たちの労働がきびしいうえに、補導員たちの暴力がいつも彼らの体を襲った。

「現場で働く人、何班にも分けられたでしょ。一班は一〇人だから、一〇㎡割り当てられるわけね。平たい地面のところ、川に掘るわけだから、石が多いでしょ。その掘った石、川の上に運び上げないといけないけど、力がないから、上に運び上げるの仕事、たいへんさ。何十キロもある大きな石、三人か四人かかっても上にあげることとできないの。途中まで上げて、力がなくなって、また川に掘った底に落としてしまうこととあるの。そのこと、補導員に見つかるでしょ。牛の皮の干したムチや、棍棒でもって、上に運べない人たちのこと叩くの。倒れるとカネのついた軍靴で、倒れている人のからだ、どんどん踏んで叱るの」（林樹森）

こうして働く中国人たちの様子を見ていた日本人は、こう証言している。

「土木作業員木村喜代美さん（四三）、シラミだらけで毎日、朝早く、三、四列になって現場に歩いていった。長い列だった。仕事はひどいもんだ。モッコに、スコップ一つか二つぐらい土入れて、よろらよろらしてやっとかついでいた。骨と皮ばかりでみんな年寄りに見えたな」（『花岡事件ノート』）

その当時、花岡町に住んでいたK子さん（六四歳）は、孫をあやしながらこう語っていた。いまは弘前市に住んでいるが、親戚が大館にいるので迷惑がかかればと、名前は出さないように何度も念をおされた。

「わたしも戦争がはじまってから、女子挺身隊として鉱山で働いだスもの。仕事に行く途中に、中国の人たちが働いている現場があったの。だがら毎日のように、朝と晩に見たスよ。中国人が働いてるところさ来ると、急ぎ足で通ったども、みんな腹へってらんだスべね。ふらふらして、働いておったスな。日本人の監督に、大っきた声で叱られてる時もあったス。生きてる人みたいには、とても見えなかったス。いまでも、ときどき思い浮かべるスな。うんと中国人が死んだと聞いだども、あんな状態だば、そうなるべねど思ったス」

何かにおびえているように語るK子さんの顔を見ながら、やはり、中国人たちの異常な労働を考えさせられた。林さんの証言はさらに続く――。

「わたしね、誰とだったか二人で、遠い山から、長い杉の木かつがされたことあるの。生木の長い木だから、重いでしょ。川掘っているところまで来ないうちに、暗くなってしまったの。足ふらふらして、おなかすいて目まいするでしょ。わたしの相棒倒れたの。すると補導員来て、棍棒で叩くでしょ。泣きながら立ち上がって、また二人でよろよろ運ぶの。夜の八時ごろ、現場に着くと、二人ともあと動けないの。補導員の清水が、早く寮に帰れと、また棍棒ふるってくるさ。このとき、もう死んでもいいと思った。わたしの相棒、そのとき清水に腕折られて、一生かたわになったよ」

「仕事のできない人、わたしたちの寝るころ、中山寮に帰ってくる人もいた。ふらふらして、寮の中も歩けない状態ね。指でポンと押すと、倒れてしまいそうな歩き方ね。その人、次の朝、また六時から仕事でしょ。ひとり一日に一㎡の面積を掘るの仕事、あまりにもひどい。日本人でも無理ね」（劉智渠）

重労働をするようになっても、中国人たちの三度の食事は、小さな饅頭一つと、皮のついたままのフキが一本とか半分であった。重労働も辛いものだったが、食事の量が少なく、また質も悪いことが、中国人たちをいっそう苦しめる結果となったし、また作業量が伸びないために、鹿島組花岡出張所をいらだたせ、それが補導員たちをいっそう狂暴化させていった。

食糧不足は中国大陸で日本軍に捕えられた時から続いていたから、ほとんどの中国人は栄養失調になっていた。それが原因で病気になったり、体が弱っているため仕事が十分にできなくて、補導員に殴られるという悪循環が続いた。食糧不足のことを、中国人たちはこう語っている。

「わたしたちほとんどの人、農家の生まれで、小さい時から労働してきたから、働くのこと、なんともないよ。働くのこと、好きな人多いよ。だけど、花岡では、食べる物少しよりくれないで、無理に労働させるでしょ。からだ弱って、歩く力のない人、石運ぶ力のない人あると、棍棒で殴ったり、小突いたりするわけでしょ。これではどうにもならないよ。働くこと好きな人でも、働くことできないよ」（林樹森）

「中国にいた時も、わたしたち、そんなにいい生活してなかったさ。八路《はちろ》軍に入ってからの生活、苦しかったこと多い。食べ物もいいもの少なかったけど、たくさん食べていたからね。腹いっぱい食べると、力出てくるし、働けるけど、饅頭一つに、フキの煮たの半分か一本では、働く力出てこないのは当然ね」（劉智渠）

「あんまり腹減ってしょうがないから、昼休みの時間になると、補導員のいない時に、そっと山に登って、草を取って食べるの人多いよ。だけど、日本の草のこと、どれ食べられるか、食べられない草か、わたしたちよくわからないでしょ。草食べたあと、腹痛む人もあったし、口から白いアワふいて、山ころげまわって、苦しんで死んだ人も、一人か二人あったさ。そのこと見ても、腹減ってくると、また食べに行くでしょ。わたしたちの手にはいる食べ物といえば、車とか水よりないからね。この草か水ないと、ほとんどの人が死んでしまったさ」（林樹森）

「その草食べるのことも、補導員がいるとダメだからね。草食べているの見つかると、また棍棒で殴られるからね。わたしたち、腹減って苦しんでいること、いちばんよく知ってるの、補導員たちでしょ。その補導員たち、わたしたち草食べているの見ると、怒るわけでしょ。どんな気持の人たちか、ぜんぜんわからないよ」（劉智渠）（『花岡事件の人たち』）

　クワやシャベルで土を掘ったり、モッコで土や石を運ぶという重労働の中で、一日に三個の饅頭とフキだけでは、ますます体力が衰えていくばかりだった。働いても力が入らなくなり、クワを振り上げるたびに、手や脚が震えた。極度な栄養失調のため、働けるような状態ではなかった。

しかも、道端や山に茂っている草を食べたり、水を呑んで空腹を満たそうとするのが補導員に見つかると、棍棒が飛んでくるのだった。それでも一日をようやく終えて、少ない食事をとって寝る時には、果して明日の朝は生きていて、ちゃんと起き上がれるだろうかと、誰もが思ったという。

どの中国人たちも髪やひげがぼうぼうに伸び、全身は垢まみれで、衣服も履物もぼろぼろになっていた。栄養失調のために目がひっこみ、頬は骨と皮膚の間に肉がないほどこけてしまい、手足は棒のように痩せ細っていた。こうした中国人に同情して、補導員がいないのを見はからって、こっそり食べ物を手渡した人たちもかなりいたらしい。でも多くの人たちにとっては、中国人は「チャンコロ」であり、補導員は憲兵と同じに恐ろしかったから、近づこうとする人は少なかった。

「花岡鉱山の普通の人たちも、補導員と同じ態度の人ほとんどね。わたしたち、寮から現場に行く途中に、家のそば通って行ったり、道で人と会うことよくあるの。わたしたちのこと見ると、大きな声出して笑うし、子どもたちは、わたしたちのこと見ると、石投げてよこした。助けてくれた人、少しはあったかもわからないが、わたしには一度もなかったね。わたしたち髪ぼうぼうに伸びて、ひょろひょろにやせて、目ぎょろぎょろして、風呂に入ったのこと、日本に来て一度もないから、からだの臭いするからね。きたないお化けか思って近づかないの、あたりまえのことね」（李振平）

花岡町の民間の人たちも、こうした態度で中国人に接した。戦時中という時代を背景に考えると、仕方のないことであったかもしれない。しかし、次のような証言になると、鹿島組も町民も同罪とはいえないだろうか。それは、ごく少数の町民ではあったのだろうが――。

「わたしも民間の人に助けられたこと、一度もないさ。わたしたちと道路で会うと、道路のわきに逃げて、黙って見ていたさ。わたし、いまでも思い出すこと、一つあるの。わたしたち、道路に何か食べられるもの落ちているると、なんでも拾って食べたでしょ。そのこと、補導員見つけると、『こら、犬ども』と叫んで、叩くでしょ。腹減ってるから、食べられそうなものあると、なんでも拾って食べたい気持ね。そのこと毎日見ている人、道路のそばに住んでいる女の人ね。わたしたち通ると、腐ったような食べ物、わざと道路に投げてよこすの。わたしたち、それ欲しいけど、補導員そのこと見てるから、手出せないでしょ。ひとりの人、我慢できなくて、それ拾って口に入れたら、補導員走ってきて、棍棒で何度も頭とか顔叩いたの。その人、片方の耳から血出して倒れたけど、その人、それから片方の耳、聞こえなくなったの。ひどいことする女の人いるね。わたしその時のこと思うと、いまでもその女の人の顔わかるよ。憎いよ」（林樹森）

静かな口調で話をしていた林さんだったが、最後の言葉をいう時は鋭かった。はじめから、「わたし、もう日本に永く暮らしたから、あの事件のこと許している。でも、忘れない」と言っていたが、忘れない部分が言葉となって、メラメラと燃えている感じだった。

中国人たちはこうした形で、直接には鹿島組とその補導員たちに虐待されただけではなく、一般の人たちからも虐待されたのだった。そして、これがまた、戦争の正体でもあった。個人の良心的なブレーキでは停まることがなく、自然に戦争協力へと走り出していくのだった。戦争への強力体制が組まれる中では、人間の理性など、粉のようにふきとばしてしまうのだ。

太平洋戦争中のしかも末期のころになると、日本人たちも食糧不足には頭を痛めた。配給の量も少なかったうえに、代用品がくることが多かった。米と一緒にイモとか山菜などを煮て食べたし、魚とか肉はほんのたまにしか口に入らなかった。それにしても、中国人たちの場合はあまりにもひどい。

一日に三個の小さな饅頭と、皮がついたまま煮たフキが副食に出たと、わたしが会った花岡事件の三人の生存者は言っている。また、これまで出版された多くの資料にも、このように書かれている。その饅頭も、小麦粉はほんの少しより入っておらず、代用品ばかり多く入っていて、食べると下痢する人もあったという。

中国人はやはり特殊に扱われて、日本人並みの配給量がこなかったのだろうかと思って、秋田県庁に残っている資料を調べに行った。もう十数年も前のことだが、あの時の驚きをいまでもはっきりと覚えている。わたしの目の前にひろげられている資料には、日本人と同じ量の食糧が配給になっていた。しかも、中国人という特別な食生活を考えてのことらしく、主食品は日清製粉所製の「四等品」の粉だった。それなのに、中国人たちの口には入らずに、どこに消えたのだろうか。

「当時、食糧営団花岡精米所に勤めていたK子さん（五七）は『組（鹿島組）には毎日、たくさんお米や食糧いったはずですよ。私が記録していたから間違いないです』と証言する」（『花岡事件ノート』）。

わたしが、県庁で見た資料を裏付けている。K子さんが証言するように、鹿島組の中国人たちの分として、食糧はちゃんと配給されていたのであった。

また、敗戦後に民間人の手で作成された中国殉難《じゅんなん》者名簿共同作成実行委員会編『中国人強制連行事件に関する報告書』には、次の二つの話が収録されている。

あの当時、花岡町の役場に勤めていた人は、「すべてのことが軍の秘密だといって役場には知らされず、食糧の配給のことも県から直接にやられていた。何人きたか、どうして死んだのか、何で死んだのかも役所にはわからなかった。食糧はピンハネされていた様で、真っ黒い蕗《ふき》一本皮もむかないものと、まん頭一つわたされているのを見ました。汪精衛の方からよこされて鉱山に直接使われていた人達は、同じ配給であったが、わりあいしっかりしていたから、鹿島組は本当にひどいことをしたものだ」

また、中国人が蜂起した時に殺された補導員のうち、二人は大館市に住んでいたが、近くの人たちは、「彼らの家にはいつも食糧が豊富にあった。われわれのところはご承知のようにますますひどい状況になったのに、彼らの食生活はますます豊かになった。みんなで、彼らがひどく中国人のピンハネをやっているんだと噂していた。中国人に殺されたと聞いて近所では、当然だと話しあった」と証言している。

ところが、実際に関係した人はどう発言しているかといえば、たとえば伊勢寮長代理は、

「――食糧の横流しはなかったのか。

『なかったはずだ。上層部はどうかしらないが……』」（『花岡事件ノート』）と答えている。

食糧について、もう少し証言を聞いてみたい。この問題は、中国人がどのように扱われたかと同時に、中国人を蜂起させる原因にもつながっているからである。

わたしの知人に、嶋田展代さんがいる。嶋田さんは故嶋田普作代議士の長女で、現在は東京にいるが、戦時中は大館市大町に住んでいた。彼女は当時の記憶をこう語っている。

「わたしたち一家がいた大町の菅原さん宅の奥のいちばんいい部屋に、花岡鉱山の鹿島組出張所長をしていた河野正敏さん一家が借りられていました。そこには、立派な防空壕があって、わたくしたちも何度か

入りましたよ。母から聞いた話によると、朝鮮人（当時は中国人とは言わなかった）がつくったものだそうです。わたしたちはいつも食糧難でしたが、奥の河野さん宅には、見たこともない角砂糖があったり、うどん粉があったり、美しい奥様がいつもきれいにしていらしたのが、まるで別世界のように、わたしには見えました」

少女の目に映った、当時の現実である。また、中山寮で中国人に温かく接した越後谷義勇さんは、一九四四年一〇月から寮の事務員となった。時々食べ物などを、こっそり中国人にあたえたりしたが、鬼みたいな日本人に囲まれている中で、彼だけは〝小兵大人〟と呼ばれた。いまでも、劉さんや李さんと交際を続けているというが、その越後谷さんはこう語る。

「中山寮にきた食糧なども、補導員の人たちが山分けしたともいわれているが、わたしはそんなことをしたこともないし、そんな現場を見たこともない。わたしも食糧を運んだりする仕事はしたが、食糧倉庫のカギは、寮長とか小畑が持っていたため、勝手に倉庫の中に入ることはできなかったので、倉庫の中にどれくらい食糧があったのか、ぜんぜんわからなかった。ただ、寮長と小畑の二人が、麦粉を四斗俵で一俵売ると、何百円になるという話をしていたのは聞いたことがあるが、実際に運び出して売ったかどうかは、わたしたちは見ていないので知らない。しかし、食糧を四斗俵で持ち出したのを、中国人たちに見られたことがあったらしい。四斗俵を持ち出しても、そんなに遠くへ運ぶことはできないから、おそらく中山寮より下の方にあった朝鮮人の寮にでも売ったのだろうと思うが、そうしたことは実際にあったらしい。中国人が皮と骨ばかりにやせているのに、倉庫の食糧を横流ししていたのであれば、やはり責任は大きいだろう。

食事は、わたしとあまり年の違わない一七歳か一八歳ぐらいの少年が三人いて、この人たちが中心になってつくっていたが、朝と昼は饅頭を食べていた。副食はないことがほとんどで、ときどき、どこから仕度してくるのかわからないが、唐がらしと野菜の漬物が出たりしていた。昼の食事は、その現場ごとに、炊事の係の人が持っていっていた。晩食は、いろいろなものを入れて、ドロドロに煮たものを食べていた」（第一集所収「花岡事件を見た二〇人の証言」）

ときどき、豚や牛を連れてくると、密殺して食べたりしたので、警察が調べにくることがあったともいう。しかし、肉とか食糧の包みを持たせると、なんにも言わないで帰ったというし、後藤健三巡査部長は毎日のように中山寮へ来ると、補導員や事務員と一緒に晩飯を食べたり、酒を呑んだりして帰ったという。

こうした数々の証言とか、資料などを見てもわかるように、鹿島組花岡出張所に強制連行されてきた中国人たちには、日本人と同じ量の食糧が配給されていた。だが、その食糧は鹿島組の人たちが家に運んだり、また売ってカネに代えたり、警官のみやげや伴食《ばんしょく》などで、かなりの量が消えたというのが真相のようである。

しかも、その被害をまともに受けたのが中国人たちであった。長時間にわたる重労働が続く中で、少ない食べ物に苦しみ、疲れてよろめくと、補導員に殴る蹴るの暴行を受けて怪我をしたり、あるいは死んでいった。また、栄養失調が原因で病気になる人も多く、看護棟に入る人も出てきたし、空腹を満たすために食べた毒草で、中毒死する人も出てきた。

「耿諄大隊長と羅士英副大隊長は、俘虜を代表して、伊勢と食糧を管理している小畑のところへ行って、食糧の増加を要求したが、半日ほどかかって戻ってきたかれらの顔色を見ただけで、交渉の結果を察することができた。耿諄は余りのことに怒って声が出ず、羅士英が代わって報告した。『小畑はわれわれの話をきかないだけでなく、棍棒でわれわれを殴って追い出そうとした。伊勢は責任を鹿島組にきせて、上の方からこれだけしか食糧を支給してきていないのだから、増加の方法がないといった』というのだ。

次の日、伊勢は訓話の時、こんなことをいった。

『現在、日本は東亜各国を指導して、大東亜戦争に従事している。このためにみんなは、当然すべてを節約して軍を援助し、生産に励まなければならない。全体の利益のためには、各自は各自の幸福、また生命さえ犠牲にしなければならないのだ。お前たちの現在の工作は、大東亜の建設にとって極めて意義のあるものである。お前たちは当然お前たちの工作の重要性を理解し、自発的かつ積極的に身を捨ててこれに貢献しなければならない。いまわれわれのところで建設週間というものの計画を立てたが、それは今日から始める。この一週間の中、お前たちは平常よりも更に工作に励み、成果を増加させて、お前たちの大東亜建設に対する熱誠を示さなければならない。各隊長もよく補導員の指示にしたがって、各隊員の工作を指揮しなければならない。みんながもし、よく、工作に努力したならば、各人に日本の煙草を一本ずつ特別に配給するが、もし成績が悪い場合には、隊長の責任を追求する』

われわれが食糧の増加を要求したのに対して彼らは、それを許さなかったばかりでなく、かえって労働の強化をおしつけてきたのである。

この『建設週間』というものは、以前よりも更にひどく、補導員の指定した一日の仕事の量が完成されないときには、帰寮して休息したり食事したりすることさえ許されず、ある時にはわれわれは月光の下で工作を続けた」（『花岡事件』）

あまりにも少ない食糧の支給にたいして、食糧の増加を要求したのを蹴っただけではなく、鹿島組花岡出張所ではその翌日から、報復としてさらにきつい労働の強化を押しつけてきた。この建設週間にはいると、補導員たちの監督はいっそうきびしくなり、多くの中国人は食事もとらず、真夜中までも働かされたのだった。

建設週間の時には、こんなこともあった。三日目の晩に、軍需長の任鳳岐が第一中隊に賞与としてあたえられた煙草を持ってきたが、「任鳳岐は軍需係に任命されてからはわれわれとは一緒に寝起させず、向かいの炊事場の右隣りの部屋で、油や塩や米、ウドン粉などと一緒に寝起きしていた。かれは補導員とわれわれの食事をつくることと、小畑を手伝って物資の管理をしていたのである。かれがわれわれと離れてからは、どこから不思議な魔法を得たのか、われわれと違ってだんだん肥って元気よくなり、補導員たちもかれにたいしては笑顔を見せたりするようになっていた。われわれの目から見れば、かれは特権階級になっていたのである」（『花岡事件』）

その任鳳岐は、この煙草はみんなで分けないで、補導員に贈った方がいいとすすめたが、みんなはそれをことわった。

「みんなは一本ずつの煙草を分けあってうまそうに吸っている。幾月ぶりか、もうとっくに忘れてしまっていた煙草のあじである。みなは一口一口かんで味わうように吸っている。軟らかい煙が次第に部屋の中にたちこめていく。

次の日、われわれは前よりも更に過重な仕事量を指定された。事実これは人間の力ではとうてい仕上げられない労働である。猪股は始終われわれ第一中隊のあいだを巡視して回り、少しも側を離れない。

第四日目の朝、作業に出る前に、伊勢は大きな声でみんなに訓話した。

『第一中隊は賞与を貰ってから後、かえって傲慢《ごう》になり、工作に努力を続けようとしない。報告によれば、昨日の任務は完成されていない。これは中小隊長の責任である。特に第三小隊長の王成林は頑強で命令に服しない。いま、みんなの前で処罰を加えるから、再び犯してはならんぞ！　わしは何事についても賞罰は明らかにするのだ……』

いい終わると、王成林を前に呼び出し、ズボンを脱がせて腹ばいにさせ、猪股と清水が棍棒を持って両側に立ち、交互に棍棒を雨のように王成林の尻や股にふらせた。

王成林は最初歯をくいしばって声を出さなかったが、だんだん呻き声がもれてきた。しかし最後まで彼は叫び声は出さなかった。

一本一本棍棒がふりおろされるごとに、私は自分の頭を殴られているような気がした。

『殴らなければならないのは、任鳳岐だ！』

私の心は叫び続ける。

『王成林では決してないぞ！』

王成林は呻き声さえもう出さなくなった。伊勢がやっと命令を下した。棍棒の雨は止んだが、王成林の尻や股は紫色になって見るも無残に腫れ上がっていた。

王成林はそのまま部屋にかつぎ込まれ、われわれは、大東亜建設のため現場へ出発した」（『花岡事件』）

これは劉智渠さんの口述による記録だが、しかし、伊勢寮長代理は戦後にこう答えている。

「――補導員が中国人を大分殴ったときいているが。

『なかったはずだ。現場は見ていないから、よくわからないが。私は、私は一度もなぐったりしなかった……』」（『花岡事件ノート』）

被害者と加害者という立場の違いはあるにしても、あまりにも二人の話は異なりすぎる。真実はいったい、どちらなのだろうか。

過酷な労働と、鹿島組や補導員たちのきびしい管理の中でおこなわれた建設週間が過ぎると、中国人たちの健康状態はさらに悪くなった。栄養失調と重労働の苦しさが続くなかで、仕事中に倒れる人が出てきた。また、体が衰弱しているので、仕事を手ぎわよくやれないため、補導員に殴られたり蹴られたりして、負傷する人も多くなった。

このころの中国人たちを見たBさん（四六歳）は、その印象をこう語っている。

「その当時、わたしは小学校の三年生でした。いまは中国人というが、当時はチャンコロが来たといったもんです。バカにしておったわけです。でも、何日も同じ姿を見ているうちに、何んとなく心がひかれる思いがしました。というのは、可哀相だということです。朝早くから行列をつくって連れられ、川に来るんですよ。歩くのも、やっと歩いているのだスよ。ヨボヨボと年寄りみたいに、骨と皮ばかりのかっこうでね。それを毎日見せられているものだから、チャンコロといっていたのが可哀相になり、何か自分でもしてあげたいと思ったわけです。でもその当時は、わたしらも食糧困難で、食うのもやっとでしたから、何もしてやれませんでしたが、いまでもそのことが、うしろめたい思いで残っとります」

また、目撃者だった一人は、

「食べものがひどい上に労働の過重は、とても朝鮮人の比ではなかったのです。夏の日の長いころですが、日もすっかり暮れてうすぐらくなってから、ふっと泣き声が耳につく。出てみるとあの人たちです。水路工事に使う長い杉の立木を、二人で、さきっぽとさきっぽをかついでいる。二人とも顔は見えないが、足など火箸みたいにやせている。腹はすいている。木は重い。二人はちょうど四つ五つの子供が泣くように、悲しくて泣く時のように、暗がりに木の重みでふらつきながら、こう、声をひいて泣いているのです。すると横についている監督が、これみろとばかりに棍棒でなぐる」（松田解子「花岡鉱山をたずねて」――『新しい世界』一九五一年一月号）

こうした毎日が続く中で、怪我や病気で看護棟に入る人が多くなっていった。看護棟に入って寝る人が多くなると、作業が捗《はかど》らないので、鹿島組では鉱山病院から一人の医師を、中山寮に派遣した。しかし、この医師は病気の治療に来たのではなく、寝ている中国人たちが、果たして病人だったり、仕事にも出られないほどの怪我をしているのか、仮病を使ってズル休みをしているのではないかを、調べに来たのだった。

医師は看護棟にやって来ると、寝ている人や、横になっている人を起こして診察した。その結果、答える声にちょっとでも力があったり、怪我をしている人でも少し歩ける人は、みんな仮病と診断された。その人たちは看護棟から中山寮に移されると、

「こら、仮病を使うとはけしからん。目を覚まさせてやるぞ」と、棍棒をくわされた。それから、強制的に現場へと、追い出されるように連れて行かれた。

だが、こうして病人や怪我人を強制的に働きに出しても、看護棟入りする人は、減るどころか、前よりもいっそう増えていった。

看護棟に入る人が多くなると、その対策として鹿島組では、新しい方法を実施した。

「病人として看護棟に入るのは、それだけ全体の能率を下げることになるのだから、みんなの迷惑になるのだ。病人をださないこと、もし病人が出ても、仕事に連れて行くようにしろ。それでも働かない者が多くなったら、食べ物の量を減らしていくから、この点をよく考えながらやれ」と指令した。

少数の病人のために、全員が迷惑をうけるようになるのだから、病人は自発的に働きに出るようになるだろうし、また健康な人は、病人を作業現場に連れて行くだろうと考えての方策であった。そして、病人が増えるたびに、全員の食べ物の量を一割ずつ減らしていった。

「だがこの妙案は、成功どころかかえって逆効果を生んだ。食糧が減れば減るほど、病人が増え、病人が増えれば増えるほど、食糧はますます減らされていった。だんだん減らされてとうとう一つの饅頭が以前の半分よりも小さくなってくると、僅か一カ月の間に、四、五〇人もの者が病気で倒れてしまった」(『花岡事件』)

新しい対策の成り行きに驚いた鹿島組では、働いている人たちには以前と同じ量の食べ物をあたえた。しかし、病人たちの食糧だけは、さらに半分に減らした。病人は働かないのだから、働く人と同じ量の食べ物はあたえなくともいいという理由で。だが、食糧が減らされると、病人たちの体はいっそう弱まり、死んでいく人が出てきた。その事情を、中国人たちはこう語っている。

「わたしたち看護班の仕事、病人のひと看護することより、死んだ人を焼くの仕事多かったね。人死ぬと、寮のうしろにある山に運んでいくの。それから木集めて焼いて、最初は骨をカメに入れたけど、こんど、だんだん多く死ぬのでカメなくなり、木の箱つくって入れたさ。わたしたちのいる看護棟は、寮と少し離れたところにあったでしょ。わたしたちのいる部屋と、働けない重病人のいる部屋があって、その奥に、遺骨の箱置いた安置室あったの。わたし中国で、医者のような仕事したでしょ。それで看護班に入ったけど、薬一つもないし、包帯もないよ。重病の人あっても、怪我した人あっても、水でひやしてやるか、背中とか腹さすってやるだけね。結局、病気になると死ぬだけね。大きな怪我した人も同じさ。高橋という、元衛生兵の医務担当の人いたけど、この人、わたしより病気のこと知らないから、なんにもやらないの。一日に一回だけ、看護室に、『どうした』と、顔を出すだけね。鉱山病院にも大内正という医者いて、わたしたち中国人のことみることになってたけど、看護棟に来て治療に当たったの、一回もないでしょ。死んだ人あると、死亡届を書くだけね。その時も、事務所に来て、補導員とかわたしらから聞いて、勝手に書くだけだったさ。自分で死体をみて、手をふれて調べたこと、一回もないの。一日に何人も死ぬ日あると、病院で聞きながら書いていることもあったさ。それもだんだんとやらなくなって、こんど、わたしたちに書かせるようになったね。わたしたち病名ちゃんと書くと、みんな書き直してあったさ。こんな医者、見たことないよ」（林樹森）

病人や怪我人に対する鹿島組の処置を、中国人から証言としてもう少し聞いてみよう。

「病気といっても、ほんとの病気の人、少ないよ。食べ物悪いし、少しだけでしょ。普通の日でも、朝の六時から晩の六時まで、土方の仕事するでしょ。体やせてふらふらして、どの人もちょっと強い風吹くと、倒れてしまうよ。足の太さも、腕より細いからね。みんな、栄養失調と寒さからきている病気ね。だから、倒れて重病室に運ばれると、みんな確実に死ぬわけね。死ぬの遅いか、早いだけのことね。重病室に入って、生きのびた人、一人だけね」（李振平）

「そのこと、あたりまえね。病気になる人多いのに、医者もダメでしょ。わたしのほかは、誰も病気のこと知らない。わたし、病気の原因わかっても、薬ないからなんにもしてやれないの。死ぬのを待っているだけより、方法ないさ。花岡鉱山に来てはじめての時は、何十日かに一人くらい看護棟に来たけど、建設週間が終わると、病気になる人、だんだんと多くなってきたさ。結局、倒れたらダメよ。わたし看護班にいたから、中国人の体のことよくわかるの。少しカゼひいて、現場に出られない状態になって、看護棟に運ばれてくるでしょ。それから三日か四日、長くとも一週間寝ていると、もう終わりさ。ぜったいに死ぬよ。病気になって、仕事に出ないと、それでなくとも量の少ない饅頭の大きさ、また小さくなるの。いくらも食べることできないから、体もっと弱って、病気に勝てないわけね」（林樹森）

また、死んだ人の衣服は、焼く前に下着までとった。そして死んだ員数どおりに、小畑補導員に渡した。どんなことがあっても、流用したり、紛失したりするのは許されなかった。このころのことを、劉智渠さんはこう口述している。

「ある日の午後、私は死亡報告を書いてみた。日本文で印刷されてはいたが、漢字が基本になっているので、その意味をくみとることができるので、私は慎重に一々各項目を書きいれてから事務室に持って行った。

事務室の前の方は、事務用の机と椅子や電話がおかれ、後の方は宿直する補導員と于傑臣の寝室になっている。

伊勢はちょうど畳の上で目を閉じて瞑想にふけっていたが、私はおずおず彼に報告書を渡した。彼は眉をひそめながら不機嫌そうにそれを受け取った。

報告書の幾通かに目を通してから、彼は突然怒り出し、立ち上がって私の横っ面をぶん殴った。理由が分からないので私は呆然と立ちすくんでしまった。

彼は于傑臣を呼びつけてから、報告書を指しながら二言三言何かいった。于傑臣は私に、報告書にある死亡原因の『栄養失調』や『脳部打撲傷』などというのを『コレラ』や『日本脳炎』などに書きかえるようにというのだった。

『しかし、いまは夏でもないし、また死んだ者は子供でもないでしょう！』

『劉君！　何もそう彼を刺激することはないじゃないか。馬鹿な目をみるだけだよ』」（『花岡事件』）

結局、疫痢とか急性肺炎に書き直して、この場はようやくおさまったのだが、死因もこうして勝手に直されたのだった。

現場に出て働いている中国人たちの場合も、看護棟に入っている病人や怪我人たちと、健康的にはそれほど変わりはなかった。まだ寝付くほどではなかったが、ほとんどが半病人であった。いつ看護棟に入っても、おかしくない人たちが大半だった。そうした健康状態のところに、たとえ数日にしても、食糧が減らされたのは大きな痛手だった。体はみるみるうちに、衰えていった。薛同道の場合もそうだった。

「でこぼこの山道を、薛同道はふらふらと歩いている。淡い月影が、彼の痩せこけた顔を照らし出している。血が泥とまざり合って、その顔をいっそう物凄いものにしている。彼はよろよろと花岡鉱山に通じる街道に出た。

彼はここのすべての俘虜と同様、ひどい下痢に悩んでいた。そのうえ、長いあいだ満足に物を食べていないので衰弱が激しく、足も萎えて、急に立ち上がったりすると目まいがし、時には倒れてしまうことすらあった。一昨日もそうで、工事現場で倒れ、昨日は一日、じめじめした床でうつらうつらしていた。ほかの病人と同様、一日に二杯、死なぬ程度のどんぐり粉の粥を食べたきりだったので、今日はいっそう弱っていた。

以前、いや、わずか一年前までは、彼はまだ棍棒で殴られようとびくともしない、仔牛のように頑丈な若者だったのに、いまはこのざまだ。病気といえば、これほど単純な、またひどい病気はない。ここで暮らしていれば、誰もこの病気を免れることができない。そして、いったんこの病気にかかったら最後、生きて逃がれ出られる者はないのだ。

今朝、起床ラッパが鳴ると同時に、補導員の小畑が彼を床から引きずり起こし、現場へ出ろと言った。そして、ラッパがまだ鳴り終わらぬうち、補導員たちが鞭で現場へ追い立てた。しかし、弱りきったからだでは、午前中に割り当てられたのをこなしきることができなかった。昼食の時、清水はその罰としてどんぐり粉のパンを半分しか食べさせてくれなかった。（この時はほとんどの者がこの懲罰を食らった）午後はそれでいっそう弱り、全身水を含んだ泥さながら、立っているのもやっとというありさまで、午後の割り当てをかたづけるどころの話ではなかった。（とはいえ、補導員が毎日割り当てる仕事をやり終える者はなかったのだが）清水が『前へでる』と叫んだ時、彼はみなとともに前に出、鞭を二発食らった。劉秋が地面を転げ回って哀願するのを見た時、ことにあの聞くに耐えない絶叫を聞いた時、頭がガンと鳴り、何者かに突き飛ばされたように飛び出して行ったのだ……」（洛沢著、立間祥介訳『花岡川の嵐』潮出版社）

そして薛同道は、劉秋をかばったために、補導員から棍棒の雨をあびたのだった。そして夜になり、「彼はもうろうとして、機械的に足を運んでいた。濃い霧が立ちこめる晩秋の谷に踏みこんだように、何も聞こえなかったし、何も見えなかった。深手を負っていまにも息絶えようとしている野獣のように、重いからだを揺らめかせ、よろよろと歩いていた」(『花岡川の嵐』)

こうして薛同道は、夜の訪れた中山寮に、ようやくの思いでたどりついたのだが、これが大半の中国人たちの毎日であった。

生き地獄のような花岡鉱山での生活を、「毒草(どくぐさ)」と題する詩はこううたっている。

ドングリの粉　リンゴのカス　ヌカと水
馬もくわねえ　こんなものが
あの人がたの　くわせられたもの
いったい　おかみの配給はどうした!
鹿島組のかしらが　よこながししたらしい
そこで　ふまれた　リンゴの皮をくい
道ばたの草もくいつくし
——毒草くって死んだ人もあったド
立っておれるのがふしぎなほどの
栄養失調のあの人がた

それでもなおも　歯をくいしばり
ふみこたえ　生きぬいてきたス
なにがために
ああ　なにがために

（新居広治、滝平二郎、牧大介『花岡ものがたり』無明舎出版）

こうした苦しい労働と生活が続く中で、花岡鉱山も夏から秋に、そして初冬へと季節が移っていった。やがて雪に埋まるようになると、中国人たちは寒さと飢えという、新しい苦しさを受けなければならなかった。その事情を、中国人から聞こう。

「夏の間は、それでも草食べられるからいいが、秋になるとその草も枯れて、食べられないからね。食べる物、どこからも拾うことできなくなるよ。しかも、秋だんだん深くなると、骨と皮ばかりにやせた体、寒さいちばんこたえるさ。わたしたちの着てるもの、下関に着いた時にもらった夏用の単衣物が、二枚よりないよ。履物も破れてしまって、素足がまる見えさ。雪とか、凍った砂とか、冷たい水とかに、いつも足ひたっているからね。足は凍傷にかかって、感覚なくなっているよ。手袋なんか一つもないよ。素手で、凍った土や石、雪つかんで働いたさ」（李振平）

「靴下もぜんぜんないからね。雪降ってから、ワラ少しずつ集めて、ためておくの。そのワラたまってから、履くものつくってはいたさ。このワラの靴はいても、足だけかくせることできるけど、あとはかくせないから、濡れるだけね。秋田の冬、雪が深いでしょ。多い時は、腰までも雪があるさ。その雪の中で、半分も破れた履物の上に、ワラで編んだ靴のようなものはくだけで、仕事に出るのだから、苦しいの当然よ。あの時の凍傷のあと、いまも寒くなると痛むね。この傷あと痛むと、あのころのこと思うよ。忘れようとしても、わたしの体忘れさせてくれないわけね」(林樹森)

「着るものだって、ボロボロの下着の上に、薄くて黒いワイシャツのようなもの、たった一枚でしょ。薄いから、強い風吹くと、肌に風ささってくるね。雪降ってる日だと、体みんな濡れてるから、とくに寒いさ」(李振平)

日本よりもはるかに寒い大陸に生まれて育った人たちだったが、みぞれや雪が降るようになっても、ワイシャツ一枚だけの薄着では、耐えることができないのは当然だった。

もう一つは、何とか飢えをしのいでいた草が、秋になって枯れ、やがて雪に埋まると、食べられなくなったのも、中国人にとっては痛手だった。いくら雪を食べても、空腹を満たしてくれないことも苦しかった。

「冬の寒い時のこと、口では言えない苦しみね。着ているもの少ないし、はいとるもの破れとるでしょ。しかも、仕事は川をつくるのことだから、掘った溝の中に、雪のまざった、氷の張った水、膝まであることもあるさ。着物は、上から下まで、全部濡れとるでしょ。暗くなってから、中山寮に帰るね。手足しびれて、やせた足や手の肌の色、黒いような、死んだ人の色のようになって腫れてるよ。こんな時の手足、どんなに叩かれても、痛くないの。火で、腫れた手足あたためると、こんど痛むの。あまりの痛さに、火にあたって、ヒエヒエ泣いとる人いるよ。濡れた着物つけたまま、火にあたって乾かすでしょ。花岡に来てから、一度も洗ったことないから、乾くと鮫の皮みたいにザラザラしてくるから、ぜんぜんあたたまらないさ。冬がきても、一枚の毛布配給なるまで、着物つけたまま、あとなんにもないから、板の上に横なっているだけでしょ。寒いから、ひと晩ふるえ続けていたさ。次の朝、起床ラッパ鳴って、起きようとしても、足とか手とか指が動かないの。板の上に起きあがって、足や手をだんだん動かして、歩けるように馴らしていくさ。晩に寝る時、次の朝、生きとって目が覚めるかなと、いつも思ったよ」（李振平）

話を聞いているだけでも、身の毛がよだつようなことが、次々とでてくるのだが、これを当然のこととした鹿島組や、また毎日のように見廻りに来ていた警官たちも、異常であった。そしてこの異常さに気がつくこともなく、異常さにむしろ快感さえ持ったと思われる面があるのも、わたしには怖い。

中国人たちの冬の暮らしを、もっと聞いてみよう。

「正月近くなってから、軍隊用の毛布、一人に一枚配給されたよ。この毛布かぶって寝てから、夜もいくらか眠られるようになったね。だけど、外はもっと寒くなってきたでしょ。こんど、配給になった毛布ね、体から腕、それに足と、研究して上手に巻いて、その上にシャツ着て毛布かくし、外の仕事に出たよ。これやると、あまり寒くないからね。このこと、補導員に見つかると、もう大変よ。棍棒とんできたり、蹴られたりするからね。ほとんどの人、毛布巻いたけど、この毛布のおかげで、死なないで助かった人、だいぶあるよ。あの毛布着なかったら、わたしも寒さに負けて、死んでいたかもしれないさ」（李振平）

「冬になって、ほんとに寒くなると、セメントの入ってきた紙の袋見つけてワイシッツの下にその紙まいて着た人もいたさ。セメントの袋そんなにないから、袋あたらない人は、ワラで編んだゴザみたいなもの着てる人もいたさ。わたしも、はじめはセメントの袋見つけて着たけど、紙だから濡れるとすぐ破れるから、俵をゴザのように、自分で編み直したの着たさ。強い風の吹く日は、ゴザの上から体に風とおしてくるから、寒いよ。ぶるぶるふるえて、働くこともできないさ。わたしたち、まるでドロボウみたいなかっこうしていたさ。吹雪の強い日は、寒くて、捻るような声たてて、泣いとる人多いよ。雪の中で働いていて、倒れると、もうそのまま死んでいること多いね。倒れてから死ぬのじゃなくて、死んでから雪の上に倒れる人多いね」（林樹森）

真冬に苛酷な条件の中で働いた中国人たちの姿を、多くの日本人たちが見ている。前にも証言してくれた秋田市に住むB子さんは、

「そりゃもう、ひどいもんでしたよ。あの吹雪の時に、裸に近いみたいなポロシャツ一枚着て、背中にはワラの筵《むしろ》つけて、雪よけにしておったな。足にまだワラ巻いたりして、素手でしゃな、凍った水に脛から入って、働かされているのだもの。気の毒なもんだと思ったスな。同じ人間に生まれてきてな。なんといえばいいか、わからない気持だったね」と言って、三七年前のことを思い出しながら、涙声になっていた。

また、目撃者の一人だった鉱夫も、

「冬も丸はだかに近いぼろ一枚に、背中に雪よけの筵、足にはぼろわらを巻いて凍った水に脛から股までひたして働かされたものです。しかも食べるものはぬかまじりの饅頭一つきり。だから腹がすいてたまらない。道におちているものは何でも口にいれてしまう。すると監督が棍棒でうちのめす。とてもその時のあの人たちの苦しみはあらわせないです」（「花岡鉱山をたずねて」）と語っている。

このような中で重労働をさせるのだから、死者が出るのも当然であった。看護棟にいた林さんは、こう証言する。

「死んでいく人、最初からわたしたちの手にかかるさ。わたしと劉さん、看護班にいたからね。花岡に来

た最初のころ、一人ひとりていねいに焼いていたし、遺骨入れるカメもあったさ。ところが、だんだん多く死んで、焼く木が不足したり、遺骨入れるカメとか、木箱なくなってきたでしょ。こんど、山に丸い穴掘って、一人ひとり埋めて、だれ死んだかわかるように、木に名前書いて立てたよ。これ、あとで掘ったけど、誰のものかちゃんとわかるさ。こんど、冬になって、病気になる人多くなって、一日かひと晩に、何人も死ぬ日が多くなったよ。だけど、雪深いでしょ。山の中腹の穴のところまで、運んでいけないことあるさ。その時は、中山寮のそばに雪の穴掘って、死んだ人その穴に埋めて、あとで雪少なくなってから、山に運んで埋めたこともあったさ。これ、わたしたち勝手にやったことでなく、鹿島組か補導員の命令ね。生きとる時も、わたしたち虫ケラのようにされたが、死んでからも同じだったさ」

中山寮の裏の死体焼き場となった所に、名前のない小高い山があった。その山はすりばち状になっていたが、その中腹に、長さ三メートル、幅一メートルの穴を掘って、死体を埋めたのだった。最初のころは一つの穴に一人を埋めたが、多くの死人が出るようになると、一つの穴に二人とか三人も埋めている。

中山寮は花岡の鉱山町から見えなかったし、中山寮からも鉱山町は見えなかった。寮は見えない場所に建てたのだが、すりばち状の山は鉱山町からも見えた。すりばち状の山に中国人の死体が埋められ、その穴が中腹をひとまわりしたころになると、鉱山町の人たちは鉢巻山と呼ぶようになったという。

戦後になって、鉢巻山が滝ノ沢ダムの底に沈む前には、雨の日などに、人魂が飛んだものだと古老たちは語っている。花岡町の人びとにとっても、鉢巻山は恐ろしいものだったことだろう。

正月近くになって軍隊用の毛布が、一人に一枚配給になったが、それから少したって、今度は作業衣上下一組の支給があった。これでようやく肌着とかシャツ着の日常生活からは解放されたものの、寒さを凌ぐことは無理だった。

ところが、毛布や作業衣が支給されて、前よりいくらかは暖かくなったが、こんどは新しい敵に襲われだしたのである。大量のシラミの出現であった。

「わたしたち看護班も、寒いから体に毛布巻いたよ。これで、前に比べると暖かくなったけど、こんど、うんとシラミ出たね。わたしたちに配られた毛布か、作業衣についてきたか、わたしたちの体についていたかわからないけどね。だいたいわたしたち、日本軍につかまってから風呂に入ったこと、ただの一度もないでしょ。着替えるものもないから、洗濯もできないでしょ。体も着てる物も、アカだらけだからね。自分たちの体から湧いたのか知らないけど、いっぱい体についたよ。仕事から帰って、小さい饅頭食べて、お湯腹いっぱい呑んで、ああ、きょうも生きられたと思っとると、シラミの奴、動き出してくるの。痛くて痛くて、もう黙っていられないの。背中に手入れてかくと、皮膚弱っているから、すぐ傷ついて、血流れるの。腹のあたりに、手入れてかくと、爪の間に、シラミ何匹もはさまってくるよ。一人の体に、何百匹とついとるから、大変よ。夜中にも痛くて、何度も目が覚めるね。着替えるものないから、シラミのついた着物、洗うこともできないからね」（林樹森）

「シラミも、昼間は出ないのね。なんにも痛くないの。寒いから、シラミも動かないわけね」（李振平）

「もう一つある。シラミわたしたちの体の血吸っても、わたしたちの体、昼間は半分死んでいるでしょ。痛さを感じない、ということもあるね」（劉智渠）

正月近くなって、ようやく毛布と作業衣上下が支給になって、前にくらべると暖かくなったが、今度はシラミの群に襲われたのだった。あの当時は日本人も、同じくらいにシラミがついていたが、しかし、手でかくと皮膚が破れて血が出たり、そこに膿が湧くということはあまりなかった。それだけ中国人たちは、栄養失調になって、もう体はボロボロになっていたのだった。シラミを一つ取り上げても、中国人たちがどんな状態に置かれていたかがよくわかる。
しかも、地獄の作業は毎日のように続けられていた。

夜の　外出は　かたくとめられ
夏冬なしの　きたきりすずめよ
ほねも　ちぎれそなこの北国の
寒のどろ水　はだしではたらき
ごろごろと　うえ死にこごえ死に
うごけなくなってコップにもたれ
ひと息づけば　打ちのめされ
のめれば　かならず死んでいった
こうして　夜は九時になり
ときには　夜中になるまでも
刀と棒コ　どなりごえ
かりたてられるのがきこえたス

（『花岡ものがたり』）

花岡鉱山に強制連行されてきた中国人には、一日の休みもあたえられなかった。花岡鉱山に着いたその翌日から、ずうっと働かされ続けた。それも早朝から、夜は遅くまでだった。病人とか怪我人をのぞいては、約五カ月間を働き続けたのだった。

それでも、一九四四年の大晦日の午後と、元旦の一日だけは休みとなった。これも中国人を休ませるのが目的ではなく、鹿島組花岡出張所や補導員たちが、正月休みとするためであった。

「わたしたちが花岡に来てから休んだの、大晦日の午後と、元旦の一日だけね。大晦日は肉食べたけど、元旦になると、もうなんにもごちそうないよ。いつもの小さい饅頭一つと、フキの煮たの、半分だけだからね」（林樹森）

「うん、大晦日の晩だったね。日本に来て、わたしたちはじめて肉食べたの。あの時のうまかったこと、いまでも忘れることできないよ。よく覚えてるよ」（李振平）

「大晦日の日、馬の頭と内臓が、わたしたち中山寮に渡されたわけね。鹿島組の人とか、補導員の人たち、肉のいい部分は、みな家に持っていったさ。わたしたち、その頭と内臓、料理したの。みんなで同じ部屋に集まって、食べたさ」（林樹林）

中国人たちの証言によると、年とか馬などの頭とか内臓が食事に出たのは、大晦日の晩に一回と、あとは日本が敗戦になるまでに一回くらいだけだったと異口同音に言っている。しかし、日本人の証言はまったく違う。中国人を殴ったりせず、逆にいろいろと世話をした中山寮事務員だった越後谷さんは、

「魚はほとんど出なかったが、肉類はときどき出た。鹿島組の方で、牛一頭とか豚一頭とかを支度してく

ると、中国の人に処理してもらっていた。それも一カ月に一度か二度のことだったが、中国の人たちはこうした生き物の処理が非常に上手で、皮から血まで一つ残らず食べられるようになり、きれいに処理してくれた。しかし、なにしろ多人数なものだから、豚一頭くらい処理しても、一人にはいくらもあたらなかった。一頭の牛を処理しても、一回でなくなってしまった」(『花岡事件を見た二〇人の証言』)と、具体的に話をしている。

また、当時の三浦太一郎大館警察署長は、

「一九四五年五月、署長として赴任してね、中山寮には二回視察にいきましたよ。駐在から、放牧中のウシ、ウマを密殺して食べていると聞いて、華労(中国人労働者)の健康回復のためには仕方ないと黙認しました。それにしても、食糧問題が深刻で、病人のための薬品など、組(鹿島組)がどの程度考えているか不安でしたな。寮の労務係は大丈夫だといっていましたが……。」(『花岡事件ノート』)と語っている。

林さんや李さんの証言と、越後谷さんや三浦さんの証言とは、まったく逆転する。これは肉だけではなく、食糧全般について証言してもらった時も、そうだった。どちらが本当なのか、いまでは真相の解明は難しいだろう。

ただ、食糧全般の時には、日本人の証言が事実とは違っていたから、肉にしても密殺は月に一～二回やったとしても、それは鹿島組や補導員のためということも、考えられる。

地獄の日々

中国人にとっては、異国で迎えるはじめての正月であった。また、大晦日ははじめての休みだったし、肉を食べたのもはじめてというように、すべてがはじめてであったが、でも、心の底から喜べる正月ではなかった。

「あのとき、食べ終わってから、部屋の中に集まってる人見だけど、中国から一緒に花岡へ来た二九五人のうちで、死んだ人が九〇人ばかり、病気の人が四〇人ばかりいたね。年寄りの人はほとんど死んで、あれは焦補学だったか、ひとりより生きていなかったさ。来年の大晦日の時には、この中から何人の顔見られるか、と誰かが言ったとき、部屋の中の人たち、しんとなったこと、いまでも覚えているよ。今晩か、あすに死ぬの、殺される人、どの人も誰も知らないからね。自分かもしれないからね」（李振平）

新年を迎えるという喜びの中にも、こうした生命にかかわる問題が、いつも目の前に横たわっていた。

しかし、嬉しいことも一つだけあった。それは、事務員の越後谷さんが、自分の家でついたモチを持って、早口（田代町）から中山寮にやってきたことだった。

「一九四五年の正月の元旦に、わたしはその前から親父に、『中国の人たちがモチを食べたがっているので、もち米を買って、モチをついてくれ』と頼んでいたので、そのモチを三〇個ばかり持って、雪の積もっている山を越えて中山寮に行った。同僚たちに食べさせないで、中国人にだけやるのはちょっと気がひけたが、そのモチあげると、『これはうまい』と言いながら、喜んで食べてくれた。そのとき、耿隊長が、記念になにか書くといって、すずりを持ってきて墨をすると、紙にさらさらと書いてくれた。耿隊長はなかなかの人格者で頭はきれるがおだやかな人柄なので、補導員たちも耿隊長には、めったなことでは手を出せなかった。

耿隊長が書いてくれたので、

『隊長、ありがとう』と言ったら、わたしにもなにか記念に書いてくれと言った。わたしは隊長の筆を借りて、『日華親善』と大きな字で書いた。誰がどう見ても下手な手なのに、上手だとほめてくれた」（第一集所収「花岡事件の人たち」）

この時のことを、林樹森さんもこう語っている。

「正月の元旦のことね。あの時も、越後谷さん、早口から中山寮まで来たね。自分の家でつくったモチ持ってくると、小さく切って、わたしたちに配ったの。寮の中の人多いし、少しより持ってこないから、食べた人少ないけど、その気持ね、嬉しいの。越後谷さんのような人、もっと花岡にいると、蜂起なんかなかったね」

小さく切ったモチだったろうが、それを手にした時の中国人たちの喜びは、どんなだったろうかと、胸をうつ。

「耿隊長に書いてもらったのは、事務室の机の引出しの中に入れておいたが、中国人たちが暴動をやった時に、事務室の中は足もたてれないほどめちゃくちゃに荒らされたのに、その紙だけはキズもつかないで見つかった。のちに耿隊長は、台湾の蔣介石のところに行ったということだった。いつごろのことかわからないが、台湾政府の代表の一人として、日本に来たことがあると聞いたが、その後は知らない」（第一集所収「花岡事件を見た二〇人の証言」）と、越後谷さんは語っている。

だが、休息をあたえられたのも、大晦日の午後と元旦のわずか一日半だけだった。二日目からはまた、労働、凍傷、殴打、飢え、病死という、前と同じような生活がはじまった。

「正月すぎてから、この食べ物では、わたしたちの体もたない。仕事するのもムリだから、もっと食べる量、多くしてほしいと、わたしたち何度も、鹿島組の河野所長に要求したさ。鹿島組の事務所、中山寮から少し離れたところにあるの。そこに、大隊長や中隊長などと一緒に行って、河野所長の前に坐って、土間に頭つけて、もっと量多くしてほしいと頼んだよ。とくに、病人の食べる物、わたしたちと同じ量にしてほしいと頼んだよ。病気になったり、体弱くなって働くのことできなくなると、看護棟に入れられるでしょ。働かなくなると、食べ物の量も、半分にされてしまうわけね。半分の食べ物もらって、カユにして食べていたでしょ。それでなくとも小さい饅頭が、半分になるわけでしょ。病人だから、体力つけなければいけないのに、これでしょ。だから、病人になって看護棟に来る人たち、みんな死んでいくわけね。その病人たちの食べ物、わたしたちの食べるのと、同じ量にしてほしいって要求すると、事務所の人たち来て、なに言うかと、わたしたちのこと棍棒で叩いたり、軍靴で踏みつけたりするの。もっと困ったこと、わたしたち、もっと食べる物多くしてほしいと要求に行くと、次の日から何日かのあいだ、饅頭の大きさ、もっと小さくなることね。見せしめに、小さくするわけね。これにはわたしたち、ほんとに困ったよ」（李振平）

正月の喜びもたった一日半で消えて、また地獄のような日々がやってきた。しかも、この年の冬は、例年よりも雪が多く、寒さもきびしかったというから、中国人にとっては大変なことだったろう。だが、正月後の苦しさは、これだけではなかった。

「正月すぎてから、変わったこともう一つあるよ。正月の前の饅頭の中には、リンゴのカスとか、ドングリの粉入っていたが、本当のウドン粉も、いくらか入っていたさ。正月すぎると、饅頭の中に、ウドン粉ぜんぜん入っていないさ。リンゴのカスもわずかより入らなくなって、なんだかわからない木の皮の粉など、入っているの。口の中に饅頭入れると、臭くて、砂みたいにザリザリして、固くて、とても食べれたものでないの。こんな食べ物ばかり続くから、体の弱い人、年寄りの人、栄養ぜんぜんとれないから、どんどん死んでいくよ。冬になって、雪いっぱい積もると、食べ物、どこからも拾えないからね。もう、ほんとに苦しいよ」（劉智渠）

だが、わたしが県庁で見た資料では、正月後も鹿島組の中国人たちには、日本人と同じ量が配給されている。しかもその食糧は、食糧営団花岡精米所に勤めていたK子さんが、鹿島組に毎日たくさんの食糧を届けていたと証言している。

それにもかかわらず、病人の食糧を半分に減らしたり、ウドン粉もほとんど入れない饅頭を食べさせたりしているのだ。これまで何度も書いてきたように、鹿島組の人たちはその食糧を横流ししたり、また家に持ち帰って家族に食べさせたり、近所の人とか、上司に配ったりしていたのだった。

今年（一九八二年）、新たに花岡事件を調べ直した際にも、何度か大館市や花岡に行った。その時に会った初老の婦人は、

「あの当時はなス、日本人のわたしたちも、食う物がなくて苦しんでいたんだス。あす食べる物がない、ということもあったからスな。鹿島組の人が食べ物を取ったっていうども、少しぐらいのことは、仕方のねえ時代でなかったのでねスかね」と語っていた。いまは亡くなったが、夫も鉱山で働いていたそうだ。生活は苦しかったと、しみじみとした口調だった。

確かにあの時代は、日本人も食うに食われない時代であった。わたし自身も、苦しい飢餓体験を持っている。しかし、三七年もすぎたいまは、その体験もやわらぎ、初老の婦人のような発言がうまれてくるのも、わからないではない。だが、次のような資料を見ると、どうだろうか。

花岡鉱山の鹿島組花岡出張所に、二九五人の中国人強制連行者が連れて来られる前、もう一団の中国人たちが花岡鉱山に連れて来られ、強制労働をさせられていた。これは花岡鉱業所が使用したもので、二九八人の中国人は、東亜寮に入って働いていた。しかし、日本が敗戦になって帰国するまでに、一一人が死亡している。ところが、中山寮の中国人たちはいわゆる「花岡事件」といわれる蜂起が発生する一九四五年六月三〇日までに、鹿島組に連行されてきた二九五人のうち、一一三人も死亡しているのである。花岡事件を経ているので、さらに多く死亡しているが、同じ花岡鉱山で働き、同じ量の食糧の配給を受けながら、なぜ鹿島組だけが、ケタはずれに多い死亡者を出しているのだろうか――。

心よく話してくれた、初老の婦人に申し訳ないが、あの当時は日本人も苦しかったのだから、少しぐらいのことは仕方がないと、鹿島組の人たちを許してもいいのだろうか。花岡鉱業所と、鹿島組花岡出張所の死亡者のあまりにも大きな違いを目の前にして……。

このことは、中国人たちもこう語っている。

「花岡鉱山には、わたしたちのほかに、同じ中国の人たち、朝鮮の人と、アメリカの捕虜も来ていること、知ってはいたの。中国の人とか、アメリカ人とは近づかせないようにしていたけど、朝鮮の人は、仕事のやり方わたしたち知らないと、現場に連れて来て、働きながら教えてくれることあったの。そんな時、昼一緒に食べるの見ると、朝鮮の人、わたしたちよりずうっといいもの食べとるね。わたしたちのように、ひょろひょろにやせていないの。わたしたち、腹減らしているの見て、自分たちの食べ残したものとか、余分な食べ物とか、こっそり持ってきて、補導員の見てない時に、それをくれるの。そんないい人、朝鮮の人の中にも、何人もいたよ。あの時の嬉しかったこと、いまでも忘れないよ。どこの国でも、いい人はいるよ。朝鮮の人たちの着てる服も、わたしたちのものより厚いし、いいもの着てるから、寒くないわけね」（林樹森）

同じ中国人とは、日本が敗戦になって自由になるまで、ほとんど会うことがなかったという。だが、自由の身になった時に会ったら、朝鮮人のように元気だったと語っている。ということは、鹿島組に使用された中国人たちだけが、特別な扱いを受けて、骨と皮ばかりにやせこけていたのだった。

林さん、李さん、劉さんの三人は、花岡時代の自分たちを語る時に、よく「ひょろひょろにやせていた」と言っている。いかにも適切な表現だが、それだけに彼らの立場を、切実にあらわしているともいえる。

花岡鉱業所には、朝鮮人、華人徴用工（中国人）のほかに、アメリカ人（豪人も含む）の捕虜も働いていた。だが、このアメリカ人たちの場合は、中山寮の中国人たちのように、ひょろひょろにはやせていなかった。

「アメリカ人の場合も同じね。わたしたちと顔合わせること、ほとんどないし、近づかせないようにしていたわけね。わたしたちの中山寮より上の方の、一キロばかり離れたところに寮あって、そこに入っているの知っていたよ。アメリカ人の寮にいる人、どれくらいかよく知らないが、四〇〇人くらいはいたね。アメリカ人の食べる物、わたしたちよりずっといいの。わたし、見たことあるの。アメリカ人の食べる物、トラックか馬車で、途中まで運んでくるでしょ。それから上は、道路悪いから、わたしたちの寮のすぐ上におろして、それからアメリカの人が、上の寮に運んでいくの。おろして運ぶ時に、袋や俵、破れるのがあるでしょ。その破れた穴から、中に入っているもの、こぼれるの。アメリカの人、そのこぼれたの拾って、一生懸命にポケットに入れたり、口に入れるかしとるの。わたし、その場所に一度行って、一〇粒くらい拾って食べたことあるけど、本物の麦かなにかね。味でわかるよ。わたしたち、現場へ働きに行く途中、ときどき働きに出るアメリカ人と、道路ですれ違うことあるの。わたしたち言葉わからないし、話かけるの補導員に見つかると、棍棒とんでくるから、誰も話かけないよ。お互いに顔見たまま、通りすぎるだけね。アメリカ人の場合も、わたしたち中国人より、体やせてないでしょ。顔色もいいよ。わたしたち中国人だけね。ひょろひょろにやせているの」（李振平）

結局、花岡鉱業所で働いた捕虜や徴用工は、労働にしても食糧にしても、鹿島組に連行された中国人のように、虐待は受けなかったのである。そのため、死亡者も少ないし、体も中山寮の中国人のように、「ひょろひょろ」にやせていなかったのだった。

その原因は簡単だった。補導員や鹿島組の人たちが、中国人の食糧を盗み取っていたからだった。

「いちばん悪いの、補導員や鹿島組の人たちね。わたしたちに配給にきた食糧、家に持っていくわけね。だから、それでなくとも少ない食べ物、ますます少なくなるわけね。わたしたちと同じ中国人で、軍需長の任鳳岐も悪いの。この人、宿直して次の夕方に家に帰る補導員に、わたしたちにきた配給の中からとったもの、紙とか袋に包んで、渡しているの何回も見たよ。あの任鳳岐のろくでなしのために、何人の人、飢えて死んだかわからないよ。だから、彼だけは殺されたの。同胞を売ったから、補導員と同じに、皆の憎しみかかっていたわけさ。蜂起のとき、彼いちばん先に殺された。殺されるの理由十分にあったさ。同胞を売って、自分だけまるまると太っていること、許されないよ」(劉智渠)

こうみてくるとわかるように、鹿島組の場合だけが非人間的で、残忍だったのである。

ところが、中国人へ配給になった食糧は、個人的に盗み取るだけではなく、かなり計画的にもやられていた。たとえば、「河野は、伊勢をつうじて、俘虜むけの配給米の一部分を、定期的に、じぶんと家族のはらにおさめていた。のこったぶんは、妻が、この出張さきで、鉱山がわから給与されている社宅ぐらしのひまひまに、米にくるしむおくさん連中へわけてやっていた。あるばあいはてきとうに金をとり、あるばあいは、たとえば、相手が鉱山長とか澄井とかのおくさまのばあいは、金をとらないで。それは花岡署長のおくさんにも適用していた」(『地底の人々』)というように。

こうした中にあって、一人の日本人だけは、中国人たちをかばった。中国人は日本人の補導員のことを、鬼とか、豚とか、鬼豚と呼んでいたが、彼だけはそう呼ばれなかった。越後谷さんである。

「越後谷さんの家、花岡から離れた早口にあったでしょ。宿直にあたらない晩、早口の家に帰るね。次の朝、鉱山に働きに来る時、自分の家から、米とかアワみたいなもの、少し持ってくるの。補導員に見つからんように、服のポケットにかくして持ってくるから、少ないわけね。こんど、わたしたちの仕事の現場で、お湯わかしてるでしょ。その大きな湯わかしの中に、ポケットの米そっと入れて火にかけると、薄いおカユみたいなものできるでしょ。そのおカユみたいなお湯、わたしたちに飲ませてくれるの。ほかの補導員見ても、お湯呑んでるとしか見えないでしょ。越後谷さんが現場に来ない時は、晩に寮の中で、わざとお湯わかして、そのお湯の中に米とかアワ入れて、わたしたちの寝ているところに持ってきてくれるの。服のポケットに、いろいろな食べ物入れてきて、ほかの補導員のいない時、そっと渡してくれたりしたの。わたしたち、その食べ物で、どんなに助かったかわからないさ。鬼みたいな寮の中の日本人にも、こんないい人もいたよ」（李振平）

越後谷さんは内部の人だが、外部にも中国人を助けようとした人がいた。戦時中は花岡に住み、現在は神奈川県に住むTさん（六七歳）だが、訪ねたわたしにこう語った。

「わたしも鉱山で働いとったが、冬なんかひどいかっこうしてましたな。あんな姿を日本人がしていたんじゃ、全員が死んでしまうだろうな。何回か働いてるのを見たけどね、真冬に素手で、泥水の中に入って、石を持ち上げたりしているんだからね。いくらなんでも、あんまりひどいと思いましたな。あれは、いつだったかな。冬のことなんだが、わたしが仕事を終わって帰る時に、川を掘ってる捕虜たちの所に来たら、補導員に棍棒で、日本の女の人が叩かれているんだよ。捕虜が叩かれてるのはよく見たが、日本人が叩かれてるのははじめてなんで、立って見とったんですよ。なんか捕虜に、こっそり食べ物を渡したのを、補導員に見つかったらしいんだな。それで、叩かれていたんですな。中年の人でしたが、おいおいと声あげて、逃げて行きましたよ。あの時も、ひどいことをするなと思ったね。食べ物をもってきてあげたのに、棍棒でびしゃびしゃと叩いとるんだからね」

正月がすぎても、鹿島組や補導員たちの態度は変わらないだけではなく、ますます狂暴化していった。一方、太平洋戦争はいっそう激化していき、物資が次々と不足していくなかで、精神的な高揚だけが、カン高い声で叫ばれるようになっていた。そうした中で、花岡川の水路改修工事は続けられたのだった。だが、体が弱っているうえに、寒さにふるえる中では、作業が捗《はかど》るはずがなかった。しかし、花岡鉱業所からは一日も早く完成するように指令され、それが河野所長や伊勢寮長代理を通じて補導員たちに通達された。

「仕事が捗らないのは、お前たちの指導が悪いからだ」と、河野所長や伊勢寮長代理から言われるたびに、中国人にあたる補導員の態度はきびしくなっていった。

「補導員たち、棍棒で叩く時、めくらめっぽうに、どこでも好き勝手に叩くでしょ。棍棒歯にあたると、みんなバサッと落ちるね。棍棒で頭とか顔叩かれると、痛いでしょ。痛いから頭とか顔に、手をあげるでしょ。こんど、その手を叩くの。どの人も、一本か二本か、みんな指が折れるよ。ひどいものさ。補導員の中でも、小畑と福田がいちばんひどかった。この中の清水、わたしたちと同じ中国人でしょ。父か、母だったか、中国の人ね。それで、中国人に悪いのことするのだから、どうしようもないよ。背の低い小畑、この人いちばん悪い。何十人のひと、殺したかわからないよ。寮長代理の伊勢、この人も根性の悪い人ね。

ひどいことばかりしたよ。戦後になって、この伊勢と、一度会ったことあるよ。伊勢は大館の市役所の職員になって、立派な服着ていたけど、わたしのこと見ても、なんにも言えないの。下ばっかり見ていたね」（林樹森）

同じことを、中山寮の日本人も、次のように証言している。

「私に兵隊の経験はありませんが、ほかの補導員の人がたは、いろいろと戦場をわたりあるいてきた傷《しょう》痍《い》軍人が多かった。食糧係の小畑さんと猪股さんも軍隊経験者。軍隊では上官の衣類の洗タクから身のまわりの世話までやらされていた人たちでしたが、中山寮では中国人のボーイにそれをやらせていましたね。日本は支那に勝っているという意識もあってか、やはり、相当きつい体罰を加えていたようです。寮内より工事と現場のほうが、とくにひどかったのではないですか。

中国人のうち大隊長、中隊長クラス、軍需、主計など五、六人は、寮長や補導員たちと、夜などいっしょに食事したりすることもありました。席上、耿大隊長が『たたいてもいいから、納得のいくようなたき方をしてくれ』と何度か頼んでいましたよ。中国人は、自分に納得のできないいじめられ方をするのをたいへんいやがります。納得できさえすれば、なぐった人をむやみに憎んだりはしません。ところが、補導員たちは、むやみとなぐりつけましたから（越後谷義勇）」（「もと軍人の残虐性」――『潮』一九七二年五月号）

日本人も認めるほど、補導員たちの虐待ぶりは目にあまるものだった。しかも、その虐待ぶりは、中国人にはまったく納得のいかない、理にかなったことではない点にも、大きな問題があったし、その処理もまた、非常にでたらめなものだった。

中国人にたいする鹿島組や補導員たちの、想像をこえる虐待ぶりは、もう沢山だという人もいるだろう。たくさんの例を並べてきたが、実はもう沢山だどころか、これまで書いたのはほんの一例にすぎないのだ。まだまだ厖大な例が報告されているし、わたしの取材ノートにも記されている。正月がすぎてからの出来事としては、こんなこともあった。

「雪がたくさん積もってから、第三中隊の人、二人にかつがれて病室に運ばれてきたことあった。彼の体、全身びしょ濡れで、氷のように冷えていたさ。目固く閉じて、人事不省になっているの。補導員に殴られて、水の中に倒れた二人が、引き上げられてきたわけね。手足にさわると、氷のように冷たいし、耳に口つけて名前呼んでも、ぜんぜん動かないの。胸のあたりに、小さな温みあって、低い息が聞こえるので、生きてるのこと知らせているわけね。だけど、看護棟に火もないから、お湯もやれないし、薬もないでしょ。いろいろ考えたあげく、わたし庭に出て、死んだ人焼くための薪持ってきて、火燃やして温めてやろうと思ったの。薪持ってこようとしたら、軍需長の任鳳岐が来て、

『薪どこに持っていくのか』言うの。

『病人のこと温めるためさ』と言うと、この薪、死人を焼くためのものだから、ダメというの。任鳳岐の奴、もう中国人の心忘れていたわけね。彼の反対で、薪持ってこれなかったけど、そのとき、怒りが胸いっぱいになって、どうすることもできなかった。その晩のうちに、病人は死んだけど、次の日、彼の体温めてやることができなかった薪で、彼の屍体焼いたの。口惜しいので、涙流れて仕方なかったよ」（劉智渠）

同胞からも受けたひどい仕打ちをこう語っているが、それではいま、中国人を虐待した日本人たちは、

どう思っているることだろうか。伊勢寮長代理はこう語っている。

「――補導員が中国人を大分殴ったときいているが。

『なかったはずだ。現場は見てはいないから、よくわからないが、私は、私は一度もなぐったりしなかった……』

――だけど、毎日たくさん死んでいる、虐待でないのか。

『医者は赤痢とか、白痢とかいっていた。毎日、花岡病院長の大内さんと、イズミさんとかが来て診断書をとっていた』

――警察は毎日来ていたのか。

『よく来た。今野さん（大館署特高、今野武夫巡査）なんか……。大体、今野も悪いよ。本土決戦になれば連中はみんな殺してしまうんだから、そのつもりで働かせる。来るたびにそうしゃべった……』

――それで補導員は無理に働かせていたのか。

『だと思うな……』

――休みもなく働かせたのか。

『雨降っても雪降っても、仕事は休まないで続いていた。休ませたいとは思った。河野所長には（働きに）出してくれといわれるし……』」（『花岡事件ノート』）

伊勢寮長代理の話を聞いていると、あの人も悪いし、この人も悪いし、どうしようもなかったという言い方である。しかし、これはいけないことだから、やめたらどうか、改めたらどうかという忠告はただの一度もしていない。

伊勢寮長代理も言っているように、「毎日、花岡病院長の大内さん、イズミさんとかが来て診断書をとっていた」というが、しかし、看護棟に勤めていた中国人の証言では、事務所に来て補導員から聞いたまま書いたり、病院で聞きながら、死亡診断書を書いていた。それも面倒になると、看護棟の中国人に書かせたりしているが、本当の病名を書くと殴られ、あたりさわりのない病名に書き変えられたりした。

また、この事実を、医師そのものも認めているのである。

「敗戦後の花岡の現地を調査した人たちは、中国人の死亡診断書を書いたある一人の医師の談話をとり、『私のところへ鉱業所のものや組（鹿島組）のものがきて、先生また死にましたが、何という病名にしましょうという。たびたびそういうことで、しまいには私が考えず彼らに適当にかいとくれといったものです。それが死亡診断書なわけです』と、報告している」（『草の墓標』新日本出版社）というのだ。

そのため、死亡診断書の病名もでたらめなものだった。次の文は、花岡事件の裁判のため、一九四七年七月二七日に占領軍軍事裁判に提出された起訴状の一節で、鹿島組花岡出張所の暴行と、実際の死亡原因と死亡診断書の病名との違いをあばいている。

一九四四年またはその頃、福田金五郎（注―鹿島組現場監督）は中国人捕虜張振山に対して、これを苛酷に殴打して三日後死にいたらしめた。（注―張振山の死亡診断書は「赤痢」になっている）

一九四四年一一月なかば、またはその頃、福田金五郎は中国人捕虜張薪平に対し、岩石をもってその頭部を苛酷に殴打して負傷せしめ、四カ月後死にいたらしめた。（注―死亡診断書は「胃腸カタル」）

一九四四年一〇月、またはその頃、清水正夫（注―鹿島組現場監督）は中国人捕虜劉言清に対し、衰弱している間に、苛酷にこれを殴打し、二カ月後死にいたらしめた。（注―死亡診断書は「脚気」）一九四五年一月、またはその頃、清水正夫は中国人捕虜于士錦に対し、彼が足凍にかかっている際労働することを強制し、苛酷にこれを殴打し、約一カ月後これを死にいたらしめた。（注―死亡診断書は「敗血症」）

伊勢寮長代理たちが語る事実と、日本人の医師、また看護棟の中国人たち、それに裁判の起訴状が語る事実とは、あまりにも違いすぎないだろうか。敗戦後いちばん早く、医師として花岡鉱山の中山寮の中国人に接したのが、秋田県立女子医学専門学校の教授をしていた高橋実医師であった。いまは仙台市にいるが、その当時の様子をこう語っている。「花岡鉱山に着いたわたしは、鉱山病院に寄って、医学的な立場から中国人にどういうことをしてきたかということや、現状などを聞いてみたが、知らないと答える医師がほとんどで、自分も関係して知っている人でも、知らせてくれなかった。その当時、医師も中国人を虐待したとして調べられていたので、いつ自分も逮捕されるかわからない状態だったので、どの人も戦々競々としていたため、協力的でなかった」（第一集所収「花岡事件を見た二〇人の証言」）

高橋実医師の報告を、もう少し聞いてみよう。

「だがこの診断書をいちおう基準にして死亡原因を整理してみると、気管支炎のような胸部疾患で死亡せるもの一三・三％、下痢疾患で死亡せるもの四六・三％、浮腫疾患五・九％、赤痢一三・七％、発疹チフス一・三％、ワイルおよび黄疸五・一％、敗血症八・九％などで外傷死二名、縊死《いし》一名というのがとくに注意される。たしかに赤痢や発疹チフスやワイル氏病で二〇・一％が死亡しているにしても、伝染病のま

ん延というだけでこの大量死亡を説明することはできないのである」（高橋実「ひとつの事実」『社会評論』一九四六年七月号）

死亡診断書でみたかぎりでは、補導員の棍棒で殴打されたり、足蹴りにされたりという暴行で死んだとみられるのは、「外傷死二名、縊死一名」のわずか三人にすぎないのである。

これまで見聞きしてきた数々の証言や資料と、あまりにも違いすぎるのだ。これは医師が聞いたまま死亡診断書を書いたり、看護棟に勤める中国人が、鹿島組の気に入るような病名を書かされたという、これまでの証言とも一致する。

一般には考えられないことが、こうしたウソが鹿島組の中では普通のように通用していたのだった。もう一つは、栄養不足が長期間にわたって続いた時に、人間の体はどうなっていくのかである。もちろんこれに、衛生事項不如意と合併する。

「食糧が需要量以下に少ないとき、いいかえれば栄養不足のときは、一部不足の養分を補なうために人間はみずからの体成分をどしどし消費しなければならなくなる。肝臓のなかにたくわえておいた糖類、つぎに脂肪、つぎに筋肉を消費し、ある期間にたっすると急激に体蛋白質の崩壊がおこって死亡するのである」（「ひとつの事実」）

補導員の暴行や病気で死亡する人とともに、これが原因となって、死ぬ人が多くなった。寒い冬がようやく去って、暖かい春が訪れるとともに、この現象は激しくなっていった。

「食べ物悪くて、栄養失調が原因で死んだり、補導員に殺されたりした人、春になると一〇〇人超していたよ。わたしたちと一緒に花岡に着いた人、二九五人でしょ。そのうちの三分の一の人、死んでしまったわけね。体弱って、看護棟の中にいる人も、三〇人くらいだったさ。中山寮の中に、あまり人いなくなったよ。からっぽになってきたさ。わたしの小隊でも十何人か死んでいたからね。ところが、冬終わって、雪消えると、川掘るの仕事がほんとにはじまったでしょ。働けるの人、半分くらいよりいないから、生き残った人たちの仕事、ますます多くなるの。雪の中でひと冬生きて、どの人も体弱ってきてるでしょ。それに仕事多くなってきたから、たいへんよ」（李振平）

そのため、ますます工事が捗らなくなり、一九四五年五月に五八七人、六月には九八人の連行者を鹿島組では新しく連れてくると、強制労働をさせたのだった。しかも、新しく来た人たちへの見せしめに、補導員たちはあまりにも残忍非道な虐待を繰り返したために、これまでにたまっていた不満ともかさなって、花岡事件が起きるのである。

だが、その花岡事件におよぶ前に、なぜ中国人強制連行がおこなわれ、その真相はどうだったかを、次章で詳しくたどってみたい。

過程と背景

太平洋戦争中に、日本の国内へ中国の民間人とか兵士を強制連行して来て、重労働をさせるようになった直接のきっかけは、東条内閣が財界からの強い要請を受けいれて、一九四二年一一月に、「華人労働者内地移入ニ関スル件」を閣議決定した時からだった。だが、この閣議決定の背景には、日本の戦争経済の影響が深くはりめぐらされていた。

大正から続いた不況は、昭和に入ると世界的な規模でひろがった恐慌に突入していった。不景気はどん底となり、この恐慌に対応していくために、浜口内閣は産業合理化運動をすすめた。その結果、企業の合併や、生産制限を実施したため、失業者が続出していった。

だが、働きたくとも働く場がなかった日本の労働力が、逆に不足になってきたのは、中国東北部（旧満州）への侵略と、日中戦争の拡大と長期化のなかで起こった、戦争経済のためであった。また、中国東北部への侵略と同時にはじめられた満蒙開拓移民も、昭和に入ると順調にすすめられていった。

しかし、一九三七年の中国にたいする全面的な軍事侵略後は、多くの兵士や民間人が日本から大陸に渡り、日本国内で労働力が次第に不足となってきた。それに対応して政府は、一九三八年三月の国家総動員法、八月の学校卒業者使用制限令、同三九年四月の従業者移動防止令、七月の国民徴用令といった法令を次々とだして、国内の労働力の強化と管理を強めていった。しかし、軍需産業もいっそう盛んになり、労働力不足は深刻な問題となっていった。さらに、一九四〇年以降の中国にたいする日本兵の大量投下後は、国内の労働力不足にいっそう拍車をかけた。

そこで政府は、労働者が兵士として出征した穴埋めとして、女性や学生その他を動員した勤労報国隊、政策によって整理された商店や小工場の主人や従業員たちを動員する徴用隊などを、国内の工場や鉱山、港などの軍需関連産業に投入していった。しかし、これでも労働力不足は深刻になるばかりで、国内での調達は不可能になってきた。その代用として一九三九年ごろから、多数の朝鮮人労働者が大陸から、日本国内に連行されて来るようになった。

だが、それでも最初のころは、とくに労働力を必要とする会社が募集員を朝鮮に派遣して、直接に募集する方法がとられていた。しかし、集団的な日本への移入がどしどしすすめられたため、朝鮮でも労働力が不足してきた。そのため、朝鮮人にも徴用制が実施されたが、徴用とはいっても実際には、強制連行と同じ方法がとられた。

「部とか面（村）とかの労務係が深夜や早暁《そうぎょう》、とつぜん男手のある家の寝込みをおそい、あるいは田畑で働いている最中にトラックを廻してなにげなくそれに乗せ、かくてそれらで集団を編成」（鎌田沢一郎『朝鮮新語』）すると、日本に連れて来たのだった。

もちろん、こうして捕えられた朝鮮人は、全員が日本に連れて来られたのではなく、朝鮮の軍需工場とか鉱山などで、働かされた人もあった。日本国内での労働力不足が深刻になるにつれて、朝鮮人労働者が日本の国内で多くなったのはこのためだった。日本へ自分から望んで来たのではなく、強制的に連れて来られた朝鮮人がほとんどだった。

太平洋戦争の間に、秋田県北の小坂鉱山、尾去沢鉱山、花岡鉱山の三つのヤマに、約三〇〇〇人の朝鮮人労働者が連行されてきたといわれている。また、花岡鉱山だけで延べ人員で約四千五〇〇人が連行されてきたといわれているが、はっきりした人数はわかっていない。それは、次のような原因による。

「戦時中の陸軍省、厚生省、内務省などの朝鮮人に関する資料は、消息通の情報によると戦争終結のさい、ＧＨＱ（連合国軍最高司令官総司令部）が押収してしまい、日本管理政策遂行上の参考資料として現在アメリカ国務省に保管されてあるという。そのうち一部は防衛庁の戦史資料室にあるともいわれているが、いずれにせよ日本政府当局の資料は若干のものを除いては完全に消え去っている」（日本読書新聞編『朝鮮人』）ためである。

しかし、死亡者の数はだいたいわかっている。

「在日朝鮮人研究者である朴慶植氏が、日本に連行された朝鮮人犠牲者の実態を明らかにしようと、足を棒にして役所に残されている死亡者の火葬埋葬許可受付簿や死亡診断書、あるいは寺の過去帖に記載されているものなどを調査した結果によると、花岡鉱山では二九人の朝鮮人が死亡していると、『太平洋戦争時における朝鮮人強制連行』（『歴史学研究』第二九七号）の中で報告している。朴氏は、これはおそらく死

亡者の一部だろうと書いている」(「花岡事件」――『ドキュメント日本人・第八巻』学芸書林)

このように多くの朝鮮人を国内に動員しても、労働力の不足はますます深刻になっていった。そのため、政府と財界は、中国人の国内連行を真剣に考えるようになった。だが、その以前から日本軍は、満州や樺太などの鉄道工事や鉱山などで、大量の中国人を使役していた。この時に使役した中国人、労工狩りという方法で集めたのだが、この労工狩りは日中戦争のころから、大陸にいる日本軍の手で大々的にやられていた。

とくに、北支方面軍司令官の多田駿が、一九四〇年八月から三カ月間にわたった八路《はちろ》軍との百団大戦で、大きな損害を受けて首になり、翌四一年に岡村寧次が司令官となってから、激化していった。岡村司令官は、三光政策〈殺光(殺しつくす)、焼光(焼きつくす)、略光(うばいつくす)〉を実施したが、これは苛酷をきわめたものだった。

この三光政策は、二つの目的を持っていた。一つは、人狩りによって捕えた中国人を、軍需産業の労働力に使役すると同時に、略奪した食糧や物資で、軍事力を増大させることだった。

もう一つは、日本軍の勢力が薄い地帯を、無人無物化に近い状態にしてしまい、中国人の抗戦力を弱体化させることであった。八路軍の強い抵抗に苦しめられていた日本軍は、こうした方法で八路軍と対戦したのであった。

この労工狩りは、中国のいたるところで繰り返された。とくに二〇〇～三〇〇戸もある大集落を襲う時は、大包囲作戦をとったので、兎狩り戦法ともいった。これによって捕えた中国人は、満州国内の鉱山、港湾荷役、軍事基地の拡張などの強制労働につかせた。日本国内と同じに、満州でも労働力が大幅に不足したために、こうした方法がとられたのだった。

労工狩りは、実際にはどのようにおこなわれたのだろうか。一九四一年八月下旬から九月初旬にかけて、中国華北の山東省博山西方地区で、北支那方面軍十二軍の手で実行された、博画作戦の労工狩りは、次のようなものだった。


「真夜中の一二時、たたき起こされた私たちは、『こんどの作戦は、土百姓ともを一人残さず全部つかまえるんだ』という中隊長池田中尉の怒号のもとに、重い足を引きずりながら歩きつづけ、ようやく夜が明けたころ、風一つなく朝餉の煙が真っ直ぐに立つ、平和で静かな二〇〇戸の部落の近くに中隊は停止した。しばらくして分隊長松下伍長が、小隊長のところから帰ってくるなりいった。

『オイッ、出発だ。部落にはいったら、片っぱしから老百姓（中国での農民の俗称）をとっつかまえるんだ。イイカッ』というが早いか、道に半分あまり倒れている高粱《コーリヤン》の幹を、ブキブキ踏み倒し、部落に向かって歩き出した。

分隊が部落にはいると、静かであった村が、ガタガタ、ドンドン、バタリ、バタリ、ガチャン、ガチャンと、急に暴風でも来たように、一瞬にして嵐に化した。

私の分隊は、三名ずつにまた分かれ、私は同年兵と、小川という三年兵といっしょになって、部落の中を目を皿のようにして駆けずり回った。

『おいッ、ここを開けろッ』小川の声に、私は付近にあった丸太ン棒をわしずかみにすると、扉のかんぬきをこじり倒し、バタンと扉を蹴り倒した。半分はげた赤い紙を軍靴で踏みつけ、家屋の中に野良犬のようにはいって行くと、崩れかけたオンドルの上に、骨と皮だけにやせ衰えた老人が口をぱくぱくさせている。その側に、三〇歳ぐらいの女が、赤児を抱え、老人の顔をじっと見ている。銃剣の先でボロボロの布団をはぎとった私は、まるで骸骨に、汚れたカンレイシャでも張りつけたような老人の体を見て、『何だ、こいッ』と、引きずって行くこともできないと見て、唾を吐きかけ表に飛び出した。

『おいッ、誰かいたか』小川が白酎の小ガメをぶらさげ、何か不服そうに、ギョロリと私のほうをにらんだ。

『ハア、病人の老トル（ロートル＝年寄り）と女が一人いました』

『何！　女がいた』

小川は、血走った目に淫乱な笑いを浮かべると、

『オイッ、お前たちは隣の家を全部ひっくりかえして探して見ろッ！　もさもさして支那人に誉《な》められるんじゃねえぞッ。おれは後から行く。さあ行けッ！』

小川は、私が出て来た家の中に、飛び込むようにはいって行った。

私たちは、隣の家の中を、つぎつぎと手当たりしだいにひっくりかえして見たが、ここでも四〇すぎと思われる女と、七、八歳の男の子が、隅のほうにちぢまっていた。あせった私たちは、庭の隅まで、置いてあるものは全部放り投げた。きれいに丸め、積み重ねた高粱を、半分あまり銃剣で突き倒していたとき、私は手に異様なものを感じた。

『おいッ、阿部、何かいるぞ！』

半ば後足で、おそるおそる、そっと高粱の束をかきわけた。一ツ二ツ三ツめのとき『アッ』私と阿部は

後に一歩飛びさがった。そこには、日焼けした真っ黒な顔に、何か強い決心でもしているように、唇を噛みしめた四〇歳ぐらいの男がうずくまっていた。

手に何も持っていない老百姓風と見た私は、おどろいて後にさがった姿勢をとり直すと、『コノ野郎ッ。ビックリさせやがる。オイッ、阿部ッ、こいつは民兵かも知れんぞッ』と、いきなりグルグル巻きに縛りつけた。

手当たりしだいに引っ掻き回す暴行を、不安気にジッと見ていた先刻の女は、『快走々々』と蹴り飛ばされ、罵倒されながら引きずられて行く姿を見ると、地面に頭を押しつけ、『老百姓老百姓大人々々』と声をあげて泣きながら、何か哀願している。子供は、銃剣の恐ろしさも忘れて、男の足にしがみついて、言葉のわからない私でも、この母子が何を訴えているかはわかった。

『コンチクショウ。こいつがこの野郎を隠したんだッ。助けてくれなんてもってのほかだッ』

私は、泥靴で女の肩から首筋を力まかせに踏みつけた。しかし、女は、『大人々々』と、何度も何度も頭を下げて哀願していたが、最後にもうどうにもならない、と見たのか、這うように家の中にはいって行くと、ボロ布に包んだ煎餅を両手で抱え、だいじそうに持ってくると、男の腰紐にくくりつけようとしがみついた。（略）

白酎の小ガメを片手に、先刻の婦人をいままで強姦していた小川が、のっそりはいって来た。

『何しているんだ』ギョロリとあたりを見回した。

『ハァ、こいつを連れて行こうとしたら、しがみついて離れないんです』私は、子供を殴りつけながら小川に言った。

『馬鹿野郎ッ。大の男が二人もかかって何をしているんだッ！　手前ら嘗められているんだッ。そのガキも連れて行け。背のうぐらいはかつげるだろう』

男にしがみついている子供の襟首を、わし掴《づか》みに表に引きずり出した。

『大人々々、小孩（子供）、老百姓』と、気が狂ったように女は絶叫して、子供の足にしがみつこうとした。

『ええいッ、うるさいアマだッ』私は阿部といっしょに女の横腹を銃床でドーンと突きあげた。

こうして部落の隅々から、畑の中から荒らしまわった私たちは、一二時すぎ、部落の一角に中隊が集合した。腰の曲がった老人から子供まで一五〇余名の老百姓が、取り囲んだ銃剣の中に坐らせられている。

馬に乗って走って来た小隊長中村少尉は、ホコリで黒く汚れたヒゲ面の中から、ギョロリと人間ばなれした目を向けると、

『これだけかッ』と、さも不満げにあたりに怒鳴った。

『おイッ、出発だッ！　元気なやつには、弾薬と患者の背のうをかつがせろッ』

中村は、この銃剣にとり囲まれた老百姓が、朝から何一つ食っておらず、水さえも飲んでいないことなど、まったく眼中になかった。」（大木仲治「労工狩り」──神吉晴夫編『三光』光文社）

これが労工狩りの実態だったが、日本の軍隊の手によって、中国のいたる所でおこなわれたのだった。働きざかりの男が連れ去られるだけではなく、妻子や年寄りは殺されたり、家とか食糧は奪われたり、火をつけられたりした。兵隊の数が不足で、十分な食糧も送られてこない日本兵にとって、労工狩りは大き

な意味を持っていた。残酷という言葉さえ、通用しなかったのだ。

日中戦争のころから、中国の各地で繰り返しおこなわれた労工狩りの中でも、とくにひどかったのは、一九四二年九月から一二月にかけて、山東省でおこなわれた十二軍作戦であったといわれている。この時も兎狩り作戦をとったが、包囲された中にいる中国人だったら、使いものにならない年寄りや子どもに婦人をのぞいては、兵士であろうと農民であろうと、働ける男はみな捕えられたのだが、この大包囲作戦は、次のように実施されたのだった。

「その作戦には、中国には真鍮の洗面器が多いのですが、その洗面器を持って、兵隊の銃を肩にかついで洗面器を叩いて歩き、それで海岸線や鉄道沿線に向かって押したわけです。洗面器を叩いて一里歩くところもあるし、二里のところもあるし、それで部隊のほうぼうで火が燃えるわけですよ。部落から部落をずっと押して行って、一八歳から四五歳までの男を全部集める。それと山羊、牛、豚、真鍮類を全部集めるわけです。部落民にそれを全部持たして一定の地域に集合させるわけです。

そこに軍のトラックがきて、山羊は山羊、真鍮は真鍮、人員は人員でまとめて連れていくのです。つまり戦闘が目的ではなく、物資掠奪と人員の徴発が目的なんです。これを一〇月から一二月の末まで二カ月やったわけです。その集めた人はどうなったかというと、青島に相当大きい体育場があるわけですが、集めた男を収容したんです。しかし、そこに入りきれないので、第一公園の競馬場に入れたわけです。その数は何千だか何万だかわからんのです。それが青島から船でどっちに行ったのかわからないのですよ。花岡鉱山で中国人の捕虜が死んだということをきいたんですが、その人達は実際は捕虜じゃないわけですよ。実際は捕虜でもなければ八路軍でもない農民ですよ」（大野貞美『真相』一九五八年六月号）

そのあとも日本軍は、「一九秋山東作戦（一九四四年秋の山東省での作戦という意味）」とか、「二〇春山東作戦」といった大々的な人狩りと物資略奪の作戦をおこなった。兎狩り作戦の時に殺された人も、相当な数だったといわれている。

また、捕えられた中国人はうしろ手に縛られ、軍のトラックに乗せられて収容所に運ばれた。こうして捕えた中国人は、青島・済南・石門・大同・北京・邯鄲・徐州・塘沽の収容所に集められた。どの収容所も、北支那方面軍が直接に管理し、所長には日本の軍人がなり、門には日本軍の衛兵所があって、着剣した兵士が守っていた。収容所のまわりは電流を通じた鉄条網で囲んでいたほか、さらにトーチカで囲んでいた、昼も夜も、二人組の日本兵が絶えず巡回しながら監視しているので、逃げることはできなかった。運よく生きたまま収容所にいれられても、日本軍に捕えられた時から、中国人のいのちは日本軍の手にまかされた。

ここに収容された中国人は、大陸で労働者が不足している所へ、次々と運ばれていった。そして、日本軍の監督の下に働かされたのだが、このことは軍部でもよく知っていただけではなく、こうした中国人労働者がいなければ、大陸での戦時体制を保っていけないこともよくわかっていた。

だが、当初は、大陸内だけでの使役でとどめられていた。

日中戦争のころから、厖大な中国人を強制的に捕えて使っていただけに、その必要性は日本の政府や軍部の中でも早くから認められていた。とくに財界では、中国人を国内に導入してくる施策には以前から積極的で、次のような要望を政府に出していた。

「支那人の問題、これも同時に、私は考えておった。いろいろ専門家の話を聞きますと揚子江筋からでも、三百万人くらいは持ってこられるということでありますが、北支にもそうとう余力がある。これは芝浦の業者に聞いた話ですが、日支事変の起こるまえは、芝浦あたりには沖仲仕《おきなかし》としてそうとう支那人が働いておった。仕事もでき、賃金も安い。ですからこのさい、ぜひ考えてくれということを聞いておる。そういう下級労働や重要でない仕事は、できるならば支那人を使ったらいいのではないか」(『日本経済年報』第四輯・東洋経済新報社)

日中戦争がいっそう激しくなってきた一九四〇年三月ころになると、中国人労務者の移入問題は具体化してきた。商工省内に官民合同協議会を設置して協議を重ねたが、この時は中国人を国内に連れて来ても、治安保持の点などに問題があるとして、実施するまでに話はまとまらなかった。

しかし、その後、太平洋戦争の開戦とともに、戦火の地域は拡がっていった。兵士としてさらに多くの国内労働力が流出していく一方では、軍需用としての石炭や鉄鉱などの増産がいっそう強く要請されるようになり、また力仕事である港湾荷役労働者も不足になり、荷役業務も円滑に捗《はかど》らなくなるというように、労働業界は深刻になっていった。しかも、大々的におこなっていた朝鮮人労働者の国内連行も限界になり、必要とするほど集められなくなっていた。

こうした危機的な状態の中で、再び中国人労働者の国内移入の問題が、再燃しはじめた。というよりは、労働力不足の活路はそこにしか見いだせなかったのである。とくに財界にとっては、労働力の不足は死活問題であるだけに、これまで以上に積極的に政府へ働きかけるようになった。杉本石炭鉱業連盟会長と伊藤金属鉱業連盟会長の連名で、企画院総裁、商工、厚生の各大臣宛に「鉱山労務根本対策意見書」を出した。その中で中国人労働者の問題にも触れて、

「さらに支那苦力《クーリー》の移入についても積極的に促進することを要すること、ただし苦力の使用は社会上保安上その他の見地より鉱山関係の産業部門をさきにするものとす。

右苦力にたいしては各種労働立法に拘泥せず特殊管理を断行するの要あり」

と、最初から各種の労働法とは関係なく、特殊な管理の中で使用すべきであるという考えを、はっきりと示している。花岡鉱山に連行された中国人たちの場合も、基本的にはこうした財界の考え方の中で、重労働がおこなわれたのだということをまず知っておく必要があるのではなかろうか。

そのうえに、鹿島組花岡出張所と、その補導員たちの平和な時代の常識では考えもおよばない蛮行とがかさなり合って、強制労働と、それに続く花岡事件が起きたのである。この視点をちゃんと中心におかないと、花岡残酷物語で終わってしまうが、それでは花岡事件とは何かを問う意味が半減するだけではなく、正しい問題のなげかけにはならない。

国内労働力の大幅な不足はまた、戦争をすすめていく政府にとっても、大きな問題であった。そのため政府は、こうした財界の要請を、軍需産業の増産計画と結びつけて実行することになったが、その時代的な背景は、次のような状態であった。

「東条内閣が『国民（総）動員計画』の中に、中国人俘虜を組み入れ強制連行を実施するにいたった当時の事情を、石炭産業について見ると、太平洋戦争突入と拡大のなかで行われた『石炭増産運動』による大量の労働者の投入にもかかわらず、出炭量が一九四〇年を最高として以後停滞し、『閣議決定』の一九四四年には急落している。

中日戦争のはじまった一九三七年から、商工省内に、官民合同協議会が設置された一九四〇年までの間に、労働者数は二四万五千八四五人から三六万八千四三三人と四九・八%増加したのに、出炭量は四億五二五万八千トンと二六・六%増加したにすぎず、一方、労働者の災害死亡は八八四人から一千三五七人と飛躍的に増加している。

また、戦局がようやく不利となり、戦死者の激増は、兵員補充を就業労働者に求めざるをえなくなり、出炭量は停滞から急激な低下（一九四四年四九、三三万五千トン）を示し、しかも災害死亡数もまた急増していった」（赤津益造『花岡暴動』三省堂）

こうした中で政府は、国民にたいして労働の強制と管理を強めるために、次々と法令を出して日本人総義務労働を強化していくと同時に、植民地から労働者をどしどし連れてきた。とくに朝鮮からは、〝国民動員計画〟によって、多くの人たちを国内に徴用したり、連行してきたが、その数は、「一九三九年の三万八千七〇〇人から一九四一年五万三千四九二人、同四二年一一万二千〇〇七人、同四三年一二万二千二三三七人、同四四年には二八万〇千三〇四人にもおよんだ」（『花岡暴動』）のだが、それでも国内の労働者は大幅な不足となった。

このような状況の中で、中国人労働者を国内に連行してくる動きは、いっそう具体化していった。

「一九四二年夏期、当時労務動員計画と物動計画をつかさどる企画院においては労務動員計画に大なる支障をきたし、これが労務給源をいずれに求むるやについて、考慮中、たまたま土木工業協会においては土木建築事業に支那苦力を使用したことを外務省、厚生省に要請しておったので、おもいを山東苦力におよび、協会の労務委員会にこれにたいする方途について諮問して来た。

一九四二年にいたり企画院第二部山内第三課長を団長に華北労働事情視察団をつくって視察した。これに参加したものは、企画院、厚生、商工、内務、運輸、外務、石炭、鉱山、海運、土建の各統制団体、北京大使館、華北労工協会、華北運輸会社等、四八名の代表者であった」（野木崇行稿「日本建設工業会華鮮労務対策委員会活動記録」）

一行は約二〇日間にわたり、大陸に渡って視察を続けたり、また、各機関とも協議を重ねた。その結果、中国人を国内に強制連行してくる計画が決められた。この施策を実施するために、一九四二年一一月二七日に東条内閣は「華人労務者内地移入ニ関スル件」を閣議決定して、本格的に取り組むことになった。

華人労務者内地移入ニ関スル件

（昭和一七・一一・二七、閣議決定）

第一　方針

内地ニ於《お》ケル労務需給ハ愈々《いよいよ》逼迫《ひっぱく》ヲ来シ特ニ重筋労務部面ニ於ケル労力不足ノ著《いちじる》シキ現状ニ鑑《かんが》ミ左記要領ニ依《よ》リ華人労務者ヲ内地ニ移入シ以《もっ》テ大東亜《だいとうあ》共栄圏《きょうえいけん》建設ノ遂行ニ協力セシメントス

第二　要領

一、本方針ニ依リ内地ニ移入スル華人労務者ハ之《これ》ヲ国民動員計画産業中鉱山、荷役業、国防土木建築業及《および》其他ノ工場雑役ニ使用スルコトトスルモ差当《さしあた》リ重要ナル鉱山、荷役及工場雑役ニ限ルコト

二、移入スル華人労務者ハ主トシテ華北ノ労務者ヲ以テ充《あ》ツルモ事情ニ依リ其ノ他ノ地域ヨリモ移入シ得ルコト　但シ緊急要員ニ付テハ成《な》ルベク現地ニ於テ使用中ノ同種労務者並《ならび》ニ訓練セル元俘虜《ふりょ》元帰

順兵ニシテ素質優良ナル者ヲ移入スル方途ヲモ考慮スルコト
三、移入スル華人労務者ノ募集又ハ斡旋ハ華北労工協会ヲシテ新民会其《その》他現地機関トノ連繋《れんけい》ノ下ニ之ニ当ラシムルコト
四、移入スル華人労務者ハ年齢概《おおむ》ネ四十歳以下ノ男子ニシテ心身健全ナル者ヲ選抜スルコトトシ家族ヲ同伴セシメザルコト
五、華人労務者及其ノ指導者ハ移入ニ先立チ一定期間現地ノ適当ナル機関ニ於テ必要ナル訓練ヲ為スコト
六、華人労務者ノ使用ヲ認ムル事業場ハ華人労務者ノ相当数ヲ集団的ニ就労セシムルコトヲ条件トシ関係庁協議ノ上之《これ》ヲ選定スルコト　但シ華人労務者ヲ供給業者ニ取扱ハシムルコトハ原則トシテ認メザルコト
七、華人労務者ノ契約期間ハ原則トシテ二年トシ同一人ヲ継続使用スル場合ニ於テハ二年経過後適当ノ時期ニ於テ希望ニ依リ一時帰国セシムルコト
八、華人労務者ノ管理ニ関シテハ華人ノ慣習ニ急激ナル変化ヲ来タサザル如ク特ニ留意スルコト
九、華人労務者ノ食事ハ米食トセズ華人労務者ノ通常食ヲ給スルモノトシ之カ食糧手当ニ付テハ内地ニ於テ特別措置ヲ構ズルコト
一〇、労務者ノ所得ハ支那《シナ》現地ニ於テ通常支払《しはら》ハルベキ賃銀ヲ標準トシ残留家族ニ対スル送金ヲモ考慮シテ之ヲ定ムルコト
一一、華人労務者ノ移入ノ時期、員数、輸送、防疫《ぼうえき》、防諜《ぼうちょう》、登録其他移入ニ必要ナル具体的細目ニ付

テハ関係庁協議ノ上決定スルコト

一二、華人労務者ノ家族送金及持帰《もちかえり》金ニ付テハ原則トシテ制限ヲ附《ふ》セザルコトトシ本方策ノ実施ニ依リ日支間国際収支ニ重大ナル影響ヲ及ボスベキ場合ハ可能ナル範囲ニ於テ内地ヨリ支那向《むけ》適当ナル裏付物資ノ給付ニ付考慮スルコト

第三　措置

本方策ノ実施ニ当リテハ之カ成否ノ影響大ナルニ鑑ミ別ニ定ムル要領ニ依リ試験的ニ之ヲ行ヒ其ノ成績ニ依リ漸次《ぜんじ》本方策ノ全面的実施ニ移ルモノトスルコト

備考

支那ニ於ケル技術労務者不足ノ現況ニ鑑ミ本方策ノ実施ニ関連シ別途華人青少年労務者ノ内地工場ニ於ケル使用ヲ認メ之ガ使用ニ付《つき》特ニ技術的訓練ニ意ヲ用イ将来支那ニ於ケル基幹労務者タルベキ者ヲ養成スル措置ニ付テモ併《あわ》セ考慮スルコト

これが全文だが、丹念に読むと強制連行の狙いを十分に読みとることができる。

「華人労務者内地移入ニ関スル件」が閣議決定されたので、第三の措置に基づいて、試験移入からはじめられることになった。この試験移入については、閣議決定がされた日に、企画院第三部が決定した「華人労務者内地移入ニ関スル件第三措置ニ基ク華北労務者内地移入実施要領」で決められた。

一九四三年四月から一一月にかけて、試験移入は本格的におこなわれた。港湾荷役に四集団八六三人と、

炭鉱労働に四集団五五七人の、計八集団、一千四二〇人が大陸から内地に連行されてくると、八事業所で働かされた。

だが、この試験移入の時でも、大陸から船に乗せられ、国内の事業所に着くまでの短い連行途中に、七人も死亡している。また、国内の八事業所で働かされた約半年の間に、一七人も死ぬというひどいものだった。

しかも、「実施要領」には賃金は出来高払いをすると明記しているにもかかわらず、実際には一銭も支払われなかったという。また、「実施要領」には、「契約期間ハ二年トスルモノトス」とあり、二年を過ぎた人は一時帰国をさせるとあるのに、二年後にもといた所に帰れたのは、港湾荷役の四〇〇人だけで、あとの人たちは敗戦後まで日本で働かされた。また、この港湾荷役の場合も、実際は大連港運河から借りてきた、大連苦力《クーリー》たちであった。約束の期間がきたために、仕方なく返したのだった。それに、賃金は一銭も払っていないというから、要領にもとづいた返還ではなかったのである。

また、試験移入した中国人に対して、警察の介入は激しかったという。これまで報告されているのでは、九州の三井鉱山田川鉱業所や日鉄鉱業二瀬鉱業所などでは、二〇人もの中国人がなんの理由もなく逮捕され、拷問などによって、数人が警察署内で死んでいるが、これが試験移入の実状だったのである。

こうした賃金も払わない、殺害をともなうような警察介入の労務管理の中で実施された試験移入だったが、政府と財界では、

「一九四二年一一月二七日閣議決定ニ係ル『華人労務者内地移入ニ関スル件』ニ依リ実施シツツアル試験移入ノ成績ハ概ネ良好ナルヲ以テ本件第三措置ニ基キ左記要領ニ依リ本格的移入ヲ促進セントス」という

ことになった。

これを受けて、一九四四年二月二八日の次官会議では、「華人労務者内地移入ノ促進ニ関スル件」を決定した。これによって、中国人強制連行が決定したのである。そして、翌三月には、「一九四四年度国家動員計画需要数」の中に、華人労働者三万人が計上されるという、素早い対応を見せた。

中国人の強制連行は、こうして準備がすべて整えられ、本格的な実施段階へと入っていくのだが、しかし、一九四二年に閣議決定をした「華人労務者内地移入ニ関スル件」と一九四四年に次官会議決定の「華人労務者内地移入ノ促進ニ関スル件」をくらべると、内容に大きな違いがでている。それは、一九四二年と一九四四年という時代の差もあるだろうが、官庁の作文にも露骨に華人労務者の扱い方がでているほど、日本国内での労働力不足は深刻になっていたのである。その反映が違いとなってあらわれたのであろうが、逆に中国人労働者にはそれが重圧となった。

一九四六年三月一日付で外務省管理局が作成した『華人労務者就労事情調査報告書』には、

「右方針（閣議決定ならびに次官会議決定のこと）ニ従イ移入セラレタル華人労務者ハ、一九四三年四～一一月ノ間ニ移入セラレタル所謂《いわゆる》試験移入八集団一千四一一名、及ビ翌四四年三月～一九四五年五月ニ至ル間移入セラレタル所謂本格移入一六一集団三万七千五二四名、総計一六九集団三万八千九三五名ニ上レリ」

と記している。

この人たちが連行された場所を地域別に調べると、

「華北が圧倒的に多数で三万五千七七八名に達し、華中は二千一三七名、「満州」（関東州）一千〇二〇名となっている。

さらに「供出機関」別に見れば、

華北労工協会、三万四千七一七名（うち、行政供出二万四千〇五〇名、訓練供出一万六六七名）

華北運輸公司　一千〇六一名（特別供出）

華中労務協会　一千四五五名（自由募集）

「国民政府」機関、六八二名（特別供出）

「満州」福昌華工株式会社　一、〇二〇名（特別供出）

（注）「各供出機関は、いずれもかいらい政府の偽機関である」（『花岡暴動』）となっている。

また、供出の実態をさらに詳しく見てみよう。

(1) 行政供出　占領している地域の下部機構に対し、供出員数を割当てて、強制的に供出させた。

(2) 訓練供出　日本軍が現地の兎狩り作戦で捕えた俘虜や、帰順兵を日本へ送るために釈放したのを捕えてこれを華北労工協会が下渡しを受けた。この人たちを、協会が管理する労工訓練所で約三カ月間にわたって訓練をおこなってから供出することになっていたが、これがまったくデタラメだったことは、のちに体験者から証言していただく。

(3) 自由募集　上海や天津などの労工資源地に行き、失業者とか労働者に好条件を示して、あざむいて連れてくるもの。

(4) 特別供出　荷役労働とか大工の技術を身につけて働いている人を、緊急な要求によって供出するもの。

この四項目に分けて、大陸で華北労工協会に渡された中国人が、日本に強制供出されてきたのだった。

この四項目の中でも、(2)の訓練供出は現実にはまったくなかったに等しいものだったが、

「政府関係者が、国会などで追及された場合の答弁は、全く事実と反しており、ひたすら、捕虜の待遇に関する戦時国際法の規定をのがれ、ごまかすための方便にすぎない。本人は、日本に連行されることを知らず、また、いかなる意味でも本人は同意していない。

一九五八年三月二五日、参議院予算委員会で、外務省アジア局長板垣修は、

『……これらの身分につきましては、私、現地で直接会って承知しておりますが、俘虜ではございません。身分が俘虜であった者も、現地で日本に送る前に、全部身分を切りかえまして、雇用契約の形でみな日本に来ております。したがって、通常言われる俘虜という身分ではございません』」（『花岡暴動』）と答弁をしているし、当時、商工大臣だった岸信介の「答弁書」も同じであった。

内地移入計画と戦時中の花岡

日本政府とその関係者がつくり上げた、中国人の内地移入の計画や、また実施がどんなにいいかげんなものだったかを、鹿島組花岡出張所へ強制連行されて来た、三人の証言から聞きたい。まず最初が、李振平さんである。

「わたしね、一九二一年七月一五日に河北省河間県に生まれたが、小さい時のこと、あまり覚えていないからね。小学校に入って終わったのが一六歳の時で、中学校に行くつもりだったけど、もう日本の兵隊が毎日来るから、とても学校に歩いてられないでしょ。わたしだけでなく、ほとんどの子どもたち、そのために学校にいくのやめた。わたしの家、普通の農家だったので、農業の仕事手伝っていたが、一カ月のうちの半分は逃げていたね。日本兵が襲ってきて、逃げなくてはダメだから、仕事にならないの。それでも三年くらいは農業の手伝いしていたが、日本兵の来るのだんだん多くなって、まったく仕事にならなくなってしまった。

　友だち殺されたり、肉親を殺された人など、多かった。どうせ、毎日逃げとるでしょ。若い時だし、戦いしないとどうしようもないので、戦うこと決めた。いちばん最初に入ったのは人民解放義勇軍で、賀竜の部隊であった。それからゲリラになって、あっちこっち転戦して歩いたが、その間に、わたしの部隊のなかで、何百人も死んでしまった。ゲリラの戦いは、苦労ばかり多い。村に行くと、日本兵に見つかるから、行けないでしょ。夜中にこそっと行っても、村の人たちみんな逃げていない。家に残したもの、日本兵来てみんな徴発して、なんにもない。腹減ってくると、ドロ水飲むね。死んだ人の上を、靴で踏みつけて歩く時もあるさ。

　一九四一年の春、わたしたちのゲリラ部隊、日本軍に包囲された。包囲された距離、だんだん狭くなってくる。その時、わたしたちの部隊、鉄砲のタマも満足になく、武器も使えなくて、一週間でみんなつかまってしまった。あのとき、だいぶつかまったさ。つかまった人どれぐらいだったかは、あっちこっち連れていかれて一緒ではなかったので、よくわからない。一カ所にまとめられて、収容所まで歩くとき、何十人か、何百人かがひと組になって連れていかれ、あっちこっちの収容所に入れられた。あのとき捕えられた人のなかで、中国の東北の炭鉱に連れていかれた人も、だいぶいた。わたしと一緒に、石家荘の収容所に連れてこられたのは、十数人だったが、日本に連れてこられたのは、わたし一人だけね。

　石家荘の収容所には、一〇〇〇人くらいの人が、つかまって入っていた。収容所は、日本軍が管理していた。わたしらいる時に、収容所から逃げたの二人いたが、一人はすぐに銃で撃たれて死んだね。一人は逃げたが、まもなく捕えられて収容所に連れてくると、みんなの見てる前で、殴られたり、蹴られたりして、殺されたね。見せつけね。

収容所の食べ物、コウリャンのご飯と、醤油少し入ったスープだけね。日本に連れてこられる時に、石家荘の収容所の生活あまりひどく、みんな体弱っていた。体悪い状態のまま、日本に連れてこられた。自分で立って歩けないような、体の弱っている人ばかり、日本に来たさ」

林樹森さんは一九一七年に河北省寧普県に生まれ、小学校を卒業して会社に勤めながら、医者になる勉強をつづけていた。やがて、人民解放義勇軍に身を投じて医療の仕事に従事しながら日本兵が襲ってもうまく逃げのびていた。

「だが、三回目の時はもうダメね。日本兵が来たのに気づいた時は、もう村が囲まれていたから、逃げるにも逃げられない。そのまま捕えられたのが、ゲリラに入って五カ月目のことさ。わたしは兵士だから仕方ないが、村の家には、兵士でない普通の人たくさんいるよ。日本兵来たとき、『わたし兵士じゃない、民間人だ』と叫んだ人も、みんな捕えられた。日本兵から見ると、農民が、普通の民間人か、兵士なのか、よくわからないよ。それに、日本兵は働ける人つかまえにくるのだから、男の人とみれば、八歳ごろの子どもでも、六〇歳を超した年寄りでも、片っぱしから引っぱっていくのだからね。

日本兵につかまった人、みんな広場に集められたさ。どの人も、着のみ着のままで、なんにも持ってないね。みんな土手の土の上に、坐らされたさ。日本兵の偉い人が、何かさかんに言ってるけど、何を言っているのかぜんぜんわからないの。わたしそれを見ながら、あの人は何を言ってるかわからないけど、いいことではないと考えたよ。実際にそうなったが、わたしはその時、妻と二歳の子どもがいたの。もうどうなっても仕方ないさ、と覚悟はしてるけど、やはり心残るね。偉い人の話が終わって、しばらくたってから、向こうの農家の庭先に、土の固まりがあるでしょ。日本兵がその土くれ拾って、坐っている人の上に投げるでしょ。その土くれ頭に当たった人をナワで縛り、トラックのそばに連れていって乗せるの。最初はなにやっているのかわからず、おかしかったけど、この土くれが頭に当たったらたいへんね。抵抗なんかできないまま、トラックに乗せて、連れていかれるのさ。わたしの頭に土くれ当たった時は、目の前が真っ暗になった。トラックに人がいっぱい乗ると、土くれ投げるのやめて、トラック走ったさ。それから石家荘の収容所に連れていかれて、トラックからぞろぞろ落とされたさ。

わたしの入った石家荘の収容所は、テント張りになっていた。建物の収容所には、つかまった人がいっぱいいて、入りきれないのでテント張ったらしいが、テントは雨露防ぐだけで、まわりにはなんにもないの。わたしらはここに連れていかれると、着ているもの全部ぬがされてしまったさ。逃走するの人防ぐために、裸にしたわけね。夜になっても、土間にアンペラも敷かないし、空いた場所には小便や痰、吐いたものや下痢したものが散らばっているので、横になることもできないさ。

食べるものも、一日に二回だけね。コウリャンの飯と、醤油が少し入って、ニラの刻んだのちょっと浮んでいるスープだけ。コウリャン飯食べると、大便でないから、みんな苦しんだ。便所に行って、箸のようなものでえぐると、ボロボロ出てくるわけね。だんだん体悪くなって、歩くこともできなくなってきた。このまま死ぬんじゃないかと、何回も思ったね。北京の収容所に行く汽車に乗る時、わたしは這って行ったさ」

兎狩り作戦で捕えられた中国人たちは、労工訓練所で約三カ月の訓練を受けることに決められてはいたが、実際には俘虜収容所に入れられたのであった。

「テントの中でも、飢えと疲れと寒さで、死ぬ人多かったよ。夜が明けると、日本兵が巡視にまわってくるさ。地面に横になってる人あれば、軍靴で蹴ったり、棒で殴ったりするね。生きてる人は、それでビックリして立ち上がるけど、死んだ人は動かないからね。死んだ人があると、そばの人に死体かつがせて、収容所のうしろに運んでいくわけね。わたしも二回、死んだ人運んでいったが、そこには大きな穴が掘ってあって、穴が死体でいっぱいになると、上に土かぶせるの。野良犬が夜中にその死体を掘りにきて、人間の骨をバリバリと音させて食ってる音、よく聞こえた。石家荘の収容所は、まるで地獄だったさ」（林樹森）

もう一人の劉智渠さんは、一九二〇年に河北省薊県に生まれ、農業をやったあと、二〇歳の時に八路軍に入って訓練を受け、抗日思想を教えられた。

「訓練終わってから、ゲリラになって、日本兵と戦ったさ。一九四四年四月のことね。まだ朝の暗いうちに、敵の鉄道破壊に備えて、土地の情勢をさぐりに行ったわけね。鉄道のまわり調べていると、突然、銃声がしたの。わたしたち、すぐ逃げようとしたけど、一五、六人が射撃しながら進んできた。わたしたちも応戦したけど、すぐ弾丸なくなって、捕えられたの。この部隊、為政府（汪精衛政府）の中国人たちね。二人の日本兵いて、指導していた。

こんど両手を縛られて、汽車に乗せられた。わたしの着いたの、石門俘虜収容所ね。日本の将校と通訳に訊問されて、何回もビンタやゲンコツ貰ったけど、わたし、訓練受けた組織の一人だから、殺されると思った。訊問終わると、全部着物ぬがされて、裸にされて、テントの中に入れられたの。わたしの入ったテントの中、真っ裸の人、一〇〇〇人ぐらいもしゃがんでいるよ。しゃがみつづけていると、足とか腰痛くなるでしょ。少しでも動くと、監視の日本兵走ってきて、棍棒で叩くの。夜になると、テントのなか、夜風が吹き抜けるので、寒いの。ひと晩中、ふるえていた。眠ると、このまま死んでしまう気持ね。眼閉じたり、開いたり、眠ったのか、眠らないのか、自分でもわからないね。

わたしたちの食べ物、コウリャン飯で、一人に小さな碗で一つ。二回か三回食べると、もうおしまいね。腹なでても、どこにご飯入ったか、ぜんぜんわからない。河北省の人、コウリャン少し食べることあるが、ご飯として食べたことないわけね。コウリャンは、アルコールの精がほとんどでしょ。河北省では、コウリャンは豚の食べるものね。これ食べたから、わたしたち、体悪くなったね。

それに、水もないの。一〇〇〇人もいるテントに、水はひと桶よりこないでしよ。みんなに分けることができないくらい、少しだからね。わたしたち、日本戦争に負けるまで、飲み水に苦しんだね。わたしたちのテントの中でも、たくさんの人が死んでいったよ。死んだ人たちの顔、いまでもちゃんと思い出せるね。ひどかったもんさ。

五月に入ってから、わたしたちに着物渡されたの。その着物着ると、収容所の庭に集められたでしょ。日本人の将校、『こんど、特別な恩典で、お前たちを北京の西苑更生隊に送ることになった。一日も早く、真人間になれ』と叫んでるの。

このことの意味、通訳でわかったのだけど、すぐ汽車に乗せられた。この車、荷物とかカマス運搬する有蓋車《ゆうがい》だから、窓もなければ、座席もないの。手をうしろに縛られて一〇〇人ほど乗ると、貨車の戸閉められて、外からカギかけられるでしょ。李さんの場合と同じね。空気入ってこないでしょ。その貨車に、一昼夜くらい乗ったけど、食べ物も水も、一回も配られないの。飢えはなんとか我慢できるけど、喉の渇き、とても我慢できないの。水ほしい、水ほしいと、狂い出しそうになった。わたしの乗ってた車で、二人窒息して死んだ。西苑更生隊に着くと、こんどは建物の中に入れられたの。石門収容所みたいにテントでないから、坐ったり、横になることはできたね。

こんどは、トウモロコシのお粥、一日に二回配られるの。量は少ないけど、コウリャンのご飯よりいいよ。ここで嬉しかったこと、水いくらでも飲めたことね。構内に溝あって、上の方から、水どんどん流れてくるの。毎日、その水飲むことできるの。この水のおかげで、どれくらいの人、助かったかわからないね。ここでも、たくさんの人死んだ。日本兵に殴られて死ぬ人もあったし、食べ物少ないから、体弱ってるの人、すぐ病気になるの。病気になると、隔離室に送られるの。隔離室に入ったら、もう終わりね。元気になってもどってきた人、わたし見たことない。隔離室に行くと、底が引き出し式になった、大きな棺桶おいてあるの。この棺桶、一度に十数人の屍体《したい》入るね。亡くなると、次々にその棺桶に入れて、一杯になると、わたしたちにそれかつがせるの。遠くに運んでいくと、深い穴掘ってあるの。その上に土かぶせて、次に運んだ時に、その上にまた屍体落としてくるわけね。たくさんの人死んで、部屋の中、広い感じになっていくでしょ。すると、また新しい人たち、どっとやってきた。

そうだ、西苑にいた時のことで、いまでも忘れることのできないのあるの。ある日、わたしたち昼食しているると、広場に集まれと命令きたでしょ。外に出ると、広場の真ん中に国旗の立てる旗竿あって、裸にされた一人の中国人、縛られているの。通訳の説明だと、屍体運んで行った途中に逃げて、捕えられたもので、これから処刑するというの。歩兵銃を持った一小隊来ると、銃の先に、銃剣つけていた。こんど、二人の兵隊、隊長の命令で、銃剣つき出して、縛られた人に突撃していったでしょ。体に二本の剣ささった時の叫び声、いまでも聞こえてくるよ。それ終わると、死んだ人の体に、二人の兵隊が組になって、次々と突撃していくの。一小隊みんな突き終わると、縛られた人の体、めちゃくちゃになっていたさ。殺された人たちのことを思うと、いまでも胸痛いよ。こんなこと、何回も、何回もあったね。生きている気持、まったくしなかったね」

三人の証言を聞いてもわかるように、兎狩り作戦で捕えられてから、北京に送られるまでの間に多くの人が死んだ。また、北京の更生隊の建物の中でも、日本に送られるまでの約二〜三カ月の間に、多くの中国人が死んでいるというよりも、殺されたといった方が正しいだろう。

日本に強制連行された中国人は、三万八千九三五人であった。この中国人たちは、日本国内の三五社の一三五事業場で強制労働をさせられた。

『外務省報告書』は、死亡状況をつぎのように報告している。

連行船中死亡	五六五名
事業場到着前死亡（途中）	四四八名
事業場到着後死亡	五千九九九名
うち三カ月以内死亡	二千二八二名
三カ月後死亡	三千七一七名
生存者集団送還時以後死亡	一九名
	計六千八三〇名

乗船者総数三万八千九三五名に対する死亡者の比率は、一七・五％にあたる。

この数字には、人員捕獲のための作戦、一般住民を拉致する際の大量の殺害はむろんおもてに現れていない。また、捕獲、拉致後、中国人を収容した中国各地の収容所一万人坑など恐るべき死の家の中で尨大な死者があったこともあわせて想起する必要がある」（『花岡暴動』）ことは、三人の証言からも十分に知らされる。

こうして北京に集められた「労工」と呼ばれる中国人たちは、労働者を必要とする企業が日本政府機関に申し出て審査をうけた。そして、移入の許可があたえられた企業は、出張員を北京に派遣して、華北労工協会との間で、「労務者供出」の契約をすることになっていた。鹿島組もその企業の一つだったが、次のように契約している。

契約書

一九四四年二月五日、大日本帝国ノ計画並ニ華北労工協会ノ労工供出方ニ基キ、華北労工協会（以下甲ト称ス）ハ、株式会社鹿島組（以下乙ト称ス）ニ対シ、甲ガ供出スル労工使用ニツキ左ノ通リ契約ス

第一条　乙ハ一九四四年（民国三三年）六月下旬ヨリ向ウ二年間ノ期限ニテ、甲ノ供出スル労工ヲ使用スルノモトス

第二条　使用条件ハ別紙三三年度第二回（訓）華人労務者、対日供出実施細目ニヨルモノトス

第三条　華北又ハ日本ニオケル経済情勢ノ著シキ変化並ニ予見シガタキ事情発生ノ為メ、既存条件ノ範囲ニテ処理困難トナリタル場合ハ甲・乙協議ノ上、之ガ調整ヲ図ルモノトス

右契約確守履行ノ証トシテ本書正副二通ヲ作成シ当事者記名捺印ノ上各自其一通ヲ保有スルモノトス

民国三三年五月八日
華北労工協会理事長　趙　琪
株式会社鹿島組副社長　鹿島新吉
右代理人　野本良平

こうして、鹿島組では正式に、中国人労働者を内地の事業所に連行してくることが決まったのだった。そしてまた、「一九四四年度国民動員計画策定ニ関スル件」も閣議決定され、一九四四年の企画院の「一九四四年度国民動員計画需要数」の中に、中国人労働者も計上されていくのだが、花岡鉱山の鹿島組花岡出張所に、多数の中国人たちが連行されてきた裏には、こうした政界と財界の流れがあったのである。

日本の内地に連行する中国人は、主に青島と塘沽から乗船したので、この二つに集結させられた。だが、日本に行くと告げられた人と、知らされないまま乗船させられた人とがあったらしい。

「わたしたち、西苑にいた人には、日本に連れていくと、はっきり言ったよ。七月の中ごろのことね。わたしたちに着物渡して、広場に集めたでしょ。そこで、『君たち、日本に送って土工の仕事させる』と、日本の将校言ったよ。こんど、日本に行くこと選ばれた人たち、汽車に乗せられたでしょ。めずらしく客車だったけど、どの出入口にも日本の兵隊ついて、きらきら光る銃剣持っているさ。きらきら光る銃剣見るたびに、殺された人のこと思い出して、胸が痛いよ。途中、日本兵の油断見て、一人の中国人、窓からとび出して逃げたの。それ見た日本兵、めちゃくちゃに鉄うったけど、命中したかどうか、汽車そのまま走ったからわからない。青島収容所に一泊して、次の日、船に乗せられた。この船、日本に行く船と、わ

たしわかっていたよ」（劉智渠）

劉さんは、日本に連れて行かれるのを知っていたが、李さんはまったく知らなかった。

「北京の収容所に二カ月ばかりいて、それから青島の収容所に運ばれたの。この間に、多くの人死んだよ。青島に三日ほどいてから、こんど船に乗せられることになったけど、どこに連れていかれるのか、ぜんぜん知らされなかったさ。みんなうしろ手になわで縛られて、日本の兵隊、銃剣持って両側に並んでいる間通って、船に乗ったの。船に乗ったら、また汽車の中と同じ状態よ。わたしたち乗った船、石炭運ぶ貨物船でしょ。石炭いっぱい積んで、わたしたちをの石炭の上に乗せられた。七月ごろの黄海の中、もう真夏でしょ。石炭のつまった船倉に入れられて、しかも頭の上に厚い鉄の蓋してあるから、暑いったらないよ。まるでセイロの中みたいに暑い」（李振平）

船の中では、一日に水は一回より配給にならないので、饅頭をつくって食べるのがやっとだった。喉が渇き、火がついたみたいに痛んだというが、途中でアメリカの飛行機の空襲にあったりして、予定よりもかなり遅れて日本に着いたのだった。

「わたしたちの乗った船、だいたい一週間で、日本の下関に着いたね。船降りるとき、ちゃんと歩ける人、そんなにいないよ。食べるもの少ないし、水ぜんぜんないでしょ。それに、最後の二日くらい、歩くこともできないから、足立たないの。船降りると、整列して点呼やったけど、三〇〇人来たのが、二九七人になっていたよ」（李振平）

「点呼終わると、日本軍の命令で、ボロボロの服着てるの、ぜんぶぬいで棄《す》てたさ。それから風呂に入れられて、全身消毒された。いい服配給になって、それ着た。わたしたち下関に着いた晩、そこに泊まった

けど、ご飯も水もぜんぜんこないの」（林樹森）

こうして日本に連れて来られたのが、一九四四年八月八日に花岡鉱山へ連行されて来た人たちだったのである。彼らは翌日、受入地秋田の県警察本部、大館警察署、鹿島組花岡出張所の人たちの手で貨物列車に乗せられ、花岡鉱山へと送られたのだが、では、戦時中の花岡鉱山はどうだったのかをみていきたい。

秋田と青森の県境地帯は、藩政時代から地下資源の宝庫として知られていた。いまはほとんど廃鉱になっているが、大昔からたくさんの鉱山が開発されていた。その盛衰の歴史はまた、さまざまなロマンや悲劇を生んできた。

花岡鉱山も同じような地帯にあるのに、発見されたのは非常に遅かった。

「花岡鉱山は一八八五年、地元の浅利藤松・藤盛常吉・畠山万之進および藤盛貞吉の四人によって発見された。もっとも、付近に旧坑らしいものがあったとのことであるが、詳細は知られていない。

当時は官営鉱山が次々と払い下げられ、その前年小坂も藤田組の経営に移されたので、当地方にも鉱山熱が高まっていたのであろう。浅利らの見つけたのは土鉱で、堤沢、観音下、石仏などに露頭として存していた。これを小坂鉱山や小真木鉱山（秋田県鹿角郡）で分析してもらうと、銀分が相当多いことがわかり、急に評判が高くなった。このため鉱区出願に三組の競争者が現われ、激しいせりあいを演ずることとなった。浅利らは小坂鉱山と打ち合わせのうえ、久原庄三郎の名義で出願したが、ほかに池田孫一（秋田県仙北郡高梨村）と横山勇喜（同北秋田郡大館村）とがのり出し、三者の間に村民の支持を獲得する猛運動が展開されたのである。

如上の競願には結局横山が勝ち、横山が田口卯吉（鼎軒と号し、歴史家として著名）と共同して許可を受けた。一八八八年から右二名の代理人古内忠治、望月二郎が操業を始め、小規模ながら銀製錬場を設けて開発に努めた」（『七十年の回顧』）のであった。

だが、最初のころはあまり成績のいいヤマとはいえず、鉱主も「横山勇喜、石田兼吉、小林清一郎と転じ、一九一一年には露天掘と溶鉱製錬を開始したが煙害のため中止、当時の産山鉱量一日一二〇トンであった。

一九一五年合名会社藤田組の経営に移り、小坂鉱山の支出として稼行された。しかるにその翌一九一六年堂屋敷鉱床、続いて一九一九年には神山鉱床、一九二九年七館鉱床、一九三五年には東観音堂、一九三九年西観音堂鉱床、大山鉱床、一九四〇年稲荷沢鉱床、一九四二年落合沢鉱床と大鉱床が次々と発見され、いよいよ大鉱山となり、一九四四年花岡鉱業所として小坂鉱山から独立」（『秋田県鉱山誌』秋田県）するという歴史を繰り返してきた。

現在の花岡鉱山の繁栄の基礎をつくったのが、一九一六年の堂屋敷鉱床の発見であったが、すでに鉄道も布設されていたほかに、良質の銅・鉛・亜鉛が産出された。しかも、次々と新鉱床が発見されていくなかで、一方ではこれらを多量に消費する日中戦争もはじまり、軍需産業として生産はいっそうの増大を求められていた。

さらに、日中戦争が激化していくなかで、一九四一年一二月八日に太平洋戦争へ突入していくと、軍需産業として生産がいっそう拡大されていった。そして一九四二年には、花岡鉱山そのものが軍需工場に指定され、月産三万トンから五万トンの生産が義務づけられた。花岡鉱業所では、その指令を受けて増産体制に入り、増産につぐ増産をつづけていったが、生産目標にはなかなか持っていけず、鉱山側としても、苦労に苦労をかさねていた。

戦争が激しくなってくるにつれて、機械の補給はまったくあてにならなくなり、設備も部品や資材、人手不足のためほとんど手がつけられなかった。そのため、施設は日ごとに老朽化していった。しかし、生産目標の達成は軍部からの至上命令であると同時に、産出量はまた企業の利益とも結びついていたので、こうしたすべてが不備の中では、大量に人力を投下するより外に、産出量を増大させる方法はなかった。とくに、もっとも多くの労働力を集めた一九四四年前後には実に一万三〇〇〇人もの労働者を擁したというから大変なものであった。

花岡鉱業所に残されている資料によると、表1（P.136）の「花岡鉱業所稼働工程表図」を見てもわかるように、一九三七年ころから次第に増えだした労働力は、一九四二年から急カーブを描いて上昇し、一九四四年が最高を示している。この当時の労働者の内訳をみると、次のようになっている。

直轄人　四千五〇〇人
朝鮮人　四千五〇〇人（延べ人員）
徴用工
　挺身隊　三〇〇〜四〇〇〇人
　勤奉隊　三〇〇〜四〇〇〇人
学徒隊　三〇〇人
俘虜　米人（英豪人含む）　三〇〇人（最大の時は四八〇人）

華人徴用工（東亜寮）　二九八人
請負業者人夫　一千五〇〇人

この内訳をみてもわかるように、直轄人夫の四千五〇〇人と、請負業人夫の一千五〇〇人の計六〇〇〇人をのぞくと、鉱山労働は素人ばかりであった。一万三〇〇〇人いた労働者の約半分が、そういう人たちであったのである。

さらに戦争が激化してくると、怪我とか病気などで入坑ができなくなった鉱夫の補充ができなくなっていたために、労働力不足はいっそう深刻になっていった。そのため、徴用工として県内から狩りだされた寡婦や娘たち、それに少年までも鉱山に動員された。そして、一五歳前後の少年や、二〇歳前後の娘たちまでが、坑内で地下労働をさせられたという。

そこで、表2（P.136）の「花岡鉱業所の産出鉱量と一工員当たりの取扱鉱量」を見ていただきたい。一工員当たりの取扱鉱量は、花岡鉱山の労働者が急激に増える一九四三年を境にして、ぐんぐんと落ち込んでいる。いかに多くの素人が、鉱山労働に狩り出されたかということでもある。

だが、軍部からくる生産目標を達成し、企業の利益をあげるためには、素人でもかまわないから、さらに多くの人員をつぎ込むという悪循環を繰り返していくことになった。これは花岡鉱山にかぎらず、日本国中の鉱山が戦時中にとった経営方針でもあった。

これまで見たいくつかの資料でもわかるように、戦時中の花岡鉱山では大量の民間人や俘虜などを投入しながら、生産をつづけていた。また、その一方では、労働管理や施設の充実にはほとんど手をつけなかったために、坑内外で頻繁に事件が発生し、怪我人や死亡者が続出していた。こうした中で、一九四五

表１　花岡鉱業所稼働工程表図

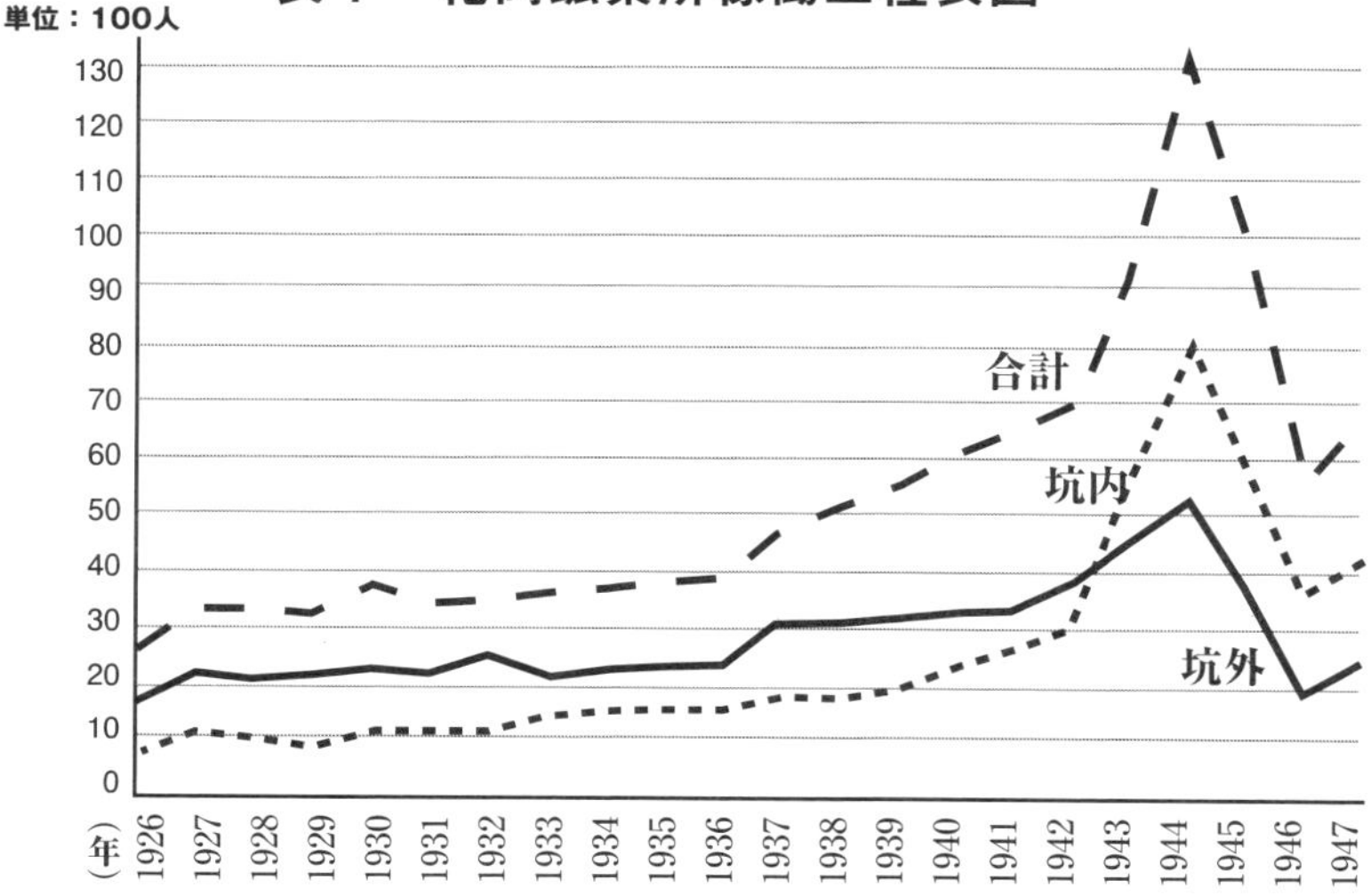

表２　花岡鉱業所の産出鉱量と一工員当たりの取扱鉱量

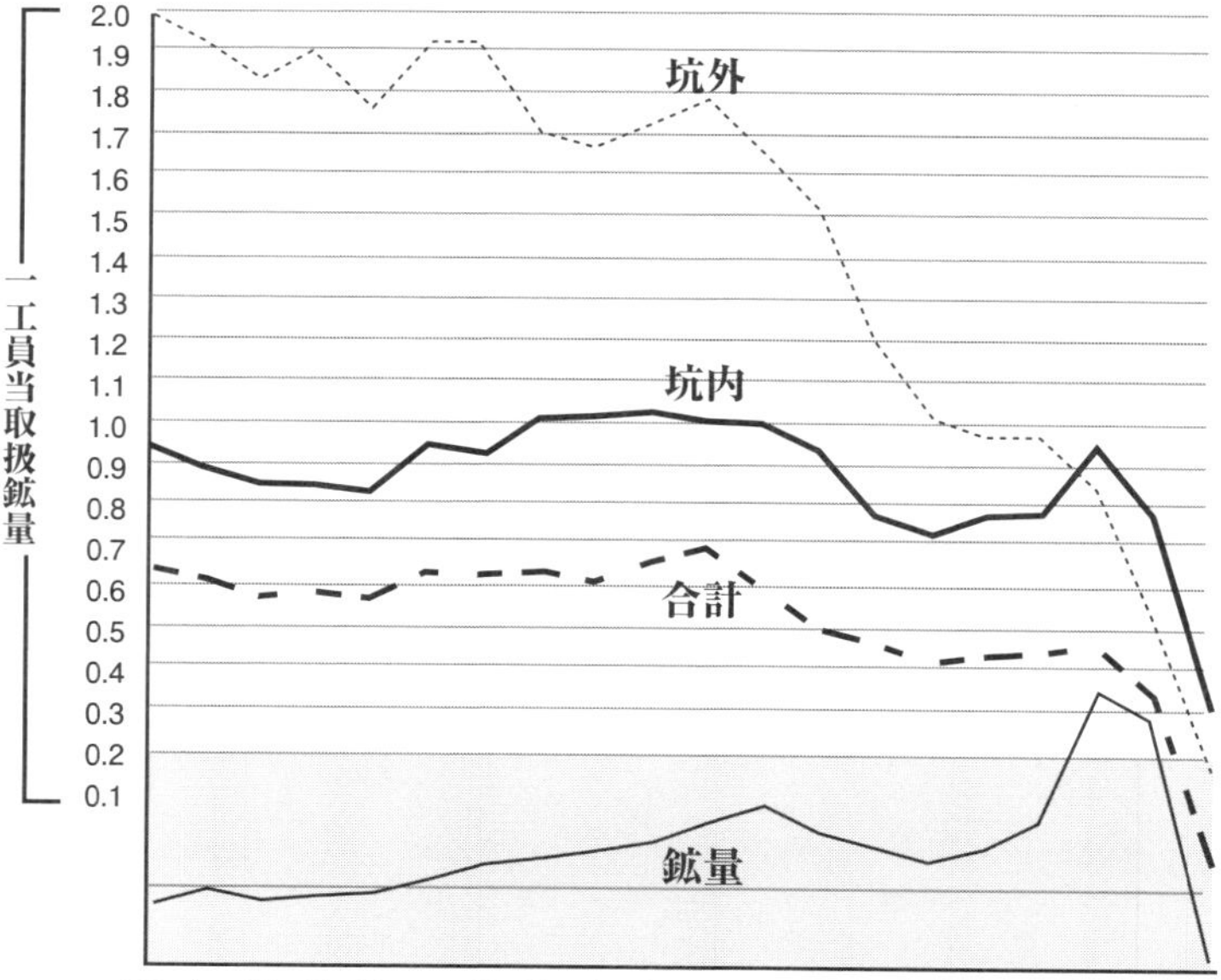

年の春が深まったころに、「七ツ館事件」が発生するのだった。

花岡鉱山にある七ツ館鉱床は一九二九年に発見されたものだが、発掘の最盛期が日中戦争から太平洋戦争にかかっていたので、できるだけ費用をかけないようにするため、独自の坑口はつくらず、坑夫たちは隣の堂屋敷坑口から出入りしていた。また、発掘の終わったあとに、ジリを入れて空洞を埋めるという初歩的な処置さえもとらないで、乱掘につぐ乱掘をつづけていた。

鉱山側の資料によると、一九四五年「五月二九日突如として七ツ館坑が坑内伏流水の異状出水のために崩落し、奔出地下水は泥流水となってたちまちポンプ座を浸し、連絡坑道に浸入して堂屋敷七番坑以下を水没せしめるという不測の災害が発生、崩壊個所で二四名の尊い殉職者を出したのは花岡鉱山史上痛恨きわまりないことであった。（遺体収容は、地盤の自然安定を見るまでは危険のため着手不能のまま経過、ようやく戦後一九五二年に同坑土砂竪坑から坑内作業に移ることができて、今なお続行中である）堂屋敷坑下部の復旧には非常な努力を傾注した。取明け作業は一進一退の困難を繰り返すのみで、期待される増産は深刻な打撃を被った」（『七十年の回顧』）という。

この落盤と浸水による事故によって、坑内で作業をしていた一二人の日本人労働者と、一二人の朝鮮人労働者の計二四人が生き埋めとなった。しかも、陥落後も数日にわたって、七ツ館坑の奥深くまで敷かれている軌道のレールが、坑内の奥でハンマーで叩かれる音がかすかに聞こえて、生き埋めにされた人たちの生存を告げていたというが、花岡鉱山ではこれを無視して救いの手をさしのべなかったという。

鉱夫の遺族や仲間の鉱夫たちは、せめて遺体だけでも掘り出してくれるように、花岡鉱業所に懇願したが、「そんなことをやっていると、鉱石の発掘が大幅に遅れてしまい、大東亜戦争にも重大な影響をあたえるので、それはできない」と、戦争に責任を押しつけて、遺体の発掘を拒否した。

だが、鉱山側の資料には、「遺体収容は、地盤の自然安定を見るまでは危険のため着手不能」と記されていることは、前にも引用しているが、戦時中の発言と、戦後になってからの記録とでは、あまりにも異なりすぎるのだ。この大きな違いの中に、この事件にたいする鉱山側の対応がよく出てはいないだろうか。

結局は、「軍需に追われて生産をあげるという形で、厖大な利益を確保している鉱山経営からすると、日本人も朝鮮人も働く道具の一つにすぎないこと」（『花岡事件の人たち』）を、この事件の後始末は、明確に語っている。ということは、花岡事件を掘り下げていくと、深い部分で、七ツ館事件と共通していることを、わたしたちはまざまざと知らされるからである。

遺族や仲間から頼まれた遺体の発掘をことわった花岡鉱業所では、陥落した場所にトラックで大量の土砂を運んでくると埋めてしまった。そしてその上に、秋田県出身の菅礼之助社長の筆になる「七ツ館弔魂碑」を建てて、二二四人を永久に地下の暗黒の中へ葬ったのだった。

だが、その弔魂碑はいま、七ツ館坑の上にはない。近くの信正寺の墓地の一隅にあるが、その事情を石飛仁さんはこう書いている。

「わたしは、この生き埋めの地七ツ館にも足をはこんだが、『七ツ館弔魂碑』が別の所に運ばれて、一人十五万円で話し合いがついているのを知ったのは、大館に住む朝鮮人Tさんにことのいきさつを聞いてからだった。

Tさんの話はこうだった。Tさんは阿仁合の古川《（ママ）》鉱山で働いていたが、敗戦後は大館に住むようになった。当時はまだ大勢の朝鮮人が、大館や花岡に残留していたが、しだいに帰国したり他の地方へいってしまった。そこで七ツ館の生き埋め死体を掘り出すことを、日本人の遺家族と共同して会社側と話し合う交渉係をやるようになった。会社側は七ツ館『七ツ館弔魂碑』（二四人の氏名が列記されている）を建てたが、発掘する鉱脈のじゃまになり、道路を作らなくてはならないから、『碑』をどかしてくれといってきた。Tさんはあくまでも七ツ館にその『碑』を保持しておくべきだとしたが、Tさんがちょうど身体をこわして入院しているのを機に、会社側は日本人家族と手をうって（一五万円の補償金）、別の場所に『碑』を移してしまった。わたしが見た『碑』は、信正寺という寺の墓地の一隅に建っているものだったが、会社側は、日本人家族を会社に就職させるなどして説得してしまった。Tさんが元気になったころには、交渉は成立してしまっていた。朝鮮人たちも補償金を受けとっていたのである。わたしは、さらにその事情をたずねようと、花岡の金さんをたずねたが、ちょうど来客があって、事情を聞くことができなかった。来客は朝鮮人だったが、わたしが『何者であるか』を根ほり葉ほり聞くだけで、少しも話してくれなかった」（『中国人強制連行の記録』）

弔魂碑はこうした事情で移転されたのだが、その時も碑が鉱石発掘のじゃまになるので、補償金を出したり、家族を会社に就職させるなどの手を打って、移したのだった。だから二四人は、いまも七ツ館坑の中に埋まっているのである。

いまから十数年前のことだったが、七ツ館事件で夫を失った未亡人をたずねた。息子たちは成人して花岡の地を離れ、一人暮しをしていた。まだそれほどの年でもないのに、白髪が多く、顔はしわで埋まっていた。わたしはその中に、夫を失い、女手一つで子どもを育てあげた苦労の重さを感ぜずにはいられなかった。

一時間ばかり話を聞いて家を出ると、彼女も家から出て来た。お礼を言おうとした時、彼女は黙って指差した。視線で指先を追ったわたしは、「あッ」と声をあげそうになった。そこからは七ツ館坑の跡がはっきりと眼下に見えるのだった。

「毎朝、毎晩、こっから父さんに話しかけているんだスよ」

彼女は細い声でそう言った。子どもが巣立って一人になってから、七ツ館坑のよく見える所に、小さい家を移したということだった。

七ツ館事件後も、花岡鉱山では乱掘をつづけていた。しかし、こうした発掘作業をしていると、七ツ館坑以外でもいつまた陥落や浸水などの事故が発生し、発掘が中止になる事態になりかねなかった。

そこで、花岡鉱業所では、危険の多い坑内採掘の行きづまりを打開するとともに、軍部の増産の要請にも即応しようとして、堂屋敷坑の露天掘を計画した。だが、諸事情のために、露天掘案は断念しなければならなくなったが、そのために、

「花岡では、右の露天掘を実施するしないにかかわらず、堂屋敷、七ツ館、神山および元山各鉱床鉱頂部砂利層中の地下水位を低下せしめることは、坑内排水と保安の面からも、また一九三八年七月の大洪水以来毎年繰り返される鉱山施設ならびに農地の被る水害を防止するためにも重大課題であった。そこで、露天掘計画を断念する以前、一九四四年一〇月に花岡川を信正寺付近から切り替え、前田北部を東に神山台地を横断して大森川へ落とす工事を鹿島組に請け負わせる」(『七十年の回顧』)ことになった。

こうして、花岡鉱業所の日産二〇〇〇キロプラントの選鉱場の付帯工事を請け負っていた鹿島組では、新たに花岡川の水路変更の工事も請け負うことになった。しかし、鉱山で働く労働者さえもようやく集めているところへ、さらに新規の大量の労働者を集めてくることは、鹿島組にとっても不可能であった。だ

が、下請け会社としては、親会社である花岡鉱業所からの要請をことわることができなかった。この時に鹿島組が目をつけたのが、日本への移入が本決まりになった中国人労働者を使用することだった。

鹿島組花岡出張所が、敗戦後に外務省へ提出した「華人労務者就労顛末報告」のなかで、その経過を次のように説明している。

「工事を緊急きわまる短期間内に完成しようとしたため、大量の労働者を必要とし、その獲得に努力したが、時あたかも国運をかける大東亜戦争中期から後期におよび、日本人、朝鮮人労務者の充員はまったく至難の状態にあり、この唯一の解決策として一九四二年一一月二七日、日本政府決定による『華人労務者内地移入ニ関スル件』にもとづいて、華人労務者の急きょ移入就労をはかり、可及的速《すみ》やかに工事竣工《しゅんこう》を期そうとした。そしてこの導入方針として、本社ならびに受け入れ事業場においてしばしば移入方針ならびに対策にかんする打合会を開き、内務、外務、厚生、軍需など関係各省の指示、指導事項にもとづいて慎重かつ万全を期し、統制団体である日本土木統制組合の援助と斡旋をうけ、現地供出機関である華北労工協会との契約諸項を遵守履行しようとつとめた」

こうして鹿島組では、株式会社藤田組花岡鉱業所との間で土木工事請負契約を結び、また日本政府機関の審査で許可を受けると、社員を北京に派遣して、華北労工協会との間に、「労務者供出」について契約した。鹿島組では滝の沢に出張所を設け、姥沢《うばさわ》に古材を使って、中山寮を建てて準備をすすめた。

そして、一九四四年八月八日に、第一次の中国人強制連行者が花岡鉱山に連れて来られたのだった。花岡鉱山の鹿島組花岡出張所に中国人が連行されてきたのは、こうした政府と軍部と財界との計画の中でおこなわれたのであった。

残虐行為の生み出したもの

花岡鉱山から離れて、中国人がなぜ花岡鉱山に強制連行されてきたのかを、その原因と過程をこまかくたどったが、話を再び花岡鉱山に移そう。

一九四四年のきびしい冬を越した第一次の二九五人の中国人のうち、春先になると補導員に殺されたり、食糧不足のため栄養失調で死んだり、病死したりする人が一〇〇人を超していた。また、病気や怪我などで三〇人近くが看護棟に入っているというように、多くの犠牲者を出していた。

中国人が花岡鉱山に来てから、約半年ばかり過ぎると、まともに仕事ができる人は、半分くらいになっていた。ようやく雪が消えて、これから本格的に作業をやろうという時期になったのに、この人数ではどうしようもなかった。しかも、花岡鉱業所からは、工事はまだ完成しないのかと、矢の催促であった。

そこで鹿島組では、再び社員を北京に派遣させると、中国人労働者を連れてくる契約を、華北労工協会との間で結んだ。そして、一九四五年五月五日に第二次連行者五八七人、同年六月四日に第三次連行者九八人が、それぞれ花岡鉱山に連れてこられると、鹿島組花岡出張所の傘下に入ったのだった。その時のことを第一次連行者は、次のように語っている。

「新しい中国の人たち来たの、あれ春になってからのことだったね。はじめに六〇〇人ばかり来て、それからひと月ばかり遅れて、また一〇〇人ばかり来たさ。その人たちみんな入ったから、こんど、中山寮の中狭くなったね。一人分のベッドに、二人も三人も寝るようになったさ。新しく来た人たち、わたしたちみたいにひょろひょろやせてないし、元気な人多いでしょ。それに、中山寮のいろいろなこと、知らない人多いからね。新しい人たち来た時、何人もの人たち、補導員に殴り殺されたよ。見せしめね」（林樹森）

「新しい中国の人たち来てまもなく、仕事する時間、朝と晩で二時間ほど長くなったでしょ。それに、食べる物悪いでしょ。わたしたちもう花岡に来て九カ月ばかりになるから、食事の悪いのこと、かなり馴れているさ。でも、新しく来た人たちは、大変さ。はじめてのことだから、腹減ってくるの、当然さ。腹減って、芽が出たばかりの青草食べてるの見つかると、叩いて殺したり、片輪になるほど叩いて怪我させるのだから、ひどいよ。もっとひどいこと、同じ中国人に棍棒で明かせることね。道路に捨ててあるもの拾って食べたとか、歩きながら、道端の車引っぱって食べたとか、理由にならないようなことで、縛って寮に連れてくると、わたしたちを集めるの。一人ひとりに棍棒持たせて、縛ってある人のこと、叩かせるわけね。はじめのうちはいくら言われても、誰だって殴ったりしないでしょ。すると補導員たち、命令きかないといって、叩かない人のこと、殴るの。どんなことされるかわからないし、殴られると痛いから、叩くようになるの。相手が痛くないように、叩こうとするから、力入らないでしょ。そのこと悪いといっ

て、また叩くの」（李振平）

「見せしめということもあったけど、中国人にそんなことやらせて、補導員たち喜ぶわけね。こんなひどいことないよ。人間のやることじゃないよ」（第一集所収「花岡事件の人たち」）と、林樹森さんはこう言う。

しかも、六月に入ると、もっとも恐れていたことが現実のものとなった。それは、死人の肉を食べる人が出てきたことだった。精薄児だった李担子は、日本に着いた時はまだあまり精神病もすすんでいなかった。しかし、生活が苦しくなってくるにつれて、病気はどんどん進行していった。そのため、作業現場にはやらされず、看護棟の上にある死体焼場の番人の仕事をするようになっていた。彼はまだ、二〇歳になったばかりの青年だった。

「体やせて、腹の減る日長くつづくと、頭のおかしくなる人出てきたね。体の弱い人、これに早くかかるよ。真夜中に食べ物のこと叫んで、とび起きる人も出てくるさ。わたしの小隊に、李担子という人いた。この人、精神病の人だから、仕事の現場に、とても連れていかれないの。伊勢寮長代理に何度も頼んで、冬のころから、この人に、死んだ人焼いたり、土に埋めたりする仕事させていた。看護班のほかに、そんなことだけする人、三人か四人いたからね。それだけ、死んでいく人多かったわけけね。現場が、中山寮で死んだ人あると、裏の山に運んでいくの。木集めて屍体焼いたり、木集められない時は、穴掘って埋めたりすること、専門にやっていた。そうした人焼くの仕事する人たち、わたしたち労働する人より、食べ物の量が少ないの。病人よりは、いくらか多いけどね。結局、あの人頭もおかしいから、我慢することできなくなったわけね。ある晩、わたし発見したね。寝るところの上に、木でつくった自分の箱持ってるの。わたしはじめは、なんの箱かなと思っていた。いつの晩か、李担子がその箱の中に手を入れて、なにか食べているの見たの。なにを食べているのかなと思って、次の日、彼がいない時に、その箱の中、さがしてみたでしょ。箱の中に、焼いた、赤いような肉入っているの。寮の中に、勝手に食べられる肉あるわけないから、なんの肉か、ぜんぜん見当つかないの。最初、これが人間の肉とは、思わなかったさ。彼に、これなんの肉か聞いたの。はじめは、いくら聞いても言わなかったが、何度も聞いているうちに、人間の肉であること言ったの。わたしびっくりして、その箱取り上げて、食べないように言ったの。だけど、また何日かすると、人間の肉持ってきて、食べるの。わたしも、一回は叩いたさ。死んだ人の肉食べるのこと、人間のすることでないと言ってね。それに、死んだ人、もしか伝染病あるかもしれないでしょ。お前は人間でないと怒ったの。でも、あとで考えたね。あのころのわたしたち、口の中に入れるものであったら、なんでも入れたい気持でしょ。人間の肉食べること、人間のやることじゃないけど、腹減ってるの状態、もう一年近くつづいとるわけでしょ。その苦しみの気持、わたしにもよくわかるの。腹減っている時の苦しい状態は、いま話しても、わかってもらえないことね」

こう李さんが語り終わったとき、あまりにも重い事実に、わたしは吐き気を感じたほどだった。人間が人間の肉を食べるのは、平時では考えられないことだ。だが、空腹が一年近くもつづいた時に、人間の肉だから食べられないとか、食べていいのかという判断を、わたしたちは果たして下せることだろうか。

しかし、死人の肉を食べるようになったのは、精薄児の李担子だけではなかった。普通の人たちも、食べるようになってきたのである。

当時、第四中隊長をしていた宮耀栄氏は、日本に残留しているもう一人の生存者であるが、朝倉喬二さんがとったコメントでかれはつぎのように述べている。

「一日のノルマが果たせなかったといってはなぐられ、歩き方が悪いといっては蹴られ、食事も、一日にパン二つ、骨と皮ばかりになって仲間はつぎつぎと死んでいきました。多いときで、一日五～六人、一九四五年の六月ころが、そのピークでした。

同胞の死体は、われわれが山へ運んで焼いたのですが、六月にはいって不思議なことが起こりはじめました。耿諄大隊長が『今日はだれだれが運べ』と命令すると、みんな『わたしがいく』『わたしにいかせてくれ』と、先を争うようにするんです。変に思った大隊長が、ある日、こっそり後をつけて見にいったんです。と、運んでいった連中は、缶詰のフタで死体の足をそいで食べていたというんです。『これはいかん、これはもう――』帰ってきた大隊長は、わたしにこういって考えこんでしまった。同胞の肉を食べるようになってはおしまいだ」（『中国人強制連行の記録』）

わたしが会った二人の中国人も、こう語っている。

「わたし、人間の肉食べるの見たことないが、私大隊長の言うの、聞いたことあるの。耿大隊長が看護棟に来て、死んだ人を焼きに行く人の中で、缶詰のフタで、屍体の肉とって食べとる人いる。これはいかんと言っていた。李担子のほかにも、かなりの人、人間の肉食べたらしい」（林樹森）

「人間の肉食べられてることがわかった時、この姿、こんどわたしの姿になるかもしれないと思った。わたしも、我慢できなくなったら、人間の肉でも何でも、食べる気持になるだろうと思ったの。このこと、あの当時のわたしたちの本当の気持ね」（李振平）

死体の肉を食べるようにまでなった背景には、これまで何度も書いてきたように、極端な食糧不足があった。一九四五年になると、中山寮の食糧事情はますます悪くなっていた。

「初めは、パンが一個でした。それがやがて半分の大きさになり、四分の一になり、つぎはメリケン粉とヌカのまぜたのになりました。ヌカのダンゴです。やがてそれもメリケン粉ぬきのヌカダンゴになりました。このころは、ほとんどが脚気になってしまい、死亡者も多くなりました。つぎには、リンゴのカス、黒い腐ったリンゴのカスを食べさせられました。二次連行者（五月）、三次連行者（六月）、はとくに下痢などをおこして倒れていきました」（『中国人強制連行の記録』）

こう、劉智渠さんも語っているように、生と死の間をさまようような食糧事情だった。生きていくためには、人間の肉であろうと、口に入れなければならなかった。しかし、これが戦地でのことではなく、秋田の花岡鉱山の中で、このような状況がつくりだされていたのである。それも、少数の人たちをのぞいては、同じ花岡町に住む人たちも、ほとんど知らなかったのである。だが、知らなかったといって、責任がないと言えるだろうか。

これまで何人も証言しているように、第二次や第三次の中国人たちが花岡鉱山に連行されて来てからは、食事がさらに貧しくなったほかに、花岡鉱山での苦しい生活に馴れていないせいもあって、次々と倒れていった。また、きびしい生活に耐えるための見せしめとして、補導員たちが二次や三次の人たちに加える暴行も、日ごとにエスカレートしていった。

「一日に一人か二人、補導員に叩かれて死ぬ人あるよ。怪我して動けない人も、どんどん増えていくね。補導員たち、悪いことした人を叩き倒すと、こんど、わたしたち中隊長や小隊長集めて、『お前たら、教育するの足りない。だから、草食べに歩く。人の捨てたもの、ひろって食べるのは人間のクズだ』と、わたしたちのこと叩くの。死ぬほどは叩かないけど、毎日だからたいへんさ。自分の生きるの、あと一カ月あるか、二カ月あるか、そのたびに考えたよ。叩かれた人、すぐに死んでいくから、そのこと、いつ自分の身の上にふりかかってくるかわからないさ」（李振平）

それでは、具体的にはどのように暴行がおこなわれたのだろうか。第二次と第三次の最初の犠牲者となった蒿志田の場合をみてみよう。

「蒿志田は仕事が終わって帰る途中、道端に通行人の吐きだした汚物を見つけると、列から抜けて走りだし、それをすくって食べているのを、福田補導員に見つけられてしまった。福田補導員は、『犬や猫にも劣った奴を生かしておいては、人間さまの顔がつぶれる』と、同じ中国人に棍棒を渡し、殴るように命じたのだった。

だが、中国人は殴ろうとはしなかった。そこで福田補導員は、その中国人を殴ったり蹴ったりして命じたが、そんなことを七回ほどやって、とうとう一人の中国人に殴らせることに成功した。中国人が棍棒で殴る力が弱くなると、こんどは殴っている中国人が、福田補導員に殴り倒された。

蒿志田のはじめのころの叫び声は、次第に呻き声となり、最後には身動きもしなくなった。ズボンは破れ、裂けた肉とくっついてドス黒くなってきた。それでも福田補導員は殴らせ続けた。この光景を見ていた中国人たちは、あまりのむごさに涙を流したり、鼻をすすりあげて泣き声をかみころしたりした。

こうして何人かが、見せしめのために殺されていった。中国人たちは虐待に抗議して何度も抵抗したり、またいろいろな方法で機会あるたびに待遇改善の要求をしたが、これはなんの効果もないばかりか、かえって苛酷な労働を押しつけられた」（『ドキュメント日本人・第八巻』）

新しく来た中国人にたいして、こうした虐待をつづける一方では、労働の強化を押しつけてきたのだった。秋田県労働課の指示のもとに、秋田県労務報国会が県内の軍需工場にたいして、工事突貫期間を計画したのだった。ますます生産が落ちてくる工場とか、工事をおこなっている会社に、六月二七日から一〇日間にわたり、朝晩二時間の作業時間の延長を実施したのだった。ほかの人たちにとっても、二時間の作業時間の延長は苦しかったが、食糧が少なくて体が弱りに弱っていた鹿島組花岡出張所の中国人にとっては、これはたいへんな打撃だった。

工事突貫期間がはじまると、補導員たちの行動は、さらに残虐になっていった。働く時間が長くなったのに、食べ物はますます悪くなるため、草など食べる人が多くなったが、それも見つかると、たいてい殴り殺された。人の肉を食べる人が出たり、毎日のように誰かが殺されていく中で、花岡事件へ蜂起する芽がはぐくまれていくのだが、李振平さんの目撃したことは、蜂起へと傾きかけていった一つの例であった。その証言を聞こう。

「わたしの小隊に、薛同道という人がいたの。この人の体大きいから、とくに腹減るわけね。その日も、腹減ってどうしようもないから、仕事の途中に裏山に登って、青くのびた草食べていたわけね。仕事終わって、寮に帰る点呼とったら、わたしの小隊で一人足りないわけね。補導員が小畑だから、とくに悪いよ。小畑は、

『逃げたに違いない。みんなで探せ』と、山とか田んぼとか探した。

そのとき、裏山で草食べてる薛さん見つかったさ。縛って寮の前に連れてくると、新しく花岡に来た人たち集めて、みんな見ている前で、棍棒で叩いたね。頭でも、首でも、背中でも、どんな所でも、好き勝手に叩くさ。倒れると、こんど踏むわけね。薛さんの体、血流れて、腫れてくるの。気失った薛さん、看

護棟に運び込まれて、ひいひい苦しそうに呻いて、三日後に死んでいったさ。

劉沢玉も、夜中に食べる物さがしに出たの、見つかったの。寮の前とかうしろに、ちょろちょろの水流れる小さい川あるの。その小さい川の中に、小さなカニとか魚たくさんいるからね。補導員が寝た夜中に、川に行って、それ取って食べるわけね。たくさんの人、夜中に寮から出て、それ取って食べたけど、運悪く劉さん見つかったわけね。ひと晩、縛られたまま、寮のそとになげられていた。次の朝、わたしたち小隊長以上の人、みんな事務所に集められたさ。伊勢寮長代理が劉さんの罪のことを説明してから、わたしたちに、劉さんのこと殴らせようとしたの。だけど、わたしたち前に、同胞の人殴って、気絶させたことあったでしょ。その時、どんなことあっても、わたしたち殴り殺されても、同胞を殴ることはしまいと、相談して決めていたの。こんど、わたしたちに叩くように脅迫したり、殴ったりしたけど、誰も叩く人いないでしょ。そのこと悪いといって、劉さんのこと裸にして、六人も七人もかかって、補導員たちが好き勝手に棍棒で叩いたり、靴はいた足で蹴ったり、踏んだりするの。栄養のある補導員たち、力いっぱい、思いっきり殴るからね。劉さん痛いから、大声あげて、泣きながら机の下に逃げていくでしょ。机の下から引っぱってきて、またどんどん殴るの。気絶するでしょ。バケツに水汲んできて倒れると劉さんにかけるでしょ。気がつくでしょ。また、『このヤロウ!』と叫んで叩くの。事務所の中、劉さんの大便でたのとか、晩に食べたカニの吐いたのとか、いっぱい散らばったね。それでもまだ叩くから、こんど、転んで逃げるでしょ。体に大便とか、吐いたのとかつくの。それ、人間のかっこうじゃないね。横になったまま、息もつけずに、はァはァしているさ。

こんど清水がね、鉱山で使うレールあるでしょ。そのレールを、炊事場のかまどの火で、赤く焼いたの持ってきたの。あの時のこと、いまでもはっきりと覚えとるよ。息もつけないほどになって、倒れとる劉さんの股に、その赤く焼けたレール差し込んだのね。劉さん、悲鳴あげて、その赤く焼けたレール手でつかんで、よけようとするでしょう。手が黒い煙だして、焼けていくの。ジリジリって、焼ける音もするさ。こんど、補導員が何人も寄って、劉さんの手とか足押えると、清水が睾丸にそのレールあてて、ひっかきまわしたの。部屋の中、人の焼けた煙で、いっぱいになったさ。劉さん、こうして殺されたの。わたしたち、そのこと全部見ていたさ。でも、劉さんとこ助けようとすれば、自分も殺されるかわからないから、誰も黙っていたけど、そのやり方、あまりにもひどいよ」

李さんはこう語っている。また、看護棟にいた林さんも、殺された劉沢玉のことを、こう証言している。

「わたしたち、夜も看護棟にいるし、幹部でないから劉さんの殺されたの見なかったけど、いま思うと、次の日のことね。朝早く、事務所に来いと、看護棟にいるわたしたちに連絡あったの。こんな時の連絡、いいことなかったさ。また、殴られるか叩かれると覚悟して、わたしと誰か三人か四人か、事務所に行ったでしょ。劉さんの屍体、土間にころばされているよ。その屍体、早く持って行けと叫ばれて、看護棟に運んだけど、もうその時は死んでいたよ。めちゃくちゃに殴られて、顔の形もちゃんとわからないくらいに、変わってしまっているの。もうこれは、人間の姿じゃないよ。体も、殴られた所とか、レールで焼かれた所とかは、血が出たり、肉もベトベトしているよ。看護棟にいる人たち、あまりひどい仕打ちに、病気とか怪我で入っている人たち、みんな声出して泣いたさ。そこに、清水の鬼豚入ってきて、『泣いているの誰だ。こんな奴は、早く埋めてしまえ』と、どなって歩くの。

その朝のうちに、穴掘って埋めたけど、劉さんの殺され方、いちばんひどいね。人間のやることじやないよ」

こうしたあまりにも残虐な行為を目の前にした中国人たちは、「このままでいると、全員が殺されてしまうのではなかろうか」と思うようになった。もちろん、その中には自分も入っていると考えたのである。

敗戦直後に、秋田県から花岡鉱山に派遣されて、中国人を診断した高橋実医師は、「もはやかれらは、死か抵抗かのいずれかを選ぶよりほかに道はなくなった」（「ひとつの事実」）と書いているように、せっぱつまった状況の中に置かれるようになった。

しかも、目の前で暴行を加えられて、何人もの中国人が悲惨な殺され方をしただけでなく、中国人の生命そのものもまた、「戦争浮腫《ふしゅ》」におかされていたのである。このことは、当時はまったく知られていなかったが、高橋医師の診断によって、敗戦直後にわかったのであった。

高橋実医師は、次のように報告している。

「栄養失調が高度であると、すなわち全熱量がすくなく、ことに蛋白質も脂肪もすくなく、全熱量の大部分が澱粉《でんぷん》のような糖類からなっているとき、さらに肉体的過労や冬期間の寒冷というような要素が加わると、おそるべきいわゆる『戦争浮腫』が発生するのである。これはよく知られているように、第一次世界戦争のとき、ことにその直後にみとめられた高度の浮腫、血圧降下、除脈等の症候《しょうこう》を有する病名に名づけられたものであるが、このたびの第二次世界戦争で、ファッシズムのために苦難の生活をよぎなくされた、おそらく世界人類の過半に達する人々は、現在の瞬間において、この『戦争浮腫』におびやかされているのである。

『戦争浮腫』にかかると、多くははじめ顔面に浮腫が現れて全身におよび、ついには肋膜腔や腹膜腔などにも、浸出液がたまるようになってくる。浮腫が著明にならないまえに、非常にからだがだるくなり、力のぬけた感じをうったえるようになり、さらに歩行の不自由や、下肢の疼痛《とうつう》が加わり、皮膚の知覚がにぶくなる。

腱反射、脚気のとき膝小僧を軽くたたく検査をするのを経験された諸君もあるだろうが、あの腱反射は不定である。もしこの反射が消失すると脚気に似てくるが、『戦争浮腫』のときは、脈の数がすくなく、血圧が非常に降下し、心臓は脚気のときとちがって拡大せずにむしろ萎縮するといわれている。（略）『戦争浮腫』にふれたついでに、もうすこし知識をゆたかにしておくことは無意味でないと思う。われわれの診察した華人労働者の浮腫患者が、厳密な意味で『戦争浮腫』であるか否かを決定するためには、医学的検査がなお不充分であるが、『戦争浮腫』に近い状態である事には間違いがない。

高君は四五歳であるが、一〇月九日に胃痛があり、食欲がげんたいした。そして一〇月三〇日には両股に浮腫ができたのであるが、血圧はひくく、腱反射は普通、体温も普通だが、脈搏はおそくなっている。

雷君は三二歳。七月一七日に胸痛、一〇月下旬に寒気がし、熱が出て、便通が一日五、六回もあることが続いた。一〇月二三日にはやせたのが目立ち、一一月一日には浮腫が著明であった。血圧は高くない。

千君は四一歳。近ごろ咳が出、頭痛がするというのだが、よく診ると肺結核である。しかも下肢に著明な浮腫がある。

帝君は四七歳。最近両肢が腫れ、いきぎれがするというのだが、これも浮腫に肺結核ががっぺいしていると考えられる。

新君は二七歳。最近ずっと倦怠感がつづいていたが、近ごろ浮腫に気がついたといっている。顔面の浮腫著明。血圧は低下し、体温は普通、腱反射も普通。

路君は二九歳。やはり腹痛、下痢があって十日間ほど前から腹部がふくれてきたという。下肢の浮腫が著明で、血圧は低下している。腱反射は普通、すなわち脚気のときのようではない。

自君は三四歳。一〇月十七日に発熱、咳もする。わたしが診たときは体温普通、両肢の浮腫がひどかった」(「ひとつの事実」)

これでも判るように、中国人全員に「戦争浮腫」が発生していたのである。

栄養失調が高度で、しかも肉体的な過労や冬期間の寒さなどが重なると、「戦争浮腫」が発生するという。これは第一次世界戦争の直後にみとめられたものだが、この症状が高橋実医師によって、中山寮の中国人のほぼ全部に認められたのであった。ということは、中国人たちは苛酷な状態の中におかれていることを、医学的にも認められたのであった。

もう一つは、蜂起にいたるまでの経過は、中国人からは直接に聞いている。だが、この事件にかかわった責任のある立場にあった日本人の証言は、訪ねても断られてなかなか得られなかった。ところが、元秋田憲兵分隊の憲兵伍長Hさんから、貴重な重言を得る機会に恵まれた。戦争中の外国人が、どのように扱われたかが、非常に詳しくわかる。Hさんの証言を聞こう。

「わたしは大館出身で、一九四三年に秋田市の一七連隊へ、教育召集されていたんです。ところが、期限がきれてみんな家に帰る時に、わたしが残されて、『憲兵を志願しろ』と言われたわけだス。わたしが知らないうちに、憲兵の試験を受ける手続をされていたのだス。

そういわれて試験を受けたところ合格して、中野学校に一年入って教育を受けたが、最後にどこへ行きたいかと希望を聞かれた時に、第一希望も秋田、第二希望も秋田、第三希望も秋田と書いたら、運よく秋田憲兵分隊に配属されたス。二〇〇〇人のうちから五人が採用されたが、あとの四人はみな南方に行って、戦死してしまったスな。

秋田市の千秋公園の坂を上がっていくと、まず旅団指令部があり、その次が秋田憲兵分隊、その上に陸軍病院があったスな。秋田憲兵分隊の上が弘前、それから仙台、東京となっていたが、秋田憲兵分隊の指令は、弘前の憲兵隊から出たわけだス。

秋田憲兵分所に採用されたのが、一九四四年の春だったス。いちばん最初は誰でもそうだが、駅に行って取り締まりなどを半年くらいやったスな。それから、特高課に代わったわけだス。秋田県には七人の特高がいて、そのほかに補助憲兵というのを、一七連隊から三二人借りてきていたス。

わたしは特高にまわされて、外人係というのをやらされたス。実際に何をやったかというと、秋田鉱山専門学校に昔の満州から、留学生がきていたわけス。その留学生が親に出した手紙を、よく検閲したス。ほかに、聖霊女学校にクリスチャンの外人がいるものだから、キリストが天皇陛下より偉いと教えていないかとか、米がとれるのはキリスト様のおかげだという教育をしていないかとか、地下室にキリストの像をかくしていないかといったことを、生徒に映画の券をやったり、砂糖をくれたりして調べたものだス。女の学校だから、直接に行けばわかるがらスな。でも、いま思えば、バカらしいことをやったものだスよ。

そのほかには、尾去沢鉱山、小坂鉱山、花岡鉱山などに、朝鮮人、中国人、アメリカ人の捕虜などがそれぞれいたものだもの。戦争中はだスな。それぞれ連絡係は置いていたが、月に一回程度、まわって行ったスな。外人捕虜には、軍人や将校をちゃんとつけていたから、べつに手間のかかるようなことは、なかったものだスな。

花岡鉱山には朝鮮人がたくさんいたが、朝鮮人の憲兵補というのがいるわけだス。その憲兵補をスパイとして、労働者の中に入れたわけだス。朝鮮の人たちはどんな言動をしているかとか、短波無線を持っていないかとか、不穏な動きがないかといったことを、調べさせるわけだス。何かがあれば、すぐわたしの所に知らせるようにしたが、朝鮮人の中にスパイを入れていることは、わたし以外には知らねがったスべね。花岡鉱山の人も、知らないスな。

あの当時はだスな、中国人の場合消耗品扱いだったわけだスよ。朝鮮人よりも、まだひとランク下がるわけだスな。だから中国人は、警察にまかせてもいいだろうということでね。まさか暴動を起こすとは、夢にも思わなかったスな。そんなわけで、中山寮と東亜寮に二組入っていたが、べつに憲兵は干渉しなかったス。事件起きて、はじめてビックリしたわけだス。調べてみたら、あまりにもひどいわけだスな。

花岡事件が起きたのは、定説どおりだスよ。事件が起きてから、鹿島組の人たちのことも調べたども、食糧はアメリカ人も朝鮮人もみんな同じに渡してあるのに、鹿島組の中国人には普通どおりに食べさせていなかったのだスな。鉱山には重点的に食糧や物資を特配したものだから、何んでもあったものだス。ほんとにビックリするほど、地下足袋でも牛肉でも米でも、山ほどあったのだス。それを鹿島組の人たちは、中国人に食べさせなかったものだから、大きな声では言えないども、たいしたぜいたくをしたわけだスよ。暴動の原因は、食糧不足だス。

これではいけないというので、こんどは大館に憲兵分派隊を置いて、厳重に監視したものだス。だから暴動の後は、普通の外人並みに、鹿島組の中国人の食べ物もよくなったども、まず調べたら、ひどいものであったスよ」。

目にあまる補導員たちの暴行の連続、そして極度な栄養失調と過労や冬の寒さなどによる「戦争浮腫」の発生、日本政府からいちばん下のランクに位置づけされ、地元の警察にまかされていたため、鹿島組の不正を上層部ではわかっていなかったなどが重なり、中国人たちは「死かそれとも抵抗か」の立場に追いやられ、一人ひとりの胸の中に、反乱の心が次第に芽生えていったのだった。

中国人たちが虐待に抗して蜂起したのは、一九四五年六月三〇日の深夜のことだが、それまでに死亡した中国人は、次のとおりであった。

第一次連行者二九五人のうち一一三人。

第二次連行者五八七人のうち二三人。

第三次連行者九八人のうち四人。

前後三回に連行されてきた九八〇人のうちで、一四〇人も死んでいるのだ。このほかに、病気とか怪我などで、看護棟に入ったまま身動きのできない人が約五〇人もいたほかに、補導員たちの暴行によって一生不治の怪我をした人が、働いている人の中に四分の一くらいもいたといわれている。この数字は、中国人の置かれている立場を、何よりもはっきりと物語っているといっても、いいのではなかろうか。

蜂起前夜

「このままではいけない」という思いは、多くの中国人たちの心の中に湧くようになった。しかし、きびしい監視の中で、お互いの心や気持を確かめあうことは至難であった。でも、幹部たちの決意は固まっていった。

「おし殺されていた圧制の日々に、はっきりと『反乱を計画する』行為者の論理が実を結ぶきっかけになったのは、耿諄《こうじゅん》大隊長の決意にまたなければならなかった。薛同道の殺害を目のあたりにした一一人の幹部たちは、耿諄にその決断をせまった。

しかし、これにしても、八人が同時に耿諄に向かっていったのではない。数による会話は、補導員たちの監視がきついためにできないのであり、補導員の監視にとどまらず、仲間による密告をおそれなければならなかった。先に支配の構造を明らかにしたとき、任鳳岐という人物を紹介したが、この任鳳岐たちは、当然仲間を売るたちばであり、しかも幹部の一員であるために、幹部間で同時に会議をもつことは絶対にできなかった。任鳳岐とは、書記の劉玉卿にしても副大隊長の羅世英にしても、国民党軍将校として共に多くの戦いを戦いぬいてきた仲であったし、とうてい二人以上の幹部が『反乱計画を話し合う』ことなどできなかった。八人による同時におきた『怒り』は容易に消えはしなかった。しんぼう強く、ひそかに連絡をとりあうことになった。この組織の指導者は、いうまでもなく耿諄であり、かれの決断こそが絶対なものだったのである。八人は、かれのもとに、ようやく団結したのである」（『中国人強制連行の記録』）

こうして蜂起は計画されたのだが、直接に最初から計画に参加した李さんから、詳しく話を聞こう。

「わたしの寝ている部屋は、大隊長のすぐ隣なの。『このままではわたしたち、いつ殺されるかわからない。早く逃げよう』と言ったの。大隊長、このとき覚悟決めたね。これ、蜂起のはじまりなの。わたしたちの蜂起、戦争敗けるの時までのびていたら、もっと多くの人たち殺されていたね。わたしたち、どうせ死ぬか、殺されるかするの、わかっていたさ。朝くると早く起こされ、仕事に出るでしょ。夜は暗くなってから、寮に帰ってくるでしょ。食べ物だんだん悪くなるから、立って歩くのもようようの状態よ。それに、毎日のように、誰かが殺されるでしょ。生きていく気持、ぜんぜんないよ。早く死にたい、死ねばいまより楽になると、そう考えている人たちほとんどね。どうせ、遅いか早いか、わたしたち殺される。このまま殺されるのだったら、わたしたちの同胞殺したり、わたしたちを苦しめた奴らを、この手で殺してやれというのが、当時のわたしたちの気持ね。このままにしていると、わたしたちみんな殺されるという気持、どの人にもあったさ。蜂起して、失敗しても、もともとさ。どうせ、一カ月か二カ月すれば、自分も殺されるの当たるの、確実でしょ。生き残れる道、一つもないからね。日本まもなく敗けるのわかっていたら、もっと我慢して待っていたよ。中山寮に新聞もラジオもなんにもないでしょ。まア、置くわけもないし、あってもわたしたち、読むことも出来ないけど、戦争どうなっているか、ぜんぜんわからないでしょ。

新しく、多くの同胞たち花岡鉱山に来たでしょ。ごそっと、何人からも話聞いたけど、日本の戦争、かなり苦しくなっているのわかったけど、まさか一カ月半の後に、敗戦になるほど敗けていることまで、わたしたちわからないでしょ。死んでもともと、生きのびるには蜂起するよりほかになかったさ。

いちばん最初に、蜂起の計画を相談したの、大隊長の耿諄でしょ。それに趙樹林、李克金とわたしの四人だったの。みんな劉沢玉の殺されるの見た、中隊長と小隊長たちね。相談するとしても、たいへんよ。昼は、とてもできる相談じゃないでしょ。話しているの見つかるだけで、殴られるからね。劉さんの殺された日の晩、仕事から帰って、饅頭《まんとう》一つの夕飯終わって寝たでしょ。夜中に、何回か補導員がまわってくるさ。そのまわってくるの終わって、次の補導員がまわってくるまで、四人が大隊長のところに集まったの。そこで、蜂起すること決めたの。この計画、補導員たちに洩《も》れるとたいへんでしょ。はじめから、多くの人に話広げないようにしたの。補導員まわってくるから、あまり長い時間、相談もできないでしょ。ちょっと集まって、相談するでしょ。こんど、便所に立ったふりして、また自分のところにもどって寝るでしょ。そんなこと、ひと晩に何回もやって、だんだん相談固めていったの。計画かなり固まってから、口の固い、信用のおける人だけに、この計画の話広げていったの。蜂起の計画に参加したの、八人だったよ。あとの人たち、このことぜんぜん知らないさ。蜂起する晩になってから、全員に計画知らせたわけね」

八人の幹部たちはわずかな情報と、またそれぞれの経験などをもとにして、計画をたてた。とても綿密な準備はできなかったが、それでも計画は、可能なかぎり詳しくたてた。また、李さんの話を聞こう。

「計画の中で、わたしたちどうするか、詳しく決めて、その担当も決めたの。近くに、中国の人たちの入っている、東亜寮というのあったの。その寮のこと、知っている人多いよ。アメリカ兵のいるところは、知らない人がほとんどね。でも、アメリカ兵いることわかっていたし、だいたいの方角も見当つくが、場所は知らない。最初の計画から、わたしたちだけでなく、東亜寮の中国人や、アメリカ兵も解放して、一緒に立ちあがること決めていたの。わたし、中国でゲリラの経験あるでしょ。からだ強くて、ゲリラの経験あるの七〇人ばかり連れて、東亜寮とかアメリカ兵のいる寮の日本人襲って、武器とりあげて、解放した人たち一緒に連れていく計画だったの。確か劉錫さんだったか、彼は二〇人くらいの同志連れて、花岡の警察派出所を襲って、武器奪うことにしていたの。武器いくらかあるの、知っていたからね。わたしたちの手に、武器ぜんぜんないでしょ。それに、中国人が三〇〇人くらいと、アメリカ兵たち入れると、だいたい一三〇〇人ぐらいになると考えたの。これに武器あれば、たいへんな力になるという計画だったの。あまり花岡鉱山のことわからないのに、これだけの計画たてるの大変よ」

はじめは耿大隊長たち四人の手で、のちには八人の幹部によって、蜂起の準備と計画はすすめられた。幹部は全部で二一人いたが、なかには蜂起にかならずしも賛成しない人もいたため、任鳳岐以外の幹部の全員に計画が知らされたのは、蜂起の前日の晩であった。

ただ、幹部でも首謀者でもなかったが、一人だけ、事前に計画を知らされていた人がいた。劉智渠であった。劉さんの回想記にはこう書かれている。

「耿諄大隊長がこっそり私を部屋の隅に呼んだ。

『最近の補導員たちの残忍さは眼にあまるものになってきた。同志たちの中にはその圧迫にたえかねて、精神に異状を来たす者さえ出てくるようになっている。最早、一日も忍耐できない状態である。このような状態が続けば、みんなが餓死するか、さもなければ打ち殺されるかより外に途はない。それで、各隊長たちが秘密のうちに相談した結果、われわれは一か八か彼らと武力をもって闘うより途がないということになった……』

耿隊長の壮重な言葉は、一語一語私の肺腑を突いた。私はおもわずひざをのり出した。『それで、具体的な計画は?……』

耿隊長は四方を見回してから、再び低い声で続けた……『われわれは、先《ま》ずまっ先にあの人でなしの補導員たちをやっつける。こうして、われわれの死んだ同志たちの仇を報ずると同時に、奴らが外部の軍隊や警察に連絡することを防ぐ。……その次は、人員を派遣して隣り山の米国人俘虜《ふりょ》収容所と、停車場付近の派出所を襲わさせる。伝えるところによれば、米国人俘虜収容所を防衛している日本兵は、二十数丁の歩兵銃を持っているということだ。花岡警察署にも、当然、何丁かの銃と軍刀があるだろう。われわれは、これらの武器を奪って、山の中に引きあげて遊撃戦をやるのだ。そして、将来、上陸作戦をやるわが軍と呼応する準備をする……』

『それでは、いつ手を下すんだ?』

『明日の夜、敢行する。そのため、明日の早朝、張金亭と李光栄に仮病をさせ、臨時の病人にならせる。そして彼らに、寮内の動静を探らせると同時に、出入りの地形を研究させ、夜の決行の準備をするのだ……』

耿隊長はそれを一言い終わると、再三再四言いつけた……。『一切、機密の保守を必要とするから、絶対に、噂の立たないように注意してくれ……』耿隊長の去ったあと、私は一晩中熟睡できず、あれこれを思い出して、目を閉じることができなかった」（『花岡事件』）

劉智渠さんにだけ計画を知らせたのは、翌日に張金亭と李光栄（これが李振平の本名であるが、振平の仮名を使い、現在もそのままにしている）の二人が仮病をつかって休み、寮内の動静を探らせることになっていたが、看護棟にいる劉さんにも、その協力をさせるためだった。また、二人が仮病をつかい、寮内を調べているのをあやしまれないためにも、寮にいることの多い劉さんには知らせておく必要があったのである。

最初の計画では、蜂起は六月二六日の夜と決められていた。そして、二六日は、計画どおりに、張金亭と李振平は仮病をつかって休み、寮内をこっそりと探ったり、事務所の動向を調べたのだが、李さんはその様子をこう述べている。

「計画できて、実行することになったでしょ。わたしと張金亭さんの二人、その日、仮病使って休んだの。腹痛くて、仕事に出られないといってね。昼の間に、寮の中とか、事務所の様子など、二人で詳しくさぐったの。そしたら、補導員の中でもいちばん悪い小畑惣之介、福田金五郎、清水正夫が宿直しないで、その晩は家に帰ることになっていた。それに、わたしたちによくしてくれる越後谷義勇さんと石川信助さんが、この晩は泊まりに当たっているのわかったの。いい人は、殺されないでしょ。夜中に襲うと、どの人かわからないから、殺してしまうかもしれないからね。計画に参加した人たち、飯場《はんば》に帰ってきてから、そのこと相談したの。やはりそのこと、ダメと決まったの。誰の気持も同じね。わたしたちによくしてくれた人は、殺されないからね」

ということで、二六日夜の決行は中止にきまった。だが、念には念をいれて、耿大隊長は補導員たちの寝床を敷いている三人の中国人の少年にも、補導員たちの動向をさぐらせた。その報告も同じであった。そして、決行は六月三〇日の深夜に延期した。蜂起の時刻は、正式には七月一日午前一時と決めた。

だが、首謀者の中では、この蜂起は成功するとは最初から考えていなかったらしい。「耿隊長は一部首謀者には蜂起後は自殺するようにいいわたしていた。この命令をきいている幹部と聞いていない幹部があるが、大隊長の混乱している状態をあらわしたエピソードかもしれない」(『中国人強制連行の記録』)という証言などをみると、首謀者の心もかなり動揺していたのだろうか。

そして、六月三〇日がやってきた。この日も李振平が仮病をつかって休み、動向をさぐった。

「六月三〇日の日も、わたし仮病使って休んだけど、その日、誰か補導員が一人来て、『お前、仮病使っている』と、寝ている上から、どんどん叩かれたけど、吐くの真似して、寝ていたの。三〇日の晩、越後谷さんともう一人の石川さんの二人、寮に泊まらないことわかったの。あとの補導員とか通訳たち、みんな寮に泊まることとわかったでしょ。この日よりないと、この晩に蜂起するの決めたの」(李振平)

だが、李振平さんの報告でわかったことを、また前回と同じに、補導員の世話をしている三人の少年を使って、確かめさせたのだった。だが、泊まる補導員たちの床を敷くのが午後九時ころなので、正式に蜂起が決定したのは、少年たちの報告を受けた午後九時を過ぎてからであった。

このため、八人の幹部と、劉さん以外の中隊長や小隊長に蜂起を知らせたのは、李振平の報告と三人の少年たちの報告が一致した後であった。あまり早く知らせて、計画がどこから洩れるかわからないからだった。

というのは、幹部もそうだが、その他の中国人たちも、蜂起には全員が積極的に参加するだろうという予想はたたなかった。武器といえるものは一つもなかったし、しかも日本のまっただ中で蜂起しても、うまく逃げることができるだろうかという心配もあった。考えるほど、蜂起の条件は不利であったから、考える余裕をあたえない方がよかったのである。

蜂起が正式に決まった午後九時過ぎに、耿大隊長の指令が、幹部たちに伝えられた。これまで何度も計画されただけに、具体的なものであった。

「李克金は二〇人を連れて、事務所の窓口を守る。劉玉卿は三〇人を連れて、四方の要地に伏兵をおく。これは、補導員の脱出と逃亡を防ぐためだ。李里成は電話線を切断して、外部との連絡を切る。張金亭は二〇人を連れて、室内に入って敵を殺す。それから張贊武は比較的強壮な同志八〇人を連れて、米国人俘虜収容所の日本兵を襲撃して、米国人を解放するほか、中国人や朝鮮人も解放する。劉錫は二〇人の同志を連れて、花岡警部補派出所を襲撃して武器を奪う。看護班は、外で全員が蜂起したのを見すまして、直ちに病人を山の上に移すのである。そして最後に、羅士英の監督の下に放火し、中山寮全部を焼き払う。手を下すのは、深夜、補導員たちの熟睡したのを見てやる。このため今晩は、全員が本当に寝てしまってはならない。仕事を分担された同志は、すべて鍬《くわ》をこっそり身辺に隠し、敵を殺す武器とする」(『花岡事件』)

耿大隊長の指令は、ただちに中国人全員に伝えられた。しかし、補導員も鹿島組も警察でも、こうした計画が中山寮の中国人の間で、着々とすすめられているとは誰も気がつかなかった。だが、中国人たちにとっては、長い長い夜であった。

「蜂起のことみんなに伝えてからまもなく、小畑補導員が見回りに来たの。戸開けて入ってくると、大きな足音たてて、部屋のなか回って、出て行ったね。わたし、身動きもしないで黙っていたけど、体は汗ビッショリさ。蜂起の計画のこと、バレるのじゃないか。誰か小畑の前にとび出して行って、蜂起のこと知らせるのではないかと思って、ビクビクしたよ。それから一一時までの時間の長いこと、大変だったさ。体疲れているけど、眼冴えているでしょ。眠ること、とてもできないさ。あまり部屋の外に出ると、あやしまれるから、ダメでしょ。寝て暗い天井見ながら、いろいろなこと考えたさ。もう死ぬかもしれないからね。でも、わたしたち中国人にひどいことばかりした補導員に、まもなく復讐するのことできるから、死んでも、残念だという気持、あまりなかったね。ただ、一度中国に帰りたいの気持、これは強かったさ」（李振平）

「蜂起の計画知らされてから、怪我の人、大変だったさ。傷口とか折れた手足とか、ちゃんとしておかないとダメでしょ。だけど、包帯もぜんぜんないでしょ。こんど、わずかに残っている着物をさいて、包帯つくったの。だけど、準備してるのこと、補導員に見つかると、大変だからね。かくれて、少しずつやったの」（劉智渠）

「わたしのいる看護棟の病人とか、わたしたちが蜂起のこと知ったの、看護長の劉玉林が知らせてからのことね。病気の人たち、補導員の奴らに、もっとも手ひどい仕打をされた人たちだからね。それなのに、自分の手で仕返しできないのこと、残念なわけね。みんなの気持、蜂起うまくいってくれと、祈るようだったさ」（林樹森）

こうしたさまざまな思惑の中で、時間は過ぎていった。補導員が寝静まる午後一一時ごろに起きると、蜂起の準備をはじめることになっていた。

蜂起の時間を午前一時と決めたのは、中山寮の補導員だけではなく、襲撃を予定している同胞たちのいる東亜寮、米国人俘虜収容所、花岡警部補派出所などの日本人関係者が、ぐっすりと眠っている時間を狙ったためだった。だが、蜂起の計画を知らされて待っている中国人たちにとっては、気持の上でも大変であった。林樹森さんはその時のことを、

「わたしたち、中山寮から離れた看護棟にいたでしょ。蜂起のあるの、いまかいまかと待っていたさ。待っている時間、長いわけね。我慢して、心を落ち着けて、待っていたさ。いまにも、すぐにとび出したい気持なわけね」と語っている。

次の朝が早いので、中山寮の補導員たちも、午後九時三〇分ころには床についた。そして一〇時ころには、補導員たちのいびきが聞こえだした。

「夜中の一〇時ころ、わたしたち幹部はこっそり起きると、それぞれの部署につく人たちを、もう一度確かめて回ったの。どの人もみんな、暗い中で目だけキョロキョロさせて、目覚ましたまま寝たり、横になったりしていたね。自分の担当する場所とか部署、みんな決まって知らせてあるけど、なにしろ急なことだからね。念のため、確認して歩いたの。ひくい声でこっそりいうと、みんなうなづいたね」と、李さんは語っているが、李さんにはもう一つの大きな役割があった。それは、中国にいた時にゲリラの経験のある人七〇人ばかりを引き連れて、蜂起がはじまる前に、東亜寮の近くまで行き、蜂起が起こると同時に日本人の監督たちを襲って、同胞の中国人たちを解放する仕事であった。李さんは前もって話しておいた七〇人ばかりを、こっそりと起こして歩いた。

一斉蜂起

午後一〇時半少し前のことだった。一〇時二〇分ごろだったと言う人もいるが、時刻ははっきりしないものの、だいたいこの時刻である。午前一時かっきりに蜂起する計画だったのに、それよりも二時間半も早い午後一〇時半直前に、張金亭の配下にいて、事務所の補導員たちを襲うことになっていた劉玉林と劉玉卿の二人が、ツルハシで任鳳岐を、一撃のもとに殺してしまったのだった。しかも、その時は、李さんたち一行が動きはじめたばかりで、まだ具体的な準備にはほとんど入っていなかった。そのため、逃げたり脱出したりする補導員を待ちぶせするために、伏兵も置いていなかったのである。どうして二人は、早すぎた行動をとったのだろうか。

李さんは、「わたし七〇人ばかり集めて、東亜寮に向かおうとしていた時、寮の中で、ギャアという大きな男の悲鳴聞こえてきたの。わたし、ビックリして寮の中に入ったでしょ。もう、任鳳岐が殺されているの。気持が早まって、待てなくって、事務所とか宿直室の窓口とか、その他の部署に人たちがつかないうちに、任の奴を殺してしまったわけね。いま考えると、二人の気持もわかるさ。蜂起の時間がくるの、いまかいまかと、居ても立ってもいられない気持ね。それで、我慢できなくなって、手を出してしまったわけね」と言っている。

李さんの言うとおりだろう。怒りで体が燃えてしまい、沈めることができなかったのだろう。

李克金は二〇人を連れて、中山寮を包囲することになっていた。ところが、任鳳岐が殺された時刻には、李克金とその一隊は、便所に入って小便をしていたのだった。これも、中山寮を囲むのを怠ったのではなく、あまりにも行動が早かったために、まだ部署につく行動に移っていなかったという見方が正しいのではなかろうか。

だが、計画より早く任鳳岐は殺されたとしても、蜂起ははじまったのだった。

「任鳳岐が血しぶきをあげて葬られると、それをききつけた全寮にドドドッという声と音がわきおこった。この物音に目を覚ました補導員たちが立ちあがりかけると同時に、二十数人の一隊が寝室になだれこんだ。入口の方に寝ていた、猪股が、つづいて桧森がツルハシでのどをブチぬかれて死んだ。通訳をしていた于傑臣がすさまじい悲鳴をあげて、『おれは于傑臣だ、殺さないでくれ』と大声でわめいた。そのため、長崎、小畑が外にとび出した、さらに清水、伊勢が窓から逃げた。

アメリカ軍俘虜収容所を襲撃する一隊八十人は、中山寮から『逃げた！　逃げた！』と声をききつけて、とってかえし、逃げようとする長崎、小畑を川辺で追いついて殺害した。だが清水と伊勢は、ころびながらも砂利道《じゃりみち》を本部のほうに逃げてしまった」（『中国人強制連行の記録』）

中山寮から鹿島組花岡出張所の本部事務所に通じている道は、蜂起が起きる一〇日くらい前に、新しく砂利を敷いた。そのため、窓からとび出して素足のまま逃げた補導員たちは、その砂利のために怪我をしたのだった。

計画した立場から、李さんは蜂起のはじまりをこう証言する。

「計画より早く、任が殺されたでしょ。寮の中暗いのに、計画よりも蜂起早まったものだから、みんなあわてたわけね。手にスコップとかツルハシとか持って、勝手に宿直室にとび込んでいったの。だけど、逃げるのに備えて、宿直室の窓の外を囲むことになっていた人たち、まだ部署についていなかったわけね。しかも、宿直室の中、暗いでしょ。誰がどこに寝ているか、ぜんぜんわからないからね。あとでわかったけど、このとき、宿直室の中で殺したの、桧森と猪股の二人だけね。あとの人たち、みんな窓から逃げたの。それを追いかけて殺したの、長崎と小畑だけさ。あとの補導員たちに、逃げられてしまったわけね。生き残った福田、これいちばん悪いね。清水も助かったさ。いちばん悪いのことした補導員たち、殺せなかったわけね。計画より早く、やってしまったからさ。こんど、それからがたいへんだったさ。逃げた補導員たちは、すぐ会社とか、警察に走っていくでしょ。それから大騒ぎになること、わかっていたからね。計画より早くやったために、アメリカ人とか朝鮮人とか同胞の解放もダメ、警察を攻撃することもできなかったし、寮に火をつけることも出来なかったさ。はじめての計画では、補導員を襲撃したあとに、食べ物をつくって食べることにしていたが、この時間もとれないよ。最初の計画ちょっと狂っただけで、みんなダメになってしまったの」

こうして蜂起は、計画とはまったく違ったままで、暴走していった。

六月三〇日の夜は、蒸し暑い夜だったが、星も月も出ていない暗い夜だった。ようやく逃げることのできた伊勢寮長代理は、

「十一時すぎか、声で目が覚めて窓から飛び出した。一番奥に寝ていた。走って鹿島組の事務所まで行って、迎えにこいと電話した。途中、だれにも会わなかった。声というのは悲鳴だったかもしれない。隣に人が立っていたような気もする。すぐ隣が殺されたべよ。猪股だか小畑だか……」（『花岡事件ノート』）と語っているが、こうして中国人たちが蜂起した連絡は、たちまちのうちに方々へ伝えられた。

一方、蜂起した中国人たちはどうしたろうか。李さんの証言を聞こう。

「計画失敗したものだから、逃げた補導員たち、すぐ鉱山町とか事業所に走ったのでしょ。寮の中の人たち、どうしたらいいかわからないから、うろうろしている人多いよ。そうしているうちに、下の方で警報のサイレン鳴ったり、半鐘鳴ったりするの、聞こえてくるでしょ。遠くの方で、電灯とかたいまつの明かり、激しく動くの見えてきたの。暗い夜の中で、そんなの聞いたり、見たりすると、早く逃げたいという気持、強くなってくるね。不安も出てくるの、当然のことね。みんな、どこに逃げていくというあてもなく、走り出してしまうわけね。それに、武器はぜんぜんないでしょ。何人かの人、スコップとかツルハシ持ったけど、それもわずかな人たちね。重いから走る途中に、捨てた人多いよ。食糧の倉庫やぶって、食べる物を持った人も多いけど、すぐ食べられる物少ないでしょ。粉がほとんどだったからね。それでも腹減ってるから、その粉のまま食べた人多いよ。

下の方で、騒ぎがどんどん拡がってくるの聞こえてくるでしょ。不安がますます多くなるわけさ。でも暗いから、どこに逃げていけばいいのか、わからないでしょ。中山寮のある反対側の方に、高い山がある

の、仕事の時に見て知っていたでしょ。暗い中で、その高い山だけ、ちゃんと見えるわけね。いつも見ている山だから、こんど、その山に向かって逃げたの。何人か先になって走ると、その後についてみんな走っていくわけね。田んぼとか鉄道とか家のそばとか越えて、逃げたその山は岩とか木とかいっぱいあって、登るのたいへんさ。暗いからあたり見えないし、あわてて逃げるから、岩にぶつかったり、木にぶつかったりして、手からも足からも、血が出るわけね。それでも、ぜんぜん痛いと思わないの。早く遠くへ逃げていきたい気持で、どの人も夢中だからね。この山の名前後になって知ったの。獅子ケ森《ししがもり》というの」

李さんたちの主力部隊は、中山寮から山道を下って平地に出ている。家のそばを通ったという所が、いまは地盤沈下で集団移転してしまった松峰集落である。その時、松峰にいた老女（七〇歳）はこう言っている。

「夜明け、まだ暗いうち、ザザッザザッという音を聞いて外に出たら、ぞろぞろ何十人も支那《しな》人が歩いていた。みんなやせこけて、食い物かついでおし黙ってな」（『花岡事件ノート』）

獅子ケ森は標高二二五メートルで、ふもとの標高が八〇メートルだからそんなに高くはないが、四方がよく見える山である。

しかし、元気な人たちはそれでも、食糧庫からわずかな食糧と、ツルハシ、トビグチ、クワ、シャベル、カマなどを持ったり、また衣服などを着て逃げることが出来たが、看護棟の病人や怪我人は大変であった。蜂起の計画を知らされた時は、「アメリカ人も連れて山の中に逃げ、山を越えて海に出ると舟を奪い、アメリカ人に運転させて祖国に帰る」という夢のような話を聞かされていただけに、気が弱くなっている病人にとっては、蜂起にかけた期待は健康な人よりも大きかった。もはや祖国の土は踏めないとあきらめていたのが、実現しそうに見えたからだった。看護棟にいた林さんは、こう証言する。

「夜中になって、寮の方で人の叫ぶ声したでしょ。それからたくさんの人が叫ぶ声とか、ガラスの割れる音とか、板が破れる音とかするね。劉智渠さん起きあがると、ランプに火つけたでしょ。それで、みんな起きあがったね。計画だと、補導員たち殺したら、食べ物たくさんつくり、それ食べてから持っていくことだったから、あまりあわてなかったの。時間あるからね。だけど、計画失敗したことを、知らせてきたでしょ。食べ物つくる時間ない、すぐ山に逃げろと、連絡があったでしょ。はじめの計画だと、五〇人ばかりいた病人たち、みんなで手分けして、一緒に連れて行くことだったけれど、このことできなくなったわけでしょ。早く逃げないと、警察やってくるというので、起きあがれる人たち、我慢して起きて、看護棟から出たの。起きあがって歩けない人たち、入り口まで這い出してきたね。這うこともできない人たち、

『待ってくれ！』

『ぼくも連れていってくれ』

と、病室の中で叫んでいるの。わたしたち何人かの看護人、歩けない人たち助けたり、背負ったりして病室の外に出だけど、重病の人多いでしょ。とても、みんな連れていけないの。寮の人たち、バラバラになったり、かたまって逃げ出していくの、暗い中で見えるでしょ。わたしたちも、気がせくわけね。早く逃げていきたい気持、誰でも同じさ。計画だと、看護棟にも火をつけて、焼くつもりだったの。だけど、動けない重病人たち、病室の中に残っているから、焼くことできないでしょ。仕方ないけど、そのままにして逃げたの。

看護棟のそばに、水の流れる小さな用あるさ。その川が流れてくる山の方に、逃げ出して行ったの。外

は暗いでしょ。どこに逃げていけばいいのか、ぜんぜんわからないからね。わたしたち病人と一緒だから、そんなに早く歩けないでしょ。坂ころがり落ちたり、木にぶつかって倒れる人多いの。だから、長い時間歩くと、みんなバラバラになってしまったさ。病室からいくらか外に出だけど、あとはそのままという重病の人も、わりに多かったよ」

林さんの証言にもあるように、元気な人たちでさえそれほど逃げられなかったのだから、真夜中に病人たちが、しかも山の中を逃げることそのものが無理であった。いくらか歩ける人は遠くへ逃げたが、看護棟から出た病人たちの多くは、ほとんどがそのまわりでうろついていたのだった。

獅子ケ森の頂上にたどりついた中国人は、だいたい三〇〇人ぐらいとみられている。あとの三〇〇人くらいは、中山寮からは逃げ出したものの、途中で走ったり、歩いたりする気力を失ってしまい、松峰地区あたりをフラフラしていたらしい。獅子ケ森に行かなかった他の元気な人たちは、二～三人が組になって、鹿角市方面とか青森県方面、また山を越して田代町(現大館市)山田とか山本郡八森町(現八峰町)まで逃げた人もいた。これも、勝手にバラバラに逃げた結果がこうなったのであった。

だが、なぜ獅子ケ森に逃げたのだろうと、いまでも不思議に思われている。その事情を、李さんはこう説明している。

「いま考えると、もっといい逃げ方あったたね。いまになると、そのことよくわかるけど、あの時はべつね。獅子ケ森という山、わたしたち逃げていく目標でなかったけど、どこに逃げていけばいいのかわからないから、見える高い山を目標にしたわけね。はじめに計画した時、どの方角に逃げていくか、ちゃんと決めていたの。だけど、はじめの計画狂ったでしょ。先になって、みんな引っぱっていく人、いなくなってしまったさ。みんなバラバラに逃げたから、どうにもならないよ」と李さんも語っているように、計画が最初から狂ったので、目標でなかった獅子ケ森に集まってしまったというのが本当のことらしい。

また、一般の人で中山寮の現場をいちばん最初に見たのは、花岡町の警防団員であった。

「当時、花岡町の警防団員だったSさん（六四）は、蜂起の夜、二〇人ほどで夜の巡回をしていた。外国人の寮が二十以上ある所なので、毎晩の巡回は重要な仕事だった、という。Sさんの話。

巡回を終わって、町はずれで一服しようと道路わきに腰をおろした。暑い時で道路が真っ白に見えた。すると、向こうから裸の男が走ってくる。パンツ一枚でハダシ。つかまえて『どうした』と聞いたが、体がぶるぶるふるえていてしゃべれない。ビンタをくわせたが、あごがはずれたようにガタガタしている。手まねで鹿島組の方に行ってくれという。男に警察に逃げろといって、われわれは組にいって見ようということになった。

事務所に行くと、テーブルに一人がいて、組の二、三人が血止めをしていた。中山寮で暴動だと聞いた。中国人同士で大きなけんかでもあったのかと思った。おっかないものを見たさもあって寮の方に行くと、途中の道で一人が死んでいた。ツルハシで殴られたらしく、背中に丸い穴があった」という。中山寮に入ると、「人も沢山いるし、暴動という意味もはっきりわからなくて、誰かケガしたのかと聞いたら、殺されたというので、その部屋を案内してくれといったら、怖くてダメだというのです。でも、その部屋に案内してもらうと、中は真っ暗で見えないので、手さぐりで電気を見つけてつけたら、足元に死体が数人、まだ生々しいわけです。死体ははじめて見るので、ビックリした。中国人が一杯いるので、どうしたのかと聞いたら、病人だから逃げれないのだと言うが、鹿島組の連中は何をどうすればいいのかと狼狽《ろうばい》しているが、われわれもどうすればいいのかわからなかった」（『花岡事件ノート』）という。サイレンも半鐘も、その後に鳴った。

こんどは、蜂起した中国人たちの取り締まりに当たった側から、蜂起の端初をみていきたい。当時の三浦大館警察署長は、こう語っている。

記者　花岡は現在警部派出所が置かれているんですが、当時はどうでしたか。

三浦　巡査部長派出所がありましたが、巡査部長は病気で休んでおり後藤健三君が主として俘虜、華労関係を担当していました。ちょうど午後九時四十分ころ、この後藤君から電話がかかってきました。いま中山寮にいる約八〇〇人の中国人が暴動を起こし、日本人を殺して逃亡していますというんです。

中山寮というのは鹿島組の建物で華労の収容施設なんです。この電話中、受話機からはワーワーという暴動を起こした連中の叫び声がわたしにも聞こえるんです。

わたしは後藤君に、きみは暴動を遠くから見守っていて決してそばにゆくな。それから中国人というものは婦女暴行することもあるし、強盗掠奪《りやくだつ》放火する習癖があるからこれを注意し、一般の人にも身を守るよう警告しなさい。これからすぐ応援に出かけると指示して、非常招集を発令し、県に、報告をしました。

署員も集まり警防団も集合したので出発しようとしたら空襲警報が発令になり、これにも対処しなければならないので防空関係の署員と警防団は残すことにしました。

当時の警防団長は桜場文蔵氏、副団長は中村嘉七弁護士でしたがわたしは花岡の逃亡犯人が来て婦女暴行などをするおそれがあるから見付け次第《しだい》取り押えること、ただし彼等は素手だから決して暴力を用いてはいけないとこのことに念を押してトラック一台に警察官九人を乗せて出発いたしました。

記者　ちょっとお待ちください。八〇〇人の暴徒を押えるのに九人だけですか。

三浦　そうです。九人しかいなかったです。

記者　それで押える自信があったのですか。

三浦　わたしにはありました。実は県に報告したときですね。警察部長は出張不在で特高課長が出たのですが、課長は軍隊を出動させるというんです。わたしは警察官一〇〇人の応援があれば絶対大丈夫だと意見具申《ぐしん》したのですが課長は軍隊の出動を要請するという、わたしはそれはとんでもない軍隊が来たりすると別の問題が発生する。兵隊が撲《なぐ》ったり暴行したりすれば相手は外国人だから問題は大きくなるから軍隊の出動には絶対反対したわけです。それでは明朝応援警察官を派遣するし特高課長と検事が行って指揮するがそれまでは署長に委せるということで、わたしとしては出動する署員にも残留する署員にも充分心構えを指示して出発しました。

花岡に乗り込む途中沿道の民家ではもうすでに暴動のことが知れわたっていて民衆は戦々恐々としている。わたしはトラックの上から警察が出動したからもう大丈夫だ、心配するなと叫びながら行きましたが、ちょうど釈迦内の役場の前でもう既に二、三人の華労が捕えられてしばられて撲られていました。そんなことはするなと指示して花岡に近づくと道路上にフトン綿が沢山捨てられている。おかしいなと思いながら進むとトラックのライトに照らされて道路上に真っ黒に人が集まっている。これだけの人数にかこまれたのではは九人ではどうもならないから中央突破しろ。わたしが責任を負うから車を全速力で走らせろ、一人や二人怪我しても仕方ない。わたしが指揮刀をライトの光で見えるように振ってよけろと叫んだところ二〇〇人から三〇〇人くらいがサァーッとひらいたその中を突っぱしりましたが、実のところ五〇〇人ぐらいに見えましたね。

無事派出所について後藤君から詳細報告を受けて現場に行きました。

記者　現場に着いたのはいつごろですか。

三浦　大館を出発したのが一二時近くで花岡には一二時一〇分ごろ着きました。とりあえず現場にゆきました。現場にはスコップ、ツルハシ、唐鍬などでメッタ打ちされて三人が死んでいました。一人はツルハシで背中をやられていました。一緒に寝ていた者のうち二、三人は辛うじて逃げた模様でした。寮の中を見分してゆくと布団や身廻り品はみな持ち出しているし食事係の中国人も別室で殺されている。実に惨澹《さんたん》たる有様でした。

華労の寝室には今にも息をひきとりそうな病人が五三人、わたしが自分で数えたのですが、正に死の寸前の病人が五三人もですよ真っ裸で寝ているんです。仲間の連中が逃げるときに身ぐるみはいで置き去りにしたんです。

組の者に第一番にこの病人を応急保護することを命じ、さらに司法主任に現場保存と捜査指揮を下命《かめい》して組の事務所にゆきましたが組の管理のひどいのには腹がおさまりませんでしたね。

組の事務所によったのは午前三時ころでしたでしょう、そこで八〇〇人の華労がいて五三人が残っているから七五〇人くらいが逃げたことになります。

午前五時ころ派出所に帰ったところ、中国人の通訳と中隊長が来ておりました。当時華労は隊組織になっておりました。彼等の言うには、われわれはこの暴動に参加しなかったが皆が暴動を起こしたので一緒に逃げた。逃げたけれど暴動には参加したくないからどうか警察で保護してほしい、われわれの中隊員二〇〇人がそこに来ているから保護してほしいというんです。

それでは寮に帰れと言ってやると寮に帰ると裏切り者として制裁されそうだから警察の目の届くところにおいてほしいと懇願するんです。警察には二〇〇人もの人を収容するところはないというと鉱山の会館に入れてほしいという。そこで鉱山の諒解《りょうかい》を求めると鉱山では組の華労はアミーバー赤痢などの病菌を持っているから貸すことはできないとの回答です。仕方ないからとにかく警察官をつけてやるから寮にもどすことにしましたが、組では寮の破壊されたところを修理するまで待ってくれというし連中は露天でもよいから警察の目の届くところにおいてくれと言って、会館の広場に自然に集まって終わったんです。

（「三浦太一郎氏に花岡事件を聞く」――『秋田警察』一九六一年二月号）

三浦元大館警察署長の話は、他の関係者や証言者の話とはかなり違っている部分もあるが、ここでは問題にしないで、取り締まりの側にいたもう一人の方から話を聞きたい。元秋田憲兵分隊伍長のHさんである。

「花岡で暴動が起きたというのは、県警から電話で第一報が入ってわかったが、時間ははっきりしませんな。ただ、夜中の二時半に秋田駅を出発したという記憶はあるス。というのは、大館はお前の地元で詳しいだろうから、まずお前が先に行けといわれたが、車がないわけだスよ。さっそく秋田駅に汽車がないかと聞いたら、無蓋《むがい》貨車よりないというんで、よし、それでいいから出せと指令したわけだス。しかも、暴動は起きたというものの、さっぱり内容がわからないのだスな。ただ、日本人を殺して六〇〇〜七〇〇人が逃げたという程度よりわからないのだス。だが、もし万一のことがあればというので、一七連隊の方に一個中隊（三〇〇人）をいつでも出動できるように待機させて、わたしは補助憲兵一三人を連れて、貨車に乗って出発したわけだスな。貨車にムシロを敷いて、座ったス。大館駅に着いたら、霧の深い朝が明けてきたころであったども、時間は七月一日の午前五時半ごろでなかったかなと思うス。

話を聞くと、大半の中国人が獅子ケ森に逃げたというので、地理はよく知っているものだから、下代野をまわって行ったら、地元の人たちが竹ヤリとか、本物の昔のヤリを持ったりして、うろうろしておったスな。獅子ケ森の麓に行った時は、まだ頂上に霧がかかっておったスよ。実弾を持っていったものだから、補助憲兵に実弾をつめさせ、銃剣をつけさせたス。

その後で中山寮に行って、補導員が殺された現場とか寮を見たり、話を聞いたりしたども、中国人があんなひどい扱いを受けているのをはじめて知ったわけだス。わたしの耳には、まったく聞こえてこなかったスね。また、憲兵隊から見れば、アメリカ人とか朝鮮人にはかなり気をつけていたども、中国人は問題外にしていたわけだス。わたしも花岡鉱山に行くと、鹿島組の人とは会ったども、中山寮には行かながったものな。それともう一つは、鹿島組花岡出張所に、まともな人がいなかったということだスべね。もっとしっかりした人がいれば、あんなことにはならなかったと思うス。

また、憲兵隊では、暴動の鎮圧にあたると同時に、県警を通じて各新聞社に、記事の差し止めを命令したわけだス。だから新聞記者は、花岡に入れなかったわけだス。それから、花岡とか大館の郵便局では、郵便物の検閲をやったス。手紙の封を切っては、花岡の暴動のことを書いてある手紙は、没収したわけだス。わたしがやったわけではないが、暴動のこと書いてあった手紙も、あったそうだス。

口コミといっても、当時は汽車のキップが、なかなか入らなかったから、人の往復があんまりなかったのだス。だからこの事件は、全国的にだけではなく、県内にもあまり知られなかったわけだス」

Hさんの証言で、当時の新聞をいくら見ても、これほどの大事件が一行も報道されていないことや、敗戦後も遅くなってから、広く知られるようになった原因もわかった。

それではまた、蜂起した中国人たちが、逃げたあとにどのようにして補えられたかを、辿《たど》ってみたい。中国人の中でも、いちばん最初に補えられたのが、看護棟の人たちであった。林樹森さんはこう証言する。

「夜が明けても、わたしたち病人と一緒だから、ぜんぜん遠くへ逃げられないわけね。わたしも、看護棟からどれくらい逃げたかな。いくらも離れていなかったさ。朝が明けたころ、警察の人が来て、わたしたち看護班を捕えたね。疲れているから、戦うのことぜんぜんできないよ。わたしたち捕えられると、二人がひと組に縛られて、トラックに乗せられたさ。病人は逃げることできないから、そのままね。病人たち、山からまた看護棟に運ばれたの、いつのことかわからないよ。わたしたち乗せたトラック、花岡派出所の近くに、大きな鉱山の劇場あるでしょ。その劇場の前、砂利敷いた広場ね。その広場に降ろされたの。縛られたまま砂利の上に、正座させられたから、足とか脛《すね》が痛いよ。この広場に連れてこられたの、わたしとか劉智渠さん、いちばん最初ね。坐らされると、手拭で目かくしされたでしょ。目かくしをしたの、わたしたちの首、斬り落とすためかなと思ったね。その方が、叩き殺されたり、食べ物なくて餓え死にさせられるより、ずっと楽だと思ったさ。こんな苦しいのことイヤだ、早く死にたいと思っていたから、死ぬのこわくなかったさ」

三浦元大館署長の話では、約二〇〇人の中国人たちが保護を求めてきたが、収容する所がないため、露天でもいいから警察の目の届く所に置いてほしいという懇願で、共楽館《きょうらくかん》前の広場に自然に集まったことになっている。だが、広場にいちばん先に連れてこられた林さんは、トラックから降ろされて正座させられたという。何時ころに連れてこられたかははっきりしないが、朝が明けたころに警察に捕えられたというから、広場に運ばれて来たのも早い時刻だと考えられる。しかもその時は、広場には誰もいなくて、自分たちが最初だったという。それから捕えられた人が来たのだが、こう考えてくると、中国人が露天でもいいというので、自然と共楽館前の広場に集まったという三浦説はおかしくなってくる。林さんたちがトラックで運ばれて降ろされたのは、広場に集めるのを決めていたからではなかろうか。

その次に捕えられたのが、よろよろ組だったという。このよろよろ組というのは、もう疲れ果てて獅子ケ森にも登れない中国人たちで、おそらく三浦元大館署長がトラックで花岡へ来る途中に見たという、道路上にいた二〇〇～三〇〇人の集団ではなかろうか。疲れてよろよろしているので、こう呼ばれたらしかった。そのために、捕えられたのも早かったのであろう。

二番目に捕えられたよろよろ組も、共楽館前の広場に縛られたまま連れてこられた。このころになると、各地から動員された多数の鎮圧隊が花岡鉱山に集まってきていた。獅子ケ森の主力部隊や、よろよろ組からはぐれた中国人たちも、鎮圧隊や近くの集落の人たちの手で捕えられて、続々と広場に運ばれてきた。花岡町の人たちも、広場に集められる中国人を見るために集まって来た。

それでは、獅子ケ森にこもった主力部隊は、どのように捕えられたのだろうか。まず、李振平さんの証言を聞こう。

「夜が明けると、もう警官とか、消防団の人とか、いっぱいの人たち、わたしたちのいる山を取り囲むようにしているのが見えるの。夜明けると、わたしたちの体、もうふらふらね。骨ばかりにやせて、食べ物少ない毎日だったでしょ。その体で、ひと晩寝ないで、歩きつづけたわけでしょ。もう腹の中に、なんにも入っていないさ。空腹になっても、山の上だから、飲む水もないの。これだから、戦いになっても、どうにもならないよ。山に来た時、もう膝ガクガクして、動けなかったからね。食べ物あったら、もっと遠くへ逃げられたけど、そんなものないから、とても無理ね。戦ってもすぐに負けるの、わかっていたの。

岩山に集まったの、何人いたかな。少なく見ても、三〇〇人はいただろうね。何カ所かに固まっていたけど、どの人も、動けないほど疲れているね。太陽高くなってくると、暑いでしょ。みんな動くこともできないさ。わたしたちのいる岩の山囲んで、警察とか消防団の人たち、いっせいにわたしたちのいる山へ登って来たね。みんな、銃砲とか、日本刀とか、竹ヤリ持っているでしょ。わたしたちの中で、武器持っている人、誰もいないさ。こっちが負けること、確実にわかるからね。それでもわたしたち、銃砲とか日本刀持って、山を登ってくる人たちに、石投げたり棒きれふったりして戦ったさ。でも、そんなの戦いに入らないの。銃砲でうたれたり、日本刀で斬られたりで、何人もの人たち、山の上で殺されたね。

こんど、捕えられたでしょ。二人が一組に縄で縛られて、山から下ってくると、花岡の劇場の前まで歩かされたの。トラックに乗せられた人もいたけど、トラックの数少ないから、歩かされた人が大半よ。わたしたちのこと見た農家の人とか、花岡町の人とか、石投げてきたり、ツバ吐いてよこしたりするの。なにか大声で言ってるけど、その意味わからないよ。だけど、蜂起のこと怒っていることだけはわかるよ。

劇場の前に着いたでしょ。ふらふらで、途中で倒れた人も何人もいたさ。こんど、二人一組に背中合わせに縛られて、砂利の上に坐らされたの。ちょうど、真夏でしょ。食べる物もくれないし、水もないでしょ。目の前ぼんやりして、なんにも見えないほど、ふらふらになったの」

だが、秋田憲兵分隊伍長のHさんは、「補助憲兵を連れて、獅子ケ森の頂上に登っていったが、いくらか投石があったども、おとなしかったスよ。上に行ってみたら、布団の皮をはいで丸めて、その中に食糧を入れているわけだスな。それを持って、みんな坐っておったス。一人は松の木に、首くくっておったども ね。まず、抵抗はなかったスな。そこで全員を降して、あとは警察にまかせたのだス」と語っている。

獅子ケ森の中国人は、約二時間くらいで全員が捕えられた。しかし、生きて中国に帰った洛沢は、「秋葉山よ、お前はこの日本軍国主義者の暴行の証人になれるはずだ。お前は犠牲となった中国軍民に代わって全世界に訴えることができるはずだ」（『花岡川の嵐』）と書いている。

中山寮から逃げた中国人は、いちばん最初に病人とその関係者が捕えられ、次によろよろ組、続いて獅子ケ森にこもった主力部隊が捕えられた。だが、数人で逃げた人も多く、それも広範にわたった。そのため、「所轄大館警察署（署長警視三浦太一郎）では、警察部特高課長警視鎌田仁八郎、刑事課長警視永沢啓助をはじめ、所轄検事局に報告、長谷川検事が現地に臨み指導をした。また、署員、警防団員の非常招集、民間団体の出動を要請し、かつ青森県大鰐警察署に対しても捜査手配を行った」（『秋田県警察史・下巻』）のであった。

そして、「一方報告を受けた警察部（部長武岡憲一）では、県北の花輪・扇田・鷹巣・米内沢・二ツ井・能代の各警察署長を非常招集するとともに、秋田地方裁判所検事局ならびに秋田地区憲兵隊、同地区防衛司令部に急報連絡し、警察官練習生および特高警備隊員四十数人を現地に急派して捜査応援にあたらせ、武岡警察部長、鎌田特高課長をはじめ、特高課員、刑事課員が急行して捜査、警戒、逮捕者の取り調べ等に従事した。

事件発生の七月一日から、平静になった七月六日まで、大館、花輪、扇田、鷹巣、米内沢、二ツ井、能代、青森県大鰐の各警察署で動員した延人員は、警察官四九四人、警防団七千五四四人、一般民間人一万三千六五四人、計二万一千六九二人でこのほか警察部はじめ県内各署から延五三六人が取り調べなどで動員された。また秋田、青森各地区憲兵隊、弘前憲兵司令部から延二三二人、仙台俘虜収容所第七分所（花岡町所在）から警備隊員延二五人、秋田地区警備隊から七人が出動した。花岡町における民間団体としては在郷軍人一七九人、鉱山青年学校延一二二人、警防団延一二八人、鉱山警備隊延五二人、鉱山男子義勇隊延一二七人、同女子義勇隊延一四〇人、鹿島組延七二四人、秋田土建延一二一人、清水組延一五五人が出動した」（『秋田県警察史・下巻』）というほど、捜査や警戒には大量の人員が投入されたのだった。

花岡町よりも遠くへ逃げた中国人たちも、こうして動員された在郷軍人や警防団員などによって、次々と捕えられた。しかし、民間人たちの扱いもまた、鹿島組の補導員たちのようにひどいものだった。「花岡事件の時、南方山中に潜入して捕えられた中国人にたいする拷問の目撃者、秋田花輪町、鹿角タイムス主筆阿部真平は次のように語った。

〝花岡事件後たしかに一九四五年七月頃だと思う。尾去沢鉱山の部落（花岡南方二〇㎞）松館、尾去の山を越えてきた捕虜が消防と警察に捕まって花輪警察署に四名連行されたが、とくに幹部と思われる二人のうち八路軍の幹部だという人にたいして、花岡鹿島組からきた男によってしめる、ける、打つ、なぐるの暴行がなされた。とくに草色の服をきた中国人捕虜は鹿島の幹部からひどい目にあい、息がとまってしまって、組の病院から医者を呼んで注射して息をふきかえすほどのことがあった。

私は当時、新聞記者として警察に出入りしておったが見るにみかねて、やせおとろえて身体が自由にならないうえに腹がへっているから、食物を与えて静かに調べたらどうだ、と再三注意したし、同僚田口定吉君も注意した」（『草の墓標』）と語っている。

また、蜂起があったころ、花岡鉱山に勤めていたある娘さんは、目撃したことをこう語っている。

「小坂線の汽車の中で、二人ずつつながれてくるのを見た。フラフラしているのに、力いっぱい丸太でなぐられていた。本当に可哀想なものだった。それでもその時、敵の国の人間だと教えられていたから、にくいと思ってみていた」（『現地調査報告書』）

隣村の早口村（現田代町早口）の山田集落の消防団長は、当時の模様を次のように回想している。

「中国人が逃亡した時は、長木、矢立、釈迦内などへ多くにげていったが、この山田部落にも五〜六人の中国人が山を越して逃げてきた。警察から、部落に放火するかもしれないから、消防団でつかまえてきてほしいと連絡あり、二人つかまえて花岡の共楽館につれていったが、二人でしばられ坐らされているのを目撃した。その二、三日後、山田部落の保滝沢で三人をつかまえたが、ヒローコンパイその極に達し、口もきけない状態であった。中国戦線から復員した若者二人が中国語で話しかけたが、返事もできない状態で、それが気にくわぬと軍靴で顔をふむ、蹴る、殴るをした。この人達が殴ったためかどうかは知らぬが、とにかく三人とも死んでしまった」（『現地調査報告書』）という。

だが、胸がふさがるような暗い話だけでなく、心あたたまるようなエピソードもあった。

「その一つは、芦田子の平泉新正氏一家の話だ。兵隊にいっていなかった平泉新正氏は、当時は獅子ケ森近くの一軒家に住んでいたが、中国人が山に逃げた話をきいて、さっそく見にいった（『野次馬だっぺな』といって笑った）。山からひきおろされた中国人が、五〜六〇人並ばされていた。平泉氏が、中国人のそばにいくと、一人の若い中国人が、脇腹をつっついた。なんだべと思って男を見ると、平泉氏が吸っていたタバコを指さして、『くれっ』という身ぶりをした。タバコは配給になったものをもっていたので、その中国人にタバコをやった。ところが、とたんに憲兵隊が『きさま何をするか！』と、サーベルをガチャガチャやりながらとんできた。なんだかえらくおこられてしまった、というのである。

わたしたちは、もう一人、すばらしい話をきいた。芦田子とは反対側にある、商人留でのことである。前に登場してもらった三浦兵三氏のお宅でのことだ。山から引きずりおろされた中国人が、一時、三浦兵三氏の家の庭先へ連れてこられた。たきだしをしていた三浦氏の奥さんは、疲労困憊《こんぱい》している中国人ににぎりめしを与えたのである。中国人は、オドオドと一つ食べたが、二つめは、なかなか手を出さなかったというのである。当時を思い出して、『ああそういうことがあったですね』と笑った奥さんの素朴な行為は、そのときの中国人にとってどんなにうれしかったことだろうか」（『中国人強制連行の記録』）

また、尾去沢鉱山の松館集落の場合も、「あとで聞いたことだが、部落にあらわれた俘虜の人たちは大根やサツマイモなど空腹のため畠の中からぬいて生のままたべたそうだけれども、農民は同情して見て見ぬふりをしていたという」（『現地調査報告書』）という話も残されているように、中国人たちに助けの手をさしのべた人もいたのだった。

捕えられて、共楽館前の広場に集められた中国人たちは、どのように扱われたのだろうか。まず直接に、中国人から聞くことにする。

「ちょうど、真夏でしょ。食べる物もくれないし、水も飲ませないでしょ。目の前ぼんやりして、なんにも見えないほど、ふらふらになったの。でも、二人が一緒に縛られとるでしょ。一人がふらふらすると、二人とも倒れてしまうの。すると、警官とか憲兵が走ってくると、そのこと悪いといって、梶棒で頭とか背中を、バンバンと叩くの。二人一緒だから、坐らされても疲れるわけね。それに、一人のひと弱っていると、二人とも倒れるから、叩かれることも多いわけね。

こんど、劇場の前、引っぱられてきた人で、だんだんいっぱいになってきたでしょ。そのわたしたちのことを見ようと、女の人とか、子どもとか、たくさん来たね。何か大声で叫んで、わたしたちの顔に、ツバ吐いて、帰っていく女の人もいたよ。子どもの中には、わたしたちのいるところに来て、顔とか体とか、叩いて歩くのもいたよ。遠くから、石投げてよこす女の子どももいるね。わたしたち縛られてるから、そんなことされても、よけることできないよ。黙って、睨《にら》みつけているだけね。警察の人たち、見ていても止めないよ。こんど、疲れて生死のあいださまようようになると、睨みつけることもできないさ。されるままの状態ね」（李振平）

「わたしたち朝に捕えられて、昼ごろになると、真夏の太陽、ジリジリと照りつけるからね。前の晩、小さな饅頭《まんとう》一つ食べただけで、ひと晩、田んぼの中走ったり、山登ったりしたわけでしょ。もう、誰の腹の中にも、なんにも入っていないさ。しかも、暑い太陽、まともに受けているからね。砂利《じやり》の上に坐るから、脚が痛むさ。少し動くと、梶棒とんでくるでしょ。地獄よりもひどいところさ。わたしたちの体、裸のような状態だからね。昼は暑いし、こんど、朝方は寒いでしょ。寒くて体ガタガタさ。これじゃ、なにをされなくとも、死んでしまうさ」（劉智渠）

「いちばん苦しいの、水飲みたいことね。口の中とか喉とか、ヒリヒリ痛むよ。『水欲しい』『水ちょうだい』と、何人もの人たち言ったよ。そのこと言うと、何か大声で叫びながら、棍棒とんでくるの。いま考えてみても、よく生きていたと思うよ。警察の人の中で、ひどい人もいたよ。水飲みたいと言うと、桶に水汲《く》んで、わたしたちのそばに持ってくるでしょ。その水、ヒシャクに汲んで、目の前につき出してよこすの。飲みたいでしょ。うしろに縛られている人を引っぱって、顔を近づけていくわけね。するとその水の入ったヒシャクを、だんだん遠くしていくの。首のばして、こんど倒れるでしょ。そのこと悪いと、また棍棒とんでくるわけね。最後にその水、目の前の砂利にあけたり、頭にぶっかけたりするの。水、頭から顔に伝わって、流れるでしょ。その水、舌を出してなめるの、そのことおかしいといって、みんなで笑うの。あんなことやる人に、人間の心ないよ。日本の人、ひどいことばかりする人多いね。あの時のこと思うと、いまでも胸が痛くなるほど、怒りがわいてくるよ。わたしたち死ぬ状態にあるのに、見せ物にしているわけね。

砂利の上に、三日二晩も坐らされていたけど、食べ物とか水、ぜんぜんくれないの。夜になっても、横になって、寝ることもできないでしょ。三日目になって、スイトンみたいなもの、お椀にたった半分だけ出たね。いま考えても、生きていたこと、まったく不思議ね。みんな、疲れと空腹で、ふらふらしているでしょ。倒れる人、多くなるわけね。どうにもならなくなって倒れると、そのこと悪いといって、棍棒で叩かれるから、死ぬ人多くなるわけね。死んでも、そのままにしておくよ。二人一緒に縛られとるうち、一人死んでもそのままにしておくでしょ。わたしの背中に縛られている人、名前も誰かわからないよ。体の弱い人だったわけね。広場に連れてこられた日の夕方、もう死んだの、死んだ相手の体、だんだん固くなってくるでしょ。すると、重くなっていくの。一人でもたいへんなのに、死んだの人ひとり背負っているのだから、苦しいさ。こんど、次の日になるでしょ。夏のことだから、死んだ人、だんだん臭いしてくるの。重くて、臭いしてきて、どうにもならないよ。こんど、晩になるでしょ。犬とか、猫とか、何匹も集まってくるの。死んだ人の足とか手とか、食べようとするの。食べる物奪い合って鳴いたり、骨を噛む の音も、夜中になると聞こえてくるの。生きている人にも、かぶりついてくるの。わたしの膝にも、爪かけてきた描いたけど、追うにも、声が出ないよ。疲れて、体ぜんぜん動かせないさ。わたしはそれでも食べられなかったけど、あとで聞くと、食べられた人もいたわけね。地獄よりも、ひどい所だったさ。

こんど、一日に一回は、共楽館の中に引っぱられて、お前、暴動に参加したろ、人殺ししたろと拷問受けるでしょ。わたしそのこと知らない、わたし関係ないと言っても、信用しないの。嘘つくなと、殴る、蹴るをつづけるわけね。共楽館の中で死んだ人、建物のわきに運んできて、積んでおくよ。三日の間に死んだ人、何人いたかな。いっぱい積んであったさ。二〇人くらいはいたね。広場でも死んだ人多いね。昼も夜も、あっちこっちで死ぬよ。昼は誰が死んだかわかるけど、暗い時は、誰が死んだかわからないよ。朝になって、明るくなると、死んでいる人見えてくるの。あっちでも、こっちでも、死んだ人見えるわけね。死んだ人は、そのまま広場に捨てられているでしょ。昼はこんど、ハエがいっぱい飛んでくるの。死んだ人の口とか目とかに、ハエがついて黒くなっているさ。そのハエこんど、生きているわたしたちの口とか鼻にも、飛んでくるでしょう。いま思うと、ハエも区別がつかないほどになっているわけね、生きとる人か、死んだ人か……。それくらい、生きとる人もひどくなっているわけね。

砂利の上に坐らされて三日目になると、もう坐っていることもできないさ。みんないまにも倒れそうに、ふらふらしているさ。何日も、水もなければ、食べ物もないでしょ。舌も唇も、カサカサして、火がついたように熱いさ。夜中に、小雨があったの。両手縛られているから、雨掬《すく》うことできないでしょ。顔流れてくる雨、舌出してなめるの。この雨で生きのびた人、かなり多いよ」（林樹森）

共楽館前の広場では、普通の人たちでもこのような扱いを受けた。これは、蜂起の主謀者を見つけるためでもあったから、主謀者とか、主謀者らしいと目をつけられた人たちは、さらにひどい拷問を受けたのだった。李振平さんの場合は、次のようなものだった。

「わたしたちリーダーは、広場に坐らされたのは、半日くらいのものね。わたしたち捕えられて、連れてこられると、すぐに言ったの。蜂起のこと、わたしたちが計画した、わたしたちの手でやった、ほかの人たち関係ない、早く寮に帰して欲しいとね。わたしたちリーダー一三人、すぐ花岡派出所に連れていかれたさ。ほんとは、計画に参加したの八人ね。だけど、あとの五人、わたしたちのちょっとした不注意のために、リーダーの中に入れられたの。八人はみんな、もう覚悟決めているからいいけど、あとの五人は泣いてるよ。わたしたち関係ない、殺されるのイヤだと。その人たちの気持、よくわかるよ。自分たちで計画したことでないからね。わたしたちあとで、そのこと何回も言ったけど、警察で認めてくれないよ。

わたしたち一三人のほかに、中心になった人まだいるかと、拷問にかけたね。自分で転んで傷つけ、血を流している人とか、看護棟に怪我して入ってる人でも、体とか着物にいくらか血がついていると、補導員を殺した犯人でないかと拷問にかけるの。リーダーになった人たち、必ず殺される、生きられると誰も思っていないからね。

わたしたち一三人、花岡派出所に連れていかれたでしょ。こんど、どんな計画立てて、誰と誰が補導員たち殺したか、詳しく自白させようとしたの。だけど、誰もそのこと、詳しく言わないの。どの人も、わたしたち八人がみんなでやった、あとの人たち、ぜんぜん関係ないと言うだけでしょ。こんど、調べてる警官たち怒ってね。一人ひとりを、共楽館の中に連れていくの。天井の高い、がらんとした劇場ね。入った時に、とうとうここで殺されるかと思ったよ。劇場の中に入るでしょ。まず何人かで、ビンタンくわせるの。わたしたち、立ってもふらふらの状態でしょ。一つビンタンくうと、もうその場に倒れるさ。倒れると、また立たされるでしょ。するとまた、ビンタンとんでくるの。そんなこと、何回もやらされるでしょ。それでも、誰も自白しないでしょ。

こんど、長い木の腰掛けあるでしょ。その腰掛けに、仰むけに縛りつけるの、それから、桶に水汲んできて、口と鼻から注ぎ込むの。苦しくって、息もつけないでしょ。体動かそうとしても、縛られとるから、動けないでしょ。『苦しい!』と叫ぼうとしても、口とか鼻に水いっぱい入ってるから、声出ないでしょ。また、そんな元気もないから、気を失ってしまうわけね。ところが、気失ってしまうと、こんど、腰掛けを逆さに立てるの。頭が下になるでしょ。すると体の中に入った水、こんど、口や鼻から出るでしょ。水出ると、わたしたち息を吹き返すわけね。その時の苦しいこと、とても言えないよ。ひと思いに殺してくれと、何度も叫んだよ。声にならないけどね。声が出ないくらい、わたしたちの体は弱っているわけね。いまでも夜中に、思い出して叫ぶことあるよ。

こんど、息を吹き返すでしょ。すると、また腰掛けを水平にして、口と鼻にまた水を注ぎ込むわけね。気を失うと、また腰掛け逆立てにするわけよね。こんなこと、三回もつづけてやられると、もうダメよ。自分の足で、花岡派出所まで歩いて帰れないよ。リヤカーに乗せて運ばれて、留置場の中に放っぽりだされるの。わたしだけでなく、一三人、みんな同じことをやられるでしょ。でも、八人の誰も自白しないでしょ。五人は関係ないから、わたしじゃないと叫ぶだけね。こんど、次の日になると、また劇場の中に連れていかれるの。こんどまた、なにをされるかわからないから、恐いさ。通訳来て、みんな白状しろ、許してやると言うでしょ。だけど、わたしたちひと口も言わないでしょ。こんど、太い注射器持ってくるの。桶の中の水を、その注射器の中にいっぱい入れるでしょ。ハシゴの上に、わたしの体縛りつけて、その注射器腹にさして、水を腹の中に入れるの。何度もやると、やせてへこんでいる腹、丸くふくらんでくるの。こんど、誰か靴のまま腹の上にあがって、腹の上ではねて、ふくれた腹ふむの。すると、口とか耳とか鼻からとか、腹の中の水が、ふき出してくるの。その時の苦しいこと、たいへんよ。こんなこと、四回も五回もやらされるでしょ。それでも、誰も自白しないでしょ。こんど、天井から垂してある針金に、両方の親指縛りつけて、その針金を、上に巻き上げるでしょ。体が宙吊りになると、こんど、尻でも脚でも、棍棒でめちゃくちゃに殴るの。痛いから、ぶらん、ぶらんと動くでしょ。親指の皮、べろっとはげて、体下に落ちるの。指は骨だらけで、血だらけね。この時、ほとんどの人、気絶してしまっているけど、まるで犬か猫みたいな扱い方されたね。

でも、わたしたち一三人、こんなにひどい拷問を受けたけど、殺そうとしなかったね。警察の人たち言うに、お前たち日本人殺した、裁判にかけて死刑にする、それまでは殺さないで生かしておくとね。でも、あんなにされて、生きていたの不思議なくらいね。一日に少ない時で三回、多い時だと五回から六回も、劇場の中に引っぱり出されて、いろいろな方法で拷問受けたでしょ。でも、警察の人たちも、わたしたち八人がリーダーで、わたしたち計画して、補導員も殺したことも、全部わかったと思うよ。そのことばかり何十回も言ったし、外の人は知らないとだけ言うわけだからね。それでも、拷問するわけだからね」

李さんは、地獄絵のような共楽館の中での拷問を、こう語る。また、同じような立場にあった人たちも、同じような証言をしている。だが、三浦元大館署長は、こう語っているのだ。

「共楽館で拷問が行われたといいますが、そんなことはない。あえいでいる中国人の顔へ水をふきかけてやり、助けてやったりしたものです。横浜のB級裁判では、そんな証言は取り上げられなかった。『敗戦国民は何をいうか』のひとことで終わりですよ」(「日本で中国人は何をされたか」―『潮』一九七二年五月号)

どうだろうか。二つの証言は、あまりにも違いすぎないだろうか。

取り締まりの責任者だった三浦元大館署長は、共楽館では拷問などなかったし、中国人を助けてやったと証言しているが、しかしそれにしても、三人の中国人たちの証言は具体的であり、またなんと生々しいことか。

では、まっさきに花岡鉱山にかけつけた秋田憲兵分隊伍長のHさんが、こう証言しているのを聞こう。

「わたしが中山寮を見てから、共楽館の前に捕えた中国人を集めていると聞いたものだから、そこに行ったわけだス。そうしているうちに秋田市から後続部隊が来たし、仙台からも憲兵大佐と憲兵曹長の二人が来たものスな。わたしは地理に詳しいというので、仙台から来た二人の世話役をやれといわれて、秋田の隊からは離れてしまったス。

共楽館の前では中国人が繋がれて、三日三晩も投げられたままで、そのうちに霧雨は降ってくるし、人間扱いではないスよ。わたしが見ても、気の毒であったものな。あれで中国人は、参ったのだス。あれで体悪くしたり、死んだのだスな。夜は結構寒がったものな。それなのに、ポロシャツ着て、横になるわけにもいかないのだものね。

共楽館の中では、警察が取り調べをやったスな。警察は拷問でかがったスな。滑車で吊り上げたり、下さ吊るしたスな。それから、あお向けに寝かせて、濡れたタオルを顔にかけておき、その上にヤカンで水をかけると、息ができないものだから、かならず水を吸って、腹がふくれるわけスな。こんど、腹を押すのだス。これはたいした苦しいものだスよ。こんな拷問を、やっておったスな。

ところが憲兵隊は、その手は使わなかったのだス。中国人の国民性として、彼らは非常にメンツを重んずるので、二人いると決して白状しないが、一人だと白状するのだスな。だから複数で取り調べることは、決してしなかったス。主謀者らしい人を警察でいうので、その人を憲兵隊で借りてくる、花岡の警察派出所で調べたスな。仙台の憲兵大佐が中心に調べたが、たばこを吸わせたり、お茶を飲ませたりして、なだめて白状させたス。すぐしゃべってあったスよ。

だから戦後になってから、アメリカ軍に戦犯の罪で、憲兵隊もかなり調べられたスよ。留置場に二～三日もぶっ込まれたりして、かなりきびしく調べられたが、悪いことをしていなかったものだから、憲兵隊からは一人も捕えられなかったス。あれが警察のようにやっていれば、裁判にかけられであったべどもね。

結局、憲兵は事件前には中山寮の中国人にはタッチしなかったス。事件後にタッチして取り調べもしたが、書類の上での関係というのが多がったス。花岡事件の始末には、一カ月ばかりかかったスな。書類をつくったり、鹿島組を調べたり、警察と連絡をとったりする仕事をやったス。この時に山長だった加賀山一さんが、下山事件の加賀山総裁の弟であったス」

同じ取り締まりの側にいたHさんの証言は、中国人たちの証言とかなり近いものであることがわかる。

こうみてくると、真実はどのあたりにあるのかというのが、おぼろげながらも、わかってこないだろうか。共楽館前の広場の中国人たちの姿は、多くの町民たちが目撃している。しかし、いまだに多くの方たちの口は重い。その中でも、C子さんは重い口を開いて、こう語ってくれた。

「中国人が逃げた時は、まるでびっくりしたスな。みんなが思い思いに、棒きれとかカマとか持って出かけたス。花岡の人も長木の人も、この辺の消防団、青年団は全部が出て、大変なもので、戦争さながらであったスな。

あの日はまた、なにか被らなければいけないような、暑さの日でありました。その暑い広場に、縛られて並べられ、弱々とした体を木刀で叩かれて、その場で死んだ人が何人もいたそうです。棒の太さも、細いのから太いのまでいろいろあって、それで思いっきり叩かれて、その場で倒れた人を何人も見て、とっても見ておれない状態でした。戦争ってほんとに残酷で、戦争はぜったいにやられない、やってはならないと思ったス。わたしもその時、主人が戦争にとられていましたから、主人も捕えられれば、こうされるのかなと思うと、ほんとうに暗い気持でした」

また、その当時、花岡の小学校に勤めていた前田ヨシさんは、『現地調査報告書』の中でこう証言している。

「実家がある花輪に行くために花岡町の共楽館前を通りかかると、中国人の俘虜の人達が手は手、足は足に上下にじゅずつなぎにつながれてウンウンうなっていた。当時は炎天で、やせおとろえてまるでガイコツのようになっていた中国人を坐らせ、その間に三角棒を通してグルグルまわしたり、革の鞭《むち》でたたいたりして拷問して居った」

また、この惨事を見たある鉱山労働者は語っている。

「もう全くフラフラにつかれはててから逃げだしたのだろうから、つかまえられて共楽館前につれてこられただけで死んでいったものが多かったろう。全部二人ずつ後手にしばられて坐らされた。あのあつい時、三日二晩も坐らされ、たたかれたのだから、たださえたまったものではない。便所へゆくのも二人つながれたまま、死んだ相手をひきずりながら、みな用を足した。出る小便はみな血であった。ところが、水ものまされずのどがかわききった彼等は、それを口をつけてのんでいた。泥水に頭を入れて死んでいるものもあった。本当に気の毒だ、可哀そうだと思っても、ピストルや剣をつきつけた将校がコウ然とかまえて、憲兵や警官を指揮しているのを見ると、誰も口にだせるものではなかった。言ったらすぐやられる。血気の若いものはぶんなぐったり、つついたりしていたのも沢山いた。あの当時はあの様な気持にされてしまっていたのだ」(『草の墓標』)

また、近くに住む人たちも目撃している。

「朝早く、広場に中国人を並べて、てんでに棒で殴ってました。一〇時ごろ、憲兵隊が来てからは、殴らせなかったけど。戦争とはいえ、かわいそうでした。——共楽館前に住むK子さん。

なんとぬくい日で、飲まされず食わされず三日だろ。ひどいもんだ。足を崩すと、カシの棒で殴られる。小麦粉かなにかがついたものか、顔が真っ白い人もいたな。——作業員木村喜代美さん。

共楽館の非常口から、ひょいとのぞいた。四、五人が天井からなわで逆さづりにされ、二人ずつついて棒でたたいていたすべ。おっかなかった。——作業員I子さん」(『花岡事件ノート』)

事件処理

共楽館前の広場に縛られたまま砂利の上に坐らされ、食べ物も水もあたえられず、拷問を受けつづけた中国人たちは、その後どうなっただろうか。中国人たちは、こう証言している。

「三日目の昼すぎごろ、スイトンみたいなもの、椀に半分配られて、それ食べたでしょ。こんど、スイトン食べてから、中山寮に帰ることになったの。共楽館から中山寮まで、距離だいぶあるね。それに、坂道多いでしょ。縛られていた縄とかれて、歩けといわれても、立てる人いないよ。石ころの上に、三日二晩も坐ってたわけでしょ。膝とか臑《すね》に、大きな傷ついているの。その傷の中に、砂利《じやり》とか土とか、いっぱい入っとるでしょ。なんとか立っても、歩くと、こんど傷痛むの。平たいところだと、なんとか立って歩いたけど、坂道になると、とても歩けないでしょ。みんな這《は》ってのぼったけど、膝とか臑の中に入ってる石が、道路の石とか砂とぶつかると、泣くように痛いよ。膝とか臑に入った石が、骨まで刺さって、血が流れてくると、こんど痛いから、這うのやめて坐ってるでしょ。すると、早く歩けと、棍棒とんでくるの。泣いても、声出ないし、涙も出てこないさ。共楽館から寮に着くまでの間に死んだ人もいるよ。中山寮に帰っても、蜂起の時のムリが出たり、食べ物の量、前と同じに少ないから、病人どんどん多くなってくるの。看護棟の中いっぱいになると、寮の中にも、病人の部屋つくったよ。

わたしたち看護班は、次の日から働いたよ。だって、どこ見ても病人ばかりね。工事で働く人たちは、二日目から仕事に出たの。仕事に出る朝、みんなを寮の前に集めて、共楽館の前で、わたしたちを拷問する時の指揮とった三浦署長と、河野所長の訓話あったの。日本の通訳、そのこと、わたしたちに知らせてくれたけど、そのとき、耿大隊長以下一三人の主犯たちは、すでに死刑になっている、と話あったの。わたしたちそのこと聞いて、ビックリしたさ。なかには鼻すすりあげて泣く人もいたけど、いま考えると、ちゃんと生きていたわけね。そんな嘘言って、わたしたちのこと、脅したわけね」(林樹森)

「そうね、食べ物の量が、前よりいくらか多くなったほかは、なんにも変わったことないね。仕事はきついし、補導員のほかに剣を下げた警官が監督につくようになったけど、補導員たちがわたしたちのこと殴るの、前と同じね。蜂起する前より楽になったこと、ぜんぜんないよ」(劉智渠)

二人はこう証言している。三日二晩にわたって炎天下の広場に放置され、水を飲ませてもらえず、食べ物も三日目の昼すぎにスイトンみたいなものが配られただけだったという。また、再び中山寮での生活がはじまっても、以前とほとんど変わらない生活と食事だったと言っている。

二人の証言だけではなく、残されている他の人たちの記録や資料を見ても、だいたい同じである。あれほどの事件があったにもかかわらず、ほとんど改善されていないのである。

だが、日本側の責任者の話は、これもまた、まったく逆なのである。いちばん大切な部分になると、なぜ両者の証言はこうも異なるのだろうか。ということは、それだけこの事件の特殊性を示しているのであろう。

責任者だった三浦元大館署長は、こう語っている。

記者　会館の広場に集まった人たちの処置はその後どうしました。

三浦　結局あの広場、共楽館というのが会館の名前ですが、あの露天に二晩ばかりいました。みな病弱ですし逃亡して取り抑えられたものですからヘトヘトになっていますし真夏なので日射病ですっかり弱って広場でも数人倒れたと聞いています。

寮の方も改装しまして三日目にはじめて寮に入りましたが、その間食料がないので組ではメリケン粉のカユを食わせました。それは腹をへらして下痢をしているので固い食事を与えてはまずいということでカユを与えたのです。

記者　組の待遇さえよければこんないまわしい事件は起きることはなかったのですね。

三浦　取り調べによって暴動の原因がハッキリしたのですが、一年間に半分も死ぬので誰だって不安になり待遇の改善も要望しますよ。これを組では聞き入れなかったというのは全く理解に苦しみます。

病人まで強制労働にかり出し、日本人指導員は現場で暴行の限りをつくしたといわれます。さらに寮に帰っても暴行を加えたといいます。わたしが証拠品として見たものには密殺した牛の陰茎を乾燥して棒状にしたものがありましたが、これでなぐったんだそうです。

食糧や衣料品なども乏しいながら県から配給になっていたんですが、これも指導員たちが横取りしたんですね。とにかくひどいもので全くお話しになりません。

事件後は食事もわたしが試食し、タバコも配給するようにし、医療室、隔離室も設けさせ、県の衛生課、日赤病院の応援をもらって厚生に力を入れたので、労務者は組のいうことよりも警察のいうことをよく聞くという状態になりました。

畑も作らせて食糧の自給をはかるようにしました。こうなると組の連中はオドオドして労務管理にも消極的なんです。それてわたしが中心になって労務者の組織換えをし、鹿島組の暴力主義は徹底的にやめさせました。（『秋田警察』一九六一年三月号）

三浦元大館署長の話では、共楽館の中では拷問などはなく、広場でも数人が倒れたと聞いているという。また、蜂起後は食事も十分にとらせたうえに、厚生にも力を入れたことになっている。しかし、広場でも数人倒れたと聞いているというくだりは、共楽館の中で拷問があったことを日本の関係者さえ認めているのと同じに、嘘であることを証言する人がいる。越後谷義勇さんは、

「事件の取り調べが終わるまでの一週間のうちに、空腹になって倒れたり、日射病にかかったりして、共楽館前の広場で五七人の中国人が亡くなっている。わたしが亡くなった人の名簿を、警察とか役場に持っていったので、この数字は間違いないだろうと思っている」（第一集所収「花岡事件の人たち」）と語っているのだ。

越後谷さんははっきりと、五七人が広場で亡くなっていると語っているのである。それなのに、数人倒れたと聞いている……とは、どうもひどすぎないだろうか。

同じようなことは、共楽館の中で、または広場で殺された中国人の処理にもいえる。まず、中国人はこう証言する。

「三日目に寮にもどって、次の日、わたしたち看護人に、共楽館の広場の屍体、片づけるように命令されたの。だけど、自分で動くことできない人、ほとんどでしょ。どうやって死んだ人たちを、山の上まで運んでくるのことできるね」（林樹森）

「あのとき、看護長もいないから、わたしと林さん、二人で交渉したね。わたしたちの力で、運んでくることできないと……。このとき、殴らないで、そのことわかってくれたね。そんなこと、花岡に来てからはじめてのことね。それだけ、わたしたちの弱っているの、わかっていたわけね。こんど、わたしたちに、大きな穴二つ掘らせたの。わたしたちその時、この大きな二つの穴に、死んだたくさんの同胞たちの屍体埋めるのかな、それとも、わたしたちが殺されて埋められるのかな、と考えたね。穴ができて、何日があとに朝鮮の人たち、広場から屍体運んでくると、大きな二つの穴に、たくさんの屍体投げ入れて、土かぶせたの。大きな二つの穴のほかに、小さな穴、もう一つ掘ったの。その穴の中に、任鳳岐をひとりだけ埋めろというの。わたしたちの同胞を食いものにした人、死んだ後も特別の扱いうけること、不満で仕方なかったけど、一人だけ埋めたよ。命令だからね」（劉智渠）

これにたいして、越後谷さんはこう語っている。

「広場で死んだ中国人たちの顔は、倍くらいに腫れあがって、顔の区別がつかなかった。わたしも広場に連れていかれ、地面に並べられている人を指して、『この人は誰だ』と聞かれたが、どの人か見分けがつかなかった。共楽館前で亡くなった人は、中山寮の向かいにある山に、大きな穴を掘って埋めたが、この仕事は、朝鮮人たちが中心になってやった」(『花岡事件の人たち』)

中国人たちの証言と、越後谷さんの話は、ほぼそっくりである。

だが、三浦元大館署長はこう語っている。

「こういうこともありましたよ。さっきお話した五三人の病人ですね(筆者注=三浦署長が事件後に中山寮へ行った時に、五三人の病人を見ている)。この人たちが次々と死んで死体が二〇体くらいたまったんですが火葬するにも薪がないんです。組では処理できかねているのでわたしが労務者に直接相談しました。中国では死体は埋葬する風習だそうだが、皆さんのご承知のように日本では火葬が普通である。ところが薪がなくて火葬もできない。そこで相談だが二〇人を合同埋葬にしたいがどうだろう。彼らはそれを良いと言いましたがわたしは幹部の承諾だけではなく全員の承諾を得てほしいと希望しまして全員から一札取って合同埋葬したのです」(『秋田警察』一九六一年二月号)

敗戦後の発掘でも判明しているが、二つの穴には六四人と三三人の死体が埋められていたし、戦後に発掘に参加したC子さんは、「ニシンが何十匹も積まれたように、埋まってあったス。わたしも若かったものだから、こんなむごいことをしなくてもいいのになと思ったスな。一人ひとりの遺骨をちゃんと入れて、弔わねばダメだと思ったス」と語っているが、三浦元大館署長は、共楽館の死者さえ認めていない。

越後谷さんの証言では、共楽館前の広場で殺されたのは五七人だというが、七月中に中山寮の中国人は一〇〇人が死亡している。また、中国人たちの証言によると、蜂起後も食事や仕事はほとんど改善されなかったため、病気で倒れたり、死亡したりする人が多く出ているが、八月中にも四九人が死亡している。死亡者の数をみてもわかるように、これほど多く出ているということは、蜂起の時に体を痛めつけられた後遺症もあるだろうが、すべてにわたってよく改善されなかったためとみていいのではなかろうか。

また、中山寮に帰されなかった主謀者たちは、どうされたのだろうか。まず、三浦元大館署長の話から聞こう。

記者　事件はなに罪で処理したのですか。

三浦　主謀と直接行為者約二〇人を逮捕して検事の指揮で取り調べをしましたが、国防保安法によって処理すべきか、暴力行為等処罰ニ関スル法律によるべきかそれとも騒擾《そうじょう》罪かということにつきましては、特高課長、検事正、思想検事、大審院控訴院の検事、秋田の憲兵隊長の他に東京憲兵隊からも大佐が来てこれらの人の会議が三、四日も続いて結局国防保安法で処断することになりました。

記者　逃亡した華労は全員逮捕したのですか。

三浦　一週間後には全部逮捕しました。取り調べの方も一二日間で主謀者、直接行為者一三人が判然として秋田刑務所に収容し、事件を予審に送ることができました。（『秋田警察』一九六一年二月号）

三浦元大館署長はこう語っているが、もう一つの資料には次のように書かれている。

「事件発生以来逃亡者の捜査、逮捕に主力を傾注した結果、七月七日にいたり七九二人を逮捕、謀議参加または殺人実行行為者としてつぎの一三人を国防保安法第一六条第二項適用の戦時騒擾殺人罪として送局した」（『秋田県警察史・下巻』）

それでは、実際に逮捕され、送局された人たちの立場はどうだったのかを、李振平さんの証言を通して確かめてみたい。

「わたしたち、花岡派出所の留置場に一週間ばかりいたけど、入れられて何日目かな、こんど、通訳の于傑臣も投げ込まれてきたの。このとき、みんなビックリしたさ。夜中になって、見回りの人あまり来なくなってから、みんなで彼に聞いたの。蜂起の状態のこと、わたしたちぜんぜん知らなかったからね。わたしたちが殺したの、桧森と猪股が寮の中で、小畑と長崎が寮の外で、あとの補導員たち生きていること知ったの。そのこと聞いて、みんなガッカリしたね。

こんど、大館警察署の留置場に連れられて、ひと晩だけ泊まったの。次の日、両手を前に縛られて、トラックに乗せられたの。どこに連れていかれるのか、ぜんぜん知らされないでしょ。銃殺される場所に連れていかれるのかなと、何度も考えたりしてね。トラックに長い時間乗せられて、大きな町の中とおって、こんどトラックが停まって蹴り落とされたけど、そこが秋田刑務所だったの。于は秋田刑務所に来なかったから、一緒に行ったのは、ぜんぶで一三人だったわけね。

秋田刑務所の中で、わたしたち、一人にひと部屋ね。毎日、取り調べ受けたし、殴られることもあったけど、ご飯は三回あるし、蒲団はあるし、ゆっくり眠れるし、刑務所の中、天国だと思ったさ。だけど、刑務所のご飯の量、ぜんぜん少ないの。ご飯の中味、大豆三分の一、麦三分の一、米三分の一ね。ぜんぶ食べても、ふた口か三口でなくなるよ。お腹の中、ぜんぜん食べた感じがないわけね。わたし、いつもご飯くるでしょ。こんど箸で、椀の中の大豆、一つ一つとって、数えながら食べるの。お椀の中に大豆、だいたい三〇粒ほど入っているの。大豆食べ終わると、こんどは麦を箸で拾って、これも数えながら食べるの。麦はだいたい五〇粒ほど入っているね。大豆を食べると、米はいくらもないから、すぐ食べ終わるさ。

こんど、独房の中に、小さな窓あるでしょ。その窓見ながら、太陽どこまでくると、三回のご飯のくる時間、わかるようになったの。太陽の動くの見ながら、ご飯まだかなと、そのことばかり考えていたよ。だけど、お椀に半分くらいのご飯だと、すぐお復すくでしょ。便所に立ってもいけないよ。立っただけでも、もう頭ふらふらするの。

刑務所に入って一〇日ばかりだったある晩、わたし夢を見たの。中国で別れたままの兄弟とか、亡くなった母のことなど、みんな夢の中に出てきたの。刑務所の朝、早いでしょ。六時になると、みんな起きるの。ひとり部屋だけど、隣りの人と、話することできるの。わたし、朝起きると、夢を見たこと、隣の人に言ったの。兄弟や母たち、夢の中に出てきた、なにか悪いのこと、なければいいがと——。そのあとですぐ、ご飯運ばれてきたの。いつもの日より、ご飯のくる時間早いの。これ、ちょっとおかしい、何事かある、わたしの夢当たったと思ったよ。

ご飯食べると、たくさんの人来て、独房の戸のカギとって、わたしたち一三人、みんな外に出されたの。ははア、きょうはこのまま銃殺されて、いのちなくなる日かな思った。一三人手錠かけられて、トラックに乗せられたの。わたしたち乗ったあとに、おにぎりも積んだの。わたしそれを見て、いよいよほんとだ、人殺すとき、腹いっぱいに食べさせて殺すと、わたし聞いていた。いつか死刑にされると思っていたから、べつにこわくないけど、腹いっぱい食べて殺されるのこと、いい気持と思ったね。

トラックで遠くに運ばれて、人目のつかない所で殺される、そう思ったの。ところが、わたしたち降ろされたの、裁判所の前ね。裁判所の中で、わたしたち一三人並んだでしょ。こんど、警察の人来て、わたしたちを片っぱしから殴っていくの。なんで殴られるのか、ぜんぜんわからないよ。裁判官たち、わたしたち殴られるの見ていても、なんにも言わないの。なかには笑っている人もいるよ」

秋田刑務所に送られた一三人の生活は、このように続けられた。それでも、花岡鉱山の中山寮での生活とくらべると、〝天国〟だったというのである。それほど、中山寮での生活は地獄だったわけだが、秋田刑務所に行かない中国人たちは、蜂起後もその地獄の生活をつづけていた。


一九四五年八月一四日に、日本はポツダム宣言を受諾《じゅだく》して、無条件降伏をした。そして八月一七日には、内務省主管局防牒委員会から、敗戦にともなう「華人労務者ノ取扱」について、関係者に通達された。その内容は、中国人の労働をすぐに中止させると同時に、賃金を払い、衣食を支給し、留置者を即時釈放し、死亡者の遺骨を整理して、送還の準備をせよというものであった。

だが、鹿島組花岡出張所でも、また花岡鉱業所でも、中国人には敗戦を知らせず、強制連行者釈放の通達はやぶり捨てられ、敗戦前とまったく同じ状態で、強制労働がつづけさせられたのであった。そうした中で、多くの中国人が病気になったり、また病死したり、虐殺されていった。蜂起のあった七月をのぞくと、戦時中よりも敗戦後の死亡率が高く、中山寮の中国人たちは、八月に四九人、九月に六八人、一〇月に五一人、祖国へ帰ることになった一一月でさえ、九人が死亡しているのである。戦争に終止符がうたれ、捕虜や強制連行者を釈放したり保護する指令が次々と出されている中で、中山寮の中国人たちは戦時中よりも多く殺されたり、病気になっている事実を、いったいどのように説明したらいいのだろうか。この時期のことを、林さんはこう証言している。

「蜂起のムリが出たり、食べ物の量、前と同じだったりして、病人どんどん多くなってくるの。看護棟の中いっぱいになると、寮の中にも、病人の部屋つくったよ。いま考えると、日本が戦争に負けてからも、同じように重労働をさせられ、食べ物も少ないから、中国の人たちは毎日のように死んでいったさ。日本が戦争に負けてからでもさ。八月ころから、鹿島組の人とか、警官たちの様子、かなり変わってきたことわかったけど、まさか日本が戦争に負けたとは、誰も思わないからね。また、いくらかそんなことわかって聞くと、殴り殺されることわかっているから、誰も聞かないからね」

このことは、秋田刑務所に入っている人たちも同じだった。李さんはこう言っている。

「第一回の裁判あってからのことかな。夜中に、刑務所の上の空、たくさんの飛行機がとぶ音や、爆弾の落ちる音とか、機関銃の音とか、聞こえてくるの。わたし中国にいる時、解放義勇軍のゲリラしていたわけでしょ。だから戦争はじまっていること、わかるの。わたしたちにも厚い帽子くばられて、一人ひとりに、銃砲持った衛兵がついたの。戦争で日本が負けていること、ぜんぜん知らされていないでしょ。どこの飛行機来ているのか、どうして爆弾落とされているのか、わからないね。だけど、たいへんなことになっていることだけはわかったね。看守も衛兵の顔色も、ひどく変わっていたからね。その次の日か、二日後のことか、刑務所の中に吊してあるもの持ち去ったり、貼り紙を剥いだりしているの。いま思うと、このとき日本は戦争に負けていたわけね。そのことかくしてわたしたちに教えてくれないから、日本の人たちなにをやっているのか、不思議だったよ。なにやっているんだろうと、隣の人と話したけど、誰もほんとのことわからないよ」

こうして中国人には、日本の敗戦はすぐに知らされなかった。

中山寮の中国人たちには日本の敗戦を知らせなかったが、しかし、いつまでも隠しておけるものではなかった。八月二八日の午後のことだった。突然、Ｂ29が花岡町の上空に飛んでくると、花岡鉱山の米軍捕虜収容所に向けて、慰問品を投下したのだった。当時の新聞は「Ｂ29投下の慰問品で―花岡町の米将兵、町民に死傷」という見出しで、こう報道している。

「米国機Ｂ29は本土に収容されている自国兵に対し日常必需品の投下を行ってその保護に活躍しているが、本県へのこれが慰問品投下は二八日午後Ｂ29数機によって花岡鉱山米軍宿所の上空から行われたが、投下地点を誤まって米兵及《および》同町々民の間に死傷者を出す惨事を起こした。給与品を詰めこんだドラム缶数個が米兵宿所の屋上にいて盛んに歓迎の手を振っていた米兵達の真只中に落下、濠州軍海軍中尉ショウサンガク、米軍一等兵フンヤーウイ、同リヤムイツの王将兵はこれに触れて即死し、また他の地点に落下した一個は花岡鉱山採鉱部小頭地元勇治さんの四男達夫ちゃん（六つ）の頭部にあたって即死せしめ、同じく地元栄次郎さん二男弘信君（一五）は左手指に負傷、更に三〇日午前九時頃Ｂ29が同所付近に飛来給与品を入れたドラム缶を投下したが、その数個は花岡町信正寺本堂に落下しこれがため位牌堂の一部を破壊するに至った。米兵宿所側では町民死傷者に非常に同情し死者に五〇〇円、負傷者に一〇〇円を慰謝料として贈って、同情の意を表した」（秋田魁新報・一九四五年九月一日）

八月二八日のＢ29の飛来と、慰問品の投下によって、中山寮の中国人たちははじめて日本の敗戦を知ったのだった。劉さんはその様子を、こう証言する。

「花岡にいたわたしたちには、誰も知らせてくれないから、日本が戦争に負けたのわかんないの。戦争に負けたのわかんないから、仕事なんにも変わってないし、食事もそのままね。日本、戦争に負けたの知ってれば、誰も仕事やらないけどね。

いつの日だったか、はっきり覚えてないけど、わたしたち働いている頭の上、すれすれに飛行機とんできたの。その飛行機見ると、日本のマークつけてないでしょ。星のマークついとるでしょ。それから、落下傘に大きな荷物つけて、いくつもいくつも、落としていったの。その荷物、同じ花岡鉱山に捕虜になってきている、アメリカ兵の物だってことわかったの。もう戦争終わったのでないかと、そのことでわかったの。みんな仕事やめて、中山寮に帰って、これからどうするか、相談したの。そのあとすぐ、大館警察の三浦署長、サイドカーに乗ってきて、わたしたちみんな広場に集めて、

『こんどの大東亜戦争は、もう終わった。敵も味方もなくなったから、仲よくしよう。日本の兵隊、引き揚げてくる。そしたらあんたたち、国に送還してあげる。自分の親たちに、まもなく会える』と言うの。

戦争終わったから、日本の兵隊帰ってくる、わたしたちの仕事引き継がせる、お前たちの仕事なくなるから、中国に帰してあげる、ということだったの。わたしたち、戦争終わったと聞いても、日本が負けての終戦が、同じ条件の終戦なのか、ぜんぜんわからないでしょ。次の日から、また働かされたの。

何日あとだったか、通訳の于傑臣が中山寮に来たの。わたしたちの蜂起あってから、于の姿が見えないと思ってたら、警察の留置場に入れられてたこと、この時はじめて知ったけど、日本が負けての終戦とか、耿隊長たち一三人もまだ生きていることも、はじめてわかったの。その時、みんな拍手して喜んだね。耿隊長たち死刑になったと、わたしたち聞かされていたからね。こんど、日本が負けての終戦と聞いて、わたしたち全員、もう働かないことに決めたの。三浦署長とか鹿島組の人たち来て、

『仕事やめてしまったこと、悪いことだ。すぐ仕事に出ろ。仕事に出ない者に、食べ物は出さない』と威《おど》したけど、食べる物は出さなくともよろしいと、誰も仕事に出なかったさ」（林樹森）

「日本が戦争に負けても、食べる物、ぜんぜん改善されていないでしょ。病気とか疲れで、倒れる人も二〇〇人からいたからね。わたしもその時、足腫《は》れて、ようやく歩けるの状態だったの。いくらか歩けると、病人として認めてくれないでしょ。倒れるまで、働かされるからね。戦争終わったのわかるの、もう二カ月遅れていたら、全員死んだかもしれないね。栄養失調で、どの人も、死ぬ直前だったからね。おもしろかったの、仕事に出ろとわたしたちを威した日から、食べる物いくらかよくなったことね。ほんとのメリケン粉の入った本物の饅頭、配給になったね」（劉智渠）

日本が敗戦になってからも、鹿島組花岡出張所や警察が、中山寮の中国人にたいして、どのように接したかがよくわかるが、もう一つの記録を紹介しよう。

「（蜂起の後もさまざまなことがあったが）しかし、われわれは決して悲観しているのではなかった。日本軍閥がすでに日一日と末路に近づき、被圧迫人民の勝利が目の前にきていることを、われわれは知っていた。さればこそわれわれは希望の中に、静かにそれを待っていたのである。このようにして、一日一日、飢餓と死の危険をたえしのび、苦痛と期待の中にすぎて行ったのである。

果せるかな、ある日の午前、われわれはこの期待が、ついにやってきたことを知った！　その時、われわれは山の作業場で黙々と工作していた。突然、大空で耳をつんざくような爆音が聞えた。頭を挙げてみると、一台の飛行機が飛んできて、隣りの上に来ると急降下し始め、落下傘で大きな物資の包《つつみ》を投下してまた低くわれわれの頭上に飛んできた。見ると、機翼にある標識は、日本の標識ではない。

『連合軍の飛行機だぞ！』

みんなは一人一人、食い入るように、それを見ながら叫んだ。

われわれは何事も忘れ、飛行機に手を振る。機上の人もそれに答えてわれわれに手を振っている。ある同志は思わず、

『中華民国万歳！』

と叫んだ。

補導員と日本の警官たちは、もうそれを禁止する勇気はなく、われわれの喜びを阻止することはできなかった。」（『花岡事件』）

あとの部分の記録は少し勇ましいが、しかし、解放された中国人たちの喜びはよくでている。

こうした動きの中で、日本の敗戦処理は次々とすすめられ、九月二日には米艦ミズリー号上で、連合国の降伏文書に署名されて、長かった戦争は終結した。無条件降伏の義務の一つとして、日本軍が捕虜にした連合国軍人や抑留した人たちにたいしても、

一、捕虜と被抑留者を虐待したものの処罰
二、捕虜と被抑留者にたいする解放、保護送還
三、捕虜と被抑留者にかんする報告

も組み入れられた。

ところが、秋田刑務所に入れられていた一三人の中国人たちの身の上に、不思議な事件が起きるのである。まず最初に、『秋田県警察史・下巻』には、「このうち一一人が起訴され、秋田地方裁判所において、一九四五年九月一一日無期懲役一人、ほかは一〇年以下の懲役に処された」と書かれている。日本は敗戦によって、叛乱罪を主張した憲兵も特高もなくなり、敗戦の二日後には「華人労務者の取扱」の通達が、内務省から関係者に通達されているにもかかわらず、「この『中国人の反乱』が戦後に裁判されたという事実は重大である。つまり、『敗戦国民』によって『戦勝国民』が裁判されたのである」。(『中国人強制連行の記録』)

秋田地方裁判所の判決の様子を、べつの資料は次のように伝えている。

「九月の終わり、耿諄ら花岡『集団逃亡事件』の判決の日が来た。

弁護に立った秋田市弁護士会長は、検事の求刑に対して、

『凶悪な犯罪のかげに哀れな生活があった。これを見のがしてはならない。耿諄は私怨からではなく、大隊長として全体を統率している責任上、凶行の主犯となったと見なければならぬ。張金亭・孫道教も同じである。刑も軽減して、執行猶予にするのが至当《しとう》である』と述べた。

叛乱罪を主張した憲兵隊は解散され、外国人取り締まりの中心であった『特高』もなくなっていたが、この裁判は占領下で、戦勝国中国の人民を判決する第一号の法廷であった。弁護人は『法廷は国法の尊厳に輝いていた。わずかに法灯を守りつづけた人たちが、世評をよそに、三カ月の労苦をつづけて、今日の判決に導いた誠意に慰められた』と語ったそうだが、このような倒錯した法律論がなお横行していたのだ」(『花岡暴動』)

では、刑を受けた中国人はどうだったろうか。
「刑務所にいるわたしたちに、暦渡してくれないでしょ。独房にいると、ほかのこと見ることもできないから、きょう何日か、ぜんぜんわからないわけね。飛行機の爆撃あって、刑務所の中の貼り紙剝がされ、だいぶたってから、第二回の裁判開かれたの。このとき、判決あったの。ときどき中国語で通訳してくれるけど、よく聞きとれないよ。こんど、刑務所に帰ってから、隣の人と確かめあったけど、はっきりしないの。このとき、判決あってから、裁判官言うの。この裁判に不服だったら、上の方に起訴するのできる日本の法律ある。上に起訴するのこと、いっこうかまわないと言うの。だけど、わたしたちその方法わからないよ。わたしたちに弁護士いるのかも、わからなかったからね。あとで聞いたけど、この判決あったの、日本が戦争に負けたあとの九月なってからと聞いて、ビックリしたさ。だけど、正直言って、死刑になると思っていたから、懲役と聞いて、軽いと思ったね」（李振平）
ところで、一九四五年九月一一日に中国人たちが秋田地方裁判所で裁判にかけられた四日後の一五日に、秋田県に進駐軍がはじめて姿を見せたのである。その模様を詳しく見てみよう。

一九四五年九月一五日午前一時半本県進駐の第八軍先遣隊として、ページ少佐以下将校三人、兵四人、二世通訳一人日本人通訳一人計一〇人で、山形県新庄からジープに分乗して湯沢、大曲を経て秋田市入りした。知事、警察部長、特高課長らの出迎えをうけて石橋旅館を宿舎とした。先遣隊は、本隊が到着するまでに、宿舎の設営や県内の武器弾薬・軍需物資の状況を確認するのが目的であった。
同日午前八時三〇分県庁で県知事らと打ち合わせ、二班にわかれてページ少佐らは武岡警察部長を同道して連隊区司令部、五八部隊兵舎などを視察、プロレス大尉らは鎌田特高課長の案内で市内東北肥料、三徳実業の旧軍需工場、学校などを視察した。翌一〇日にページ少佐は船川港を視察、ヘーリー大尉らは陸軍病院、赤十字病院を視察し再び県庁で進駐に関する細部事項を打ち合わせた。先遣隊は学校の施設を宿舎にすることは避けたい意向であったが約一千三〇〇人の軍隊を迎えるにはそれではできなかった。旧部隊は一部疎開したりして荒廃がひどく修築を必要として進駐日程に間に合わぬため、秋田鉱山専門学校、秋田中学校、旭北国民学校、赤十字病院が進駐軍宿舎と決定された。(略)

九月一九日午前一〇時三〇分ラージ大尉が率いる設営隊一八七人が八〇台のジープに分乗し、新屋街道から秋田市に到着、一方本隊である第八軍第一四軍団第一一空挺隊の第一陣が、ハスカー大佐の指揮のもとに同日一二時三四分臨時列車で到着した。秋田駅頭には武岡警察部長、鎌田特高課長、菊地秋田署長が出迎え、翌二〇日には前日と同様同時刻の列車でアーレン中佐以下の第二陣が到着した。また、二〇日午前八時から旧部隊の武器、被服、糧秣《りょうまつ》の進駐軍に対する引き渡しが行われ、これには部隊側から門間部隊長はじめ係官、進駐軍側から隊長ハスカー大佐、ページ少佐らが立ち合った。翌二一日午前九時から県庁において正式引き渡しの署名が行われた。同二二日には第一四軍団長グリスウォルド中尉が進駐部隊を視察のため来秋し、一〇月四日には第八軍司令官ロバート・アイケルバーカー中将が随員とともに来秋した。(略)

さらに進駐軍は、九月一五日第一五二部隊三〇人が能代東雲飛行場に、一〇月四日第四五七部隊一箇中隊が横手町(図書館)に、一〇月七日一五二部隊の一部四〇人が大館町(公会堂)に翌八日花輪町と小坂町に各一〇人、一〇月二二日第四五六部隊一箇中隊が本荘町(本荘高女)にそれぞれ分駐した。県内に進駐した当初の兵員は、約一千六五〇人であった。これらの進駐地の治安維持のため、県内各警察署から二三六人の警察官が動員されて応援警備にあたり、その延日数は、三千一一二日に達した」(『秋田県警察史・下巻』)

こうしたものものしい動きの中で、進駐軍は秋田県内に姿を見せたのだった。県では九月一七日に、進駐軍との応対にあたる渉外課を設置した。

『秋田県警察史・上巻』によると、大館町に第一五二部隊の一部四〇人が進駐したのは、一九四五年一〇月七日になっている。しかし、その当時、大館町や花岡町に住んでいた人の中には、「越後谷さんは『終戦の翌日、MPがジープで来た』と記憶している」(『花岡事件ノート』)というし、また、八月一八日に先遣隊が来たと語る人もいる。ただ、それを立証する資料も、違うとはっきりいえる資料も持っていないが、日本が敗戦になった翌日とか三日後に、また、秋田市に先遣隊が来る一カ月ほど前に来たというのは、いくらなんでも早すぎないだろうか。これは今後の課題として、それにしても「鬼畜米英」と教えられていたアメリカ軍が、勝者となって進駐して来るのは、大館や花岡の人たちにとって大変な出来事であった。

その当時の様子を、大館町役場に勤めていた岩井幸一さんは、「記憶に多少の前後はあるかもしれませんが」と前置きして、こう語っている。

「わたしは一九四四年に町役場に入ったが、召集を受けて南方派遣員に編成されていたんですが、日本の船がどんどん沈められて乗るのがなくなって召集解除になり、また大館にもどってきて役場に勤めたんです。敗戦の時も町役場にいたんですが、それからしばらくして、大館にアメリカ軍が進駐してくるという話が、大館警察署を通して、役場に連絡があったんですね。進駐というのがいったいどういうものかさえも、わからなかったわけだスな。

そこで、県とも相談して、アメリカ軍専門の係を置かなければいけないということになったのだスな。町役場の三役が相談したところ、その役がわたしの所にまわってきたんだス。わたしはそんな役は出来ないと、辞表を出したんですよ。ところが、そんなことをいわないでやってくれと、中田町長に言われて、とうとうやることになったわけだス。なにせ、わたしは、中田町長に頼んで役場に入ったものだから、断わることができなかったわけだス。

そこで、わたしの下に男三人と女が二人の六人で、渉外室というのをつくったわけですよ。渉外室は、昔の記者クラブだったところを解放して、つくったわけですよ。なにしろ、アメリカ軍が相手の仕事なものだから、役場内におくと、仕事がやりにくいだろうと考えたわけですが、まア、応接室兼渉外室というところでしたな。

ところが、渉外といっても、どんなことをすればいいのかわからんわけです。県に電話で聞いたら、君たちの方で適当にやってくれというわけです。適当ではダメだからと県庁に行ったが、県庁でもはじめてのことだから、わからないわけですね。あとに大潟村の初代村長になった島貫さんが、最初の室長でした。

先遣隊がジープで二〜三人来たのは、確か九月一八日じゃないかと思います。秋田市に進駐してから、三日目のことですね。どこから来たのか、わたしたちにはわからないが、空挺隊でした。大館警察署の署長室の机にどんと坐り、あれこれと指令していましたが、署長はそのわきにちょこんと坐っていましたが、負けた国と勝った国の差というものを、つくづくと感じましたね。その光景を見ておりますとですね。日本は負けたのだと、本当にわかりましたスな。

先遣隊は、本隊が到着するまでに、宿舎の設営をしたり、武器とか弾薬とか、軍需物資の状況を確認したりするのが、主な仕事のようでしたな。先遣隊は、はじめは役場を宿舎に使おうとしたんですが、それでは仕事ができなくなるから困るということで、いまの市役所の跡にあった公会堂をあてることにしたわけです。ところがですな、そのままでは使えんものだから、内部改造をしなければいけないことになったわけですが、一週間で完成させろというわけだス。一週間すれば、本隊が来るというんだスな。とても一週間ではできないと、かけあったわけですよ。この時の通訳が王という人でしたが、通訳がなかなか通じなくて大変でした。先遣隊のアメリカ軍もそのことがわかったのか、尾去沢鉱山に二世の鉱山技師で北村さんという人がいたので、この人と代えたらよく通じたスな。

こんど、隣に基準局があったので、これこれの訳だから大工を三〇人ばかり集めてくれと頼んだわけだス。それで二五人ばかり集めてくれたので、夜もぶっ通しで内部改造をやりましたよ。なにしろ、アメリカ軍の命令は絶対ですからスな。

先遣隊は、三〜四日は山七旅館と花岡旅館に泊まったが、改造が進んでくると、公会堂の中に寝泊まりしたス。空挺隊なものだから、野外に泊まる施設は、みんな持っておりましたね。

それから一週間後、約四〇人はかりが大館に進駐してきたわけだス。この時の大館進駐隊長がリドル少尉で、若い人でした。公会堂に泊まったのですが、炊事係は魚屋を三人頼み、ボイラーマンは国鉄の大館機関区から交替で来てもらいましたスね。

本隊が来ると、午前八時には通訳をとおして、必ず渉外室に電話がきて呼び出されました。行くとたばこを一箱くれましたが、当時は配給だったものだから、ありがたかったスな。アメリカ兵はいろいろなことを調べていたし、花岡鉱山にもよく行ってたようですが、どこに行ったのかは、いっさい知らされませんでしたスね。花岡鉱山には、アメリカ軍の捕虜もいたからスな。当時はいまのように道路もよくなかったものだから、ジープを二回もひっくり返したりしてね。

本隊が来ると、すぐ高いアンテナを立てると、短時間のうちに完成させて、交信しておりましたね、無線で。それを見て、随分と進歩しているものだなと思ったスな。

リドル少尉は約二カ月ばかりいて、次にはスミス中尉が隊長として来たわけだス。この時は、アメリカ軍は八〇人くらいにもなったスな。この人も悪い人ではなかったとも、プレゼントを要求されるのには弱ったスな。でも、このころになると、ＣＩＣ（民間情報部）の人たちが多くなっていましたが、もちろん、何を調べているのかは、さっぱりわからなかったス。いま思うと、花岡事件を調べてあったのかもしれないスね。

そのあとは、アメリカ軍が来たり来なかったりしましたが、いつ来るかわからないものだから、渉外室は一年半ばかり置いだスな。ですからあとの方は、アメリカ軍との渉外というよりも、残務整理の仕事ばかりやっておりましたスね」

ところで、大館や花岡にアメリカ軍が進駐してきたころの事情を、三浦元大館署長はこう語っている。

記者　すると三浦さんがこの事件について責任を問われた理由というのは、どういうことなんですか。

三浦　最初はぜんぜんこの問題には干渉していないから、別に責任を問われることはないと思っていたんです。

ところが終戦と同時に進駐してきたアメリカ軍が、どこからとなくこの花岡事件のことを聞きこんだとみえて、わたしが在職中に三度ばかり、軍政部から当時の状況を聞かれたわけです。それは、終戦後まもなくでしたから、たしか一九四五年の九月ころですね。

そのころは、まだ、六、七〇〇人ぐらい華労がいた時なので、軍政部の人たちも、直接現場を見てまわるなど実際にその状況を調査していたのです。この調査にあたっては、警察部の指示もあったので、わたしたちが案内役をつとめたわけです。

このときは案外スムースにゆきましたが、一〇月ごろになって、突然、仙台から進駐軍がきて、わたしになんの連絡もなく、直接中山寮へ行って、詳しくその状況を調査したらしいんです。

その結果、華労の取扱いに欠陥があったということが発覚し、事業主側の責任者（七人ぐらい）は、ただちに秋田刑務所へ拘置されてしまったのです。そのときもわたしは、進駐軍から事情を聞かれましたが、たいして問題もなかったのです。

そのごにおいても東京か仙台からかはっきり判りませんが、アメリカの法務官三人が来て二回にわたって同じようなことを聞かれました。その内容はあまりよく覚えていませんが、わたしが、

○警察官に指示して華労に暴行を加えた。

○一般市民に指示して華労を逮捕させた。

○逃亡した華労の身体をしばりあげ、広場（野外）に放置しておくよう指示した。

などということでした。

これに対してわたしの弁解したことは、前月号で話したような当時の状況をありのまま申し上げたわ

けです。(『秋田警察』一九六一年三月号)

岩井さんと三浦元大館署長の話には若干の違いがあるが、まずアメリカ軍が最初に大館とか花岡に来た時は、花岡事件のことは知らなかった。ところが調べているうちに、また知らせる人があったりもしたろうから、花岡事件を知るようになった。そこでアメリカ軍は、警察を通じないで特別に調査をはじめ、鹿島組花岡出張所や中山寮の関係者を秋田刑務所へ連行したのだった。こうして花岡事件は、はじめてその姿を明らかにしていくのだが、でもこの段階では、まだ警察には手が伸びていなかった。しかし、その後に、意外な方向へと事件は発展していくのである。

また、大館市に住むHさんの話によると、

「聞いた話だが、敗戦後になると、花岡鉱山の職長クラスの人たちは、華人たちに攻撃されるのをおそれて、かなりの人たちが逃げたらしいですね。また鉱山でも、職長クラスの人たちが危害を加えられると、生産が止まってしまうので、逃げるのを許したそうだスね」と語ってくれた。

アメリカ軍の進駐によって、一般の人たちはもちろんのことだが、戦時中に中国人をきびしく扱った関係者たちが激しく動揺していた時期に、いったい中山寮の中国人たちはどうしていたのだろうか。

「わたしたち、日本が戦争に負けたの知ってから一週間くらいの後、アメリカの兵隊、花岡鉱山に来たの。中山寮にも来たさ。通訳の人、確か東北大学の留学生の王さんという人だったね。アメリカの人たち、あんたたち、なにか要求することあればしてあげるというから、食べる物と、薬と、医者のこと頼んだの。この要求、すぐに実現したね。次の日の夕方、トラックに、米とメリケン粉積んできたの。それからわたしたたち、ぐんぐん健康になったね。栄養失調で体が悪いのだから、食べる物いっぱいあれば、みんな若いから、すぐ元気になっていくさ。」(劉智渠)

「食べ物がいっぱい来た日ね、病気の人たち、花岡の鉱山病院に入れられたの。蜂起してから、病人どんどん多くなったでしょ。だけど、食べ物悪いから、たくさんの病人死んでいくの。病院に入った病気の人たち、八〇人以上はいたさ。わたしたち看護人も、みんな鉱山病院に行ったの。病院に入ると、アメリカの赤十字の人とか、日本の医者とか、何人も来て病人みるでしょ。病院に来ると、食べ物がうんとよくなったね。病人といっても、ほんとの病気の人少ないよ。みんな栄養失調からきているね。こんど、食べ物よくなったでしょ。それからアメリカの人来て、アメリカの薬、どんどん持ってきてくれるでしょ。病気の人に必要だったの、ぶどう糖ね。でも、日本にはなかったね。このぶどう糖を、いっぱい注射してくれたから、助からない人も、助かったよ。入院してから死んだ人、少ないさ。ほとんどの人たち、助かったね。これみても、わたしたち中国の人、食べ物とか仕事で、どんなに虐待されたか、わかるね。食べ物よくなると、もう病人出なくなったよ。死ぬ人も少ないよ。病院に一カ月半ばかりいたかな、元気になった人多いさ」(林樹森)

二人の証言でもわかるように、進駐軍が来てからは、中山寮の人たちの生活も大きく変わった。

だが、閣議で決定した「華人労務者内地移入ニ関スル件」では、賃金を支払うことになっていたが、越後谷さんはこう言っている。

「給料などは、中国人には一銭も払われていなかった。給料は本社の方からはきていたらしいが、鹿島組花岡出張所で持っていて、中国人には渡していなかった。ただ、現場に出て働いた人の日報は、中国人の隊長がちゃんとつけていた。戦争が終わってから、アメリカ兵が来てこのことを知り、『これまで労働した分の賃金も、すぐに全部払え』と命令していた」（第一集所収「花岡事件の人たち」）

また、三浦元大館警察署長は、

「でたらめなもんで払わなかったりしていたらしいんだが、事件後全部支払ったそうです」（『秋田警察』一九六一年二月号）と言っている。

だが、実際はどうだったろうか。

林樹森さんのことを書いた、こういう記事がある。

「日中共同声明で中国の対日賠償請求権が放棄された意味を強調しながら、多数の仲間を死なせた強制連行関係の〝戦犯〟が釈放されて大会社の役員になり、あの時代の〝未払い〟賃金さえ支払おうとしない現実を楽しまなかった」（北海道新聞・一九七三年九月二九日）

では、秋田刑務所にいた一三人にとって、アメリカ軍の進駐はどうだったのだろうか。李振平さんは、こう証言する。

「わたしたちに判決あってから、何日もたたない日の、お昼のことだったさ。食事してると、刑務所の長い廊下を、何人もの人が、歩いてくる音するの。刑務所の廊下、人歩くと、ゴウーン、ゴウーンと音響くの。その時の音、日本の憲兵の靴音と同じね。たくさんの憲兵来るのみると、きょうはきっと死刑の日や、わたしも懲役でなく、死刑の判決くだってたんや思うと、もうご飯、喉落ちていかないさ。その靴音、だんだん近づいてきて、ドアがらっとあけられたでしょ。目の前に、アメリカの兵隊、五人だか六人立っているの。どの人も、ピストルと写真機もっているね。アメリカの兵隊、なにか言っているけど、わたしぜんぜんわからない。日本が負けて、アメリカの兵隊、進駐してきていることも知らないでしょ。これきっと、花岡のアメリカの捕虜たちも、わたしたちと同じに蜂起して、リーダーの人たち、刑務所に連れてこられたと思ったの。でも、ピストル持ってるからおかしいとは思ったけどね。こんど、アメリカの兵隊、わたしたちの前から帰ったでしょ。そのすぐあとに、わたしたち一三人みんな、刑務所の所長室に呼ばれて行ったの。所長、笑いながらわたしたちに、

『こんど、もう戦争終わった。お互いに、戦争するのやめた。友だちになった。あんたたち、懲役はなくなったさ。早く体健康にして、みんなの親とか兄弟に、会えるようにする』と言うの。

わたしこのこと聞いても、はじめのうちは信用しなかったね。わたしたち、日本人のことぜんぜん信用してないから、無理ね。これ、死刑に連れていく時、暴れないようにするため、ウソ言っているのかもわからない、騙されてはいけない、そう思ったね。戦争終わったと聞いて、喜ぶよりも、これがほんとうの気持ね。所長、わたしたちの顔色みながら、

『あんたたちに、何か要求するのことあったら、わたしなんでもする。言いつけて欲しい』と言うの。

それから、自分の独房に帰ったでしょ。汚いわたしたちの蒲団、新しい蒲団に取り替えてあるの。それをみて、ほんとに戦争終わったのかもしれないと思ったけど、待てよ、もし晩のご飯がいままでと違っていたら、ほんとに戦争終わったんだ、晩のご飯のこと待とうと思ったの。晩のご飯きたでしょ。見ると、大きなドンブリ一杯に、ご飯が山盛りにされているの。それ見たら嬉しくなって、ほんとに戦争終わったと思ったね。

それから何日もしないうちに、わたしたち一三人、大きな部屋に移されたよ。あんたたち、刑務所の中

で自由にさせる、外はあぶないから出されないって言うの。ご飯のほかに、粉あげるから、饅頭つくって食べてもいいと言うの。秋田市の学生の人たち、缶詰持って見舞いに来てくれたりもしたの。それから少したって、こんど、アメリカの小隊、刑務所の中に来たの。

『あんたたち、守りにきた。あんたたち、裁判の大切な証人だから、暗殺されたら困る』

と言うの。その時、いったい何の裁判かと思ったね」

中山寮の中国人も、また秋田刑務所に入れられていた中国人たちも、占領軍が秋田県に進駐してからは、労働も中止になり、食糧も改善されるなど、これまでとはまったく違う生活となった。しかし、実際にはそれほど大きく改善されてはいなかった。秋田県立女子医学専門学校の教授だった高橋実医師は、こう語っている。

「終戦になってしばらくたってから、女子医専のわたしの教授室に、県庁の衛生課の役人がたずねてきた。あの時は確か一〇月初旬のことで、役人は阿部さんという人で、あとで大館市の助役をやったと聞いている。阿部さんが言うには、

『県北の花岡鉱山にいる中国人の捕虜たちの間に、発疹《ほっしん》チフスが出ているらしい。しかも、栄養失調などでも、非常に苦しんでいるという話も聞こえてくる。なんとかいい知恵はないだろうか』と相談をかけてきた。

これは人命にかかわる火急を要する人道問題なので、無視することができないため、自分で中国人たちを診断に行くことを決めた。わたしは県の役人と二人で花岡鉱山に行くと、すぐ鉱山病院に寄り、医学的

な立場で中国人にどういうことをしてきたか、また現状などを聞いたが、知らないと答える医師がほとんどだった。

というのは、秋田市におりながら、花岡の中国人が蜂起したことを、知らずにいた。花岡鉱山へ行って、はじめてそのことを知ったのである。その当時、医師も中国人を虐待したのではないかと調べられていたので、どの人も戦々競々としていたため、協力的ではなかった。そのため、ろくに中国人を診察もしないので、わたしに声がかかったのだった。

病院にいても得ることがないので、すぐ中山寮に行った。終戦になってからは、占領軍の管理下にあったので、労働には従事していなかったが、見ただけで栄養失調の名残りがどの人にも残っていた。しかも、衣服はひどいものだったし、住居条件はまったく改善されたあとがなく、中国人の身の上には、まだ戦争が継続されているような状態だった。

わたしが中国人に接したのは一〇月だから、おそらく戦争が終わって占領軍が来てから、食糧事情はかなり改善されていたことだろうし、労働にも出なくなっていたから、体も痛めつけられていなかった。また、アメリカ製のいい薬も飲んでいた。このように中国人を取りまく情況が大きく変わり、中国人の体がかなり回復してきていた時でさえ、まだ戦争当時の状態が継続されていたのだから、戦時中や、終戦直後の中国人は、どんなにひどい状態に置かれていたかが、目に見えるようであった。ボロボロの作業服を一枚着て、冬でもアンペラ一枚の上に寝起きし、畜舎よりも狭い部屋の中に押し込められていては、それだけでも病気になる要素を持っていた。中国人たちは何もすることがないので、狭い寮の中でごろごろしたり、バクチをやったりして時間をつぶしていた。

占領軍と中国人との間も、信頼関係はゼロに等しかった。

というよりも、中国人蔑視《べっし》の考え方が占領軍のアメリカ人の中にあるのを、たびたび見せつけられた。また、中国人に蔓延している発疹チフスも、一切をわたしにまかせるという態度で、この点では干渉はしなかったが、手助けはしてくれた。

中山寮からちょっと離れたところに看護棟があって、そこに沢山の体の悪い人が寝ていた。わたしはまず、看護棟に寝ている人たちに接した。全体の情況をとらえるのが先なので、簡単に診察してから、こんどは寮の人たちと接した。

わたしがはじめから最後まで力をいれたことは、中国人の立場になって、中国人を診察するということであった。後でわかったのだが、発疹チフスがでたらしいという噂がひろまってからは、伝染するのが恐いので、誰も中国人に近づこうとしなかったらしい。医師も行くには行ったらしいがゴム長をはいて武装したまま、部屋の中に入って行ったらしい。これでは病人が、医師に気を許すはずがない。

そこでわたしは、自分もチフスにかかってもいいという態度で、基本的には中国人に接した。ゴム長なども、必要な時にははいたが、それほど必要でない時には、使わないようにした。もちろん自分は医師なので、細心に注意と予防はしたが、こうした態度で接したものだから、中国人もわたしを信頼してくれて、順調に診察することができた。

わたしが診察をしたのは、ほとんどが内科の患者であるが、中国人全体を診察してわかったことは、ほとんどの人が栄養失調障害にかかっており、そのうちのある部分には、戦争浮腫《ふしゅ》が見られたことだった。また、栄養失調障害という病名をつけるまでにいたらないが、潜在的な栄養失調が、一〇月の時点で、どの人にも見られたのである。

中国人の患者たちは、いくつかのグループに分けた。すぐに入院を必要とする人、さらに精密に検診を要する人、毎日外来で診療をつづける人とであったが、これは非常に効果的であった。

わたしはまた、相当数の肺結核患者の存在を予想することができたので、集団検診をした。ツベルクリン検査と、レントゲン間接撮影をおこなった。その結果、健康そうに見える人たちの中からも一九人、看護棟に臥床《がしょう》している人の中に五人、鉱山病院に入院している中から六人発見した。早期に発見して、それぞれの病状に応じた対策をたてることができたので、早く治すことができた。

また、戦争浮腫と肺結核のほかには、

(1) 発熱をともなわない浮腫患者

(2) 下痢をともなう非結核性有熱患者

(3) 下痢をともなわない非結核性有熱患者

(4) その他

などがいた。

わたしは毎日のように、秋田市から花岡鉱山に通ったが、全部の中国人を診察し、一定の方針をたてて治療し、また対策もたてたので、七日間でやめたが、鹿島組の厚生係や占領軍も、よく協力してくれた。

だが、わたしが行った時でさえこうだったのだから、その前の中国人たちの生活や病気などは、たいへん苦しいものだったろう。多くの中国人たちは、そうした苦しい中で、死に追いやられていったのである。

こうした点から考えると、戦争末期に中国人が蜂起したことは、単に暴発したのではなく、一定の我慢しきれないギリギリの状態の中に長時間にわたって置かれたので、それをハネ返すために立ち上がったことがよくわかる。それだけに、暴動ではなく蜂起だったのである」

高橋実医師も語っているように、中山寮の中国人たちは、一〇月に入っても戦時中とそれほど変わらない生活をしていたことがよくわかる。それでも、中国人にとっては大きな変化だったが、高橋実医師の目にこう映ったのは、いかに戦時中の中国人たちの生活がひどかったかということでもある。

鹿島組花岡出張所に強制連行されてきた中国人は、花岡事件の横浜裁判の証人として、秋田刑務所に入れられている一三人のほかに、中山寮からも一一人の計二四人が日本に残された。ほかの五四四人は、日本の敗戦後も苦しい生活をしながら、一九四五年一一月二九日、江の島丸で故国に帰った。ところが、証人として残された人の場合は、これも正常ではなかった。残された中国人は、こう証言している。

「当時、わたしたち暦もないからはっきりしないけど、確か一一月の末のことね。ある日、中山寮とか鉱山病院にいた一一人、急に名前呼ばれて、鉱山病院の一室に入れられたの。わたしも林さんも、この時に呼ばれた一人だったの。部屋の入り口に、二人のアメリカ兵守っているし、庭にももう一人いるよ。靴とかズボンのバンドまで取り上げられて、まるで犯人みたいに扱われるの。わたしたち、どうしてこんなことされるか、なんの説明もないから、わけがわからないのね。わたしたちの想像でね、六月三〇日の蜂起の罪、追求されるのではないかと思ったの。あと考えられないからね。急にきびしい扱いを受けたこと、こうでも考えないと、わからないからね。トイレにも、一人で行けないの。兵隊がついてくるの。

その次の日、花岡にいた中国の人たち、ぜんぶ中国に帰ったこと、後で知ったの。もしあの時、わたしたち裁判の証人に残れといわれたら、喜んで残るよ。ひどい扱い受けたからね。そのかわりに、中国にいる親とか兄弟に、いろいろ伝えてほしいことあるからね。それができなかったの、いまでも残念だと思うよ。

あのとき、アメリカ人の考えたの、わたしたちに証人だから残れといっても、みんな帰りたいから、一緒に帰るだろう。それでは困るから、鉱山病院に閉じ込めたわけね。だけど、日本人の裁判あると知らせてくれると、わたしたちに義務あるからね。日本人に虐待されたことの恨み、いっぱいあるから、裁判するといえば、証人が必要なことわかるから、わたしたち残るのあたりまえね。こうなれば、半年か一年帰るのこと遅れても、同じさ。戦争の時と違って、食べ物あるし、虐待もないからね」（劉智渠）

「中国の人たちみんな帰った後も、まだしばらく鉱山病院にいたの。こんど、わたしたち一一人と、監視してる三人の兵隊と喧嘩になって、一人の兵隊怪我したの。責任ある人来たので、わたしたちのこと、罪人扱いにすることないじゃないか。悪いのことしたのであれば、刑務所に入れたらいいじゃないか、と言ったの。こんど、新しい監視の人来たでしょ。花岡の町に、風呂屋あるの。わたしたち、月に一回か二回、風呂に入りたいけど、連れて行って欲しいと要求したの。病院の中も、自由に歩かせて欲しいとね。でも、監視の人たち言うに、暗殺されるのおそれあるからダメというの。その後も、部屋の中に入れられていたさ」（林樹森）

裁判の証人として残った一一人や、秋田刑務所の一三人が、暗殺されるおそれがあるという理由で軟禁状態に置かれたのは、それなりに理由があった。劉智渠さんは、「わたしたちは、ヤギみたいにおとなしかったですよ」（『中国人強制連行の記録』）と言っているが、これは蜂起した時の失敗の体験もあったからだった。

だが、強制連行をされてきた中国人は、全国の一三五カ所の事業所で働かされていたが、敗戦後は各地で蜂起が発生していた。秋田県でも、男鹿市船川の日本港湾運送会社船川港秋田華工管理事務所に連行されてきていた四〇〇人の中国人が、一九四五年一〇月三日に蜂起している。この日は、船川警察署などが中心に襲撃されているが、大きな被害はなかった。また、北秋田郡阿仁町の古河鉱山で使役されていた約三〇〇人の朝鮮人が、会社を焼き払ったうえで、補導員を皆殺しにする計画をたてるなど、各地で中国人や朝鮮人の襲撃が活発になっていたので、もしものことを考えて軟禁状態に置いたというのが正しいだろう。

いまだにはっきりしていないのは、花岡鉱山の鹿島組花岡出張所には、いったいどれだけの中国人が強制連行され、どれだけの人が死亡したのかということである。永年にわたって調べてきたわたしにも、まだ確実な数字はわかっていない。この点を、清水弟さん（朝日新聞記者）が詳しく伝えているが、わたしも清水説を支持している。

「（取材のなかで困ったのは）中山寮に強制連行された中国人と、日本で死んだ人数が何人なのか、資料によって微妙に違っていた。これをどう選ぶのかが、簡単そうで意外に厄介な仕事なのだ。

強制連行された人数は、日中不再戦友好碑に刻まれた九九三人（一九六五）が一番多く、九八六人（『世界』論文、一九六〇）、九八二人（『中国人は日本で何をされたか』一九七二）、九七九人（『花岡暴動』一九七二）と諸説がある。

例えば、『世界』によると、第一次二九九人、第二次五八九人、第三次九八人が「乗船配置」された。野添憲治氏の『花岡事件の人たち』の証言では、この第一次は三〇〇人いたのが、『トラックで青島の収容所から船に運ばれる間に一人が逃げて射殺された』というのと照合する。その後、船の中で一人が病死、一人が海に飛び込み、下関から花岡までの汽車で二人死んだから、中山寮に入ったのは二九五人という。ところが、越後谷氏が、書記に作らせた第一次連行者の名簿には二九八人が載っている。ついでに『草の墓標』(一九六四)を見たら、今度は二九九人のうち、船中で三人、途中で二人が死亡して、実際に中山寮に配置されたのは二九四人とある。

当然、死者の数もはっきりしない。唯一の官製資料「外務省報告書」に基づいて作った「中国人強制連行殉難状況」(中国人殉難者名簿共同作成実行委員会)には四一八人となっているが、但し書きによれば四一九人ともいえそうだ。『草の墓標』は四二〇人、十瀬野公園墓地にある「中国人殉難烈士慰霊之碑」(一九六五)には四一八人という変転ぶりである。

それぞれの数字に、それなりの根拠があるのだろうが、そこまでは詮索できなかったので、結局、『世界』の数字をそのまま使った。

ただ、『秋田県警察史』に触れてある数字だけはどうにも納得がいかない。上下二巻のうち、下巻三九四ページには、鹿島組花岡出張所として、「移入者九七九人、死者三四人」とある「移入」という表現や、「華労労工協会」が仲介した労働者であると断わっているのはともかく、死者の人数は何だろう。意図的に少なくしたのかもしれないが、どうも、六月三〇日の蜂起以前の死者がこの人数だと思える。蜂起後は、死体をまとめて八〇人、四〇人と穴に埋めたり、後任末の不備で死亡届けがうまくいかず、警察でも人数を押さえられなかったのではないか。あるいは、警察にも多少、後ろめたいところがあって、人数をはっきりさせられなかったのかもしれない。

いろいろ考え合わせると、中山寮に収容されるはずだった中国人は、一次連行者三〇〇人に続き、二次六〇〇人、三次一〇〇人の計一〇〇〇人だったろう。その内一四人が何らかの理由で死ぬか殺されるかして、結局、鹿島組に引き渡されたのは九八六人、船中死亡、途中死亡も含めて四一八人が死んでいった。つまり、一〇〇〇人の中国人が強制連行に関係して、四三二人が死ぬか殺されていった、というのが花岡事件の全貌と言えるのではないだろうか」(『花岡事件ノート』)

清水さんも書いているように、鹿島組花岡出張所に連行しようとした中国人は一〇〇〇人だったが、おそらく一四人は乗船前に死ぬか殺されるかして、実際に引き渡されたのは九八六人だった。このうち船中死亡、汽車での死亡も含めて、四一八人が死んでいる。しかし、大陸内での死亡も、強制連行される途中だったことを考えると、一四人も含めて四三二人が死ぬか殺されたというのが正しいのではなかろうか。

日本に強制連行されてきた中国人は、全部で三万八千九三五人だが、このうち死亡者は六千八三〇人である。これにくらべてみると、鹿島組花岡出張所の死亡者がいかに高いかがわかる。例えば、秋田県内に強制連行されて労働させられた他の四事業所をみると、こうなっている。

▽同和鉱業花岡鉱業所＝連行者二九八人、死亡者一一人、残留者一人、送還者二八六人。
▽同和鉱業小坂鉱業所＝連行者二〇〇人、死亡者六二人、送還者一三八人。
▽三菱鉱業尾去沢鉱業所＝連行者四九八人、死亡者八三人、残留者一人、送還者四一四人。
▽日本港運業会船川＝他事業所からの転入者四〇〇人、死亡者一一人、残留者一五人、送還者三七四人。

こうみてくると、小坂鉱業所の場合も死亡率は高いが、鹿島組花岡出張所の死亡率がいかに高いかがわかるだろう。この死亡率だけをみても問題になるが、さらに注意をしなければいけないのは、強制連行と花岡事件の処理なのである。それがずさんなだけではなく、まったく責任をとったやり方をしていないのだ。そこで、次の四点にしぼって確かめていきたい。

(1) 遺骨処理
(2) 裁判
(3) 鹿島組の中国人強制連行に関する資料　証拠物件いんめつと国家補償の獲得
(4) 外務省の責任回避

花岡鉱山で死亡した、中国人の遺骨処理だが、最初のころに死亡した人は荼毘《だび》に付し、遺骨箱に入れて看護棟にある安置室に置いていた。しかし、次々と死亡者が出るようになると、薪も遺骨箱も不足したので、土葬するようになった。はじめのころは、一人ずつ埋葬していたが、のちには手間がかかるというので、数人ずつ埋めるようになった。

敗戦後も遺体は山間に埋められたままになっていたが、一九四五年一〇月に鹿島組が人夫を頼むと、鉢巻山や大穴の遺体の掘り出しにかかった。ところが、それを見たアメリカ軍がその作業を中止させ、アメリカ軍が立ち会いのもとに死体を発掘し、火葬した。遺骨は約四〇〇の木箱に入れて花岡町の信正寺に運び、預かって欲しいと申し出た。住職の蔦谷達元師は、「納骨堂をつくってくれないと預かれない」と断わったが、鹿島組では一方的に置いていった。蔦谷師はその遺骨を本堂に安置した。

ところが、三浦元大館署長は、まったく違った証言をしている。

記者　このへんで、戦後華労の帰還の状況などおわかりでしたら、お話し願いたいんですが。

三浦　そうですね、さきほども話したとおりそのころ、約六、七百人の華労がいましたし、その年の一一月ころ、いよいよ本国へ帰ることになったのです。華労が帰ることにきまってからは、いままで働いた人夫賃などは病死した者の分まで、全部精算したし、死亡者については本国にいる遺族にとどけてもらうよう、ほかの華労に依頼してやったようです。

このとき約三〇〇余の遺骨も一緒に持っていってもらったわけです。残りの遺骨は、（大体三〇余と記憶しています）会社の方からお寺にたのんで安置して管理してもらったはずです。これは、一旦《いったん》土葬したものを掘り出して火葬したものも含まれているのです。遺骨は、会社特製の立派な箱に入れ、盛大な合同慰霊祭を開いたり、特別に列車を仕切って安置室を設けて送ったりするなど、その心尽くしは大へんなものでした。（『秋田警察』一九六一年三月号）

三浦元大館署長の話と事実関係には、あまりにも大きな食い違いがある。だが、ここではその詮索をやめて、遺骨問題をすすめていきたい。

蔦谷師は一人で四〇〇余の遺骨を守りながらも、鹿島組にたいしても独自の納骨堂を建てるように要請したが、鹿島組に一蹴されつづけた。しかし、一九四九年一〇月に中華人民共和国が誕生し、日中友好協会が発足すると、日本の各地に放置されている中国人の遺骨が表面化してきた。

時代の変化に驚いた鹿島組では、信正寺裏の畑にコンクリートの納骨堂をつくり、本堂の遺骨をその中に移すと、コンクリートで密封した。その上に「華人死没者追善供養塔」を建てたのが、一九四九年一一月だった。

だが、アメリカ軍が立ち会い、鹿島組が人夫を使って発掘した死体処理は、まったく乱雑だった。冬が去ったり、大雨の降ったあとには、白骨が敷きつめたようにあらわれた。露出した骨は、地元の全日自労の人たちが、細々と集めていた。

一九五〇年九月になると、遺骨の収集が運動としてとりあげられるようになった。華僑日同学会、全日自労、朝鮮人団体、共産党などが中心になってすすめられた。そしてこの年の一一月には、東京の浅草東本願寺で、はじめて中国人殉難者慰霊祭がおこなわれたが、「この時に国民政府の代表部は、劉智渠さんたちの真相報告を中止させ、警察予備隊数百人を待機させるなど弾圧した」（『花岡事件ノート』）という。

また、この年の一二月に、全日本金属鉱山労働組合本部員の山下竜三さんが、地元からの報告を受けて現地調査にやって来た。その報告は、翌年に発表された。

「そこで私が見た現実は、私を驚がくにゆり動かす。見よ、周囲三〇〇メートルばかりのこの小山の横っ腹を、人間二人が入れるくらいの長さ三メートル、幅一メートル三〇、深さ二メートル前後の穴が、半メートルくらいの間隔でこの山をとりまいているのだ。私はこの穴を一つ一つ数える。五五個だ！　どの骨もどの骨も焼かれた形跡はない。死体が腐乱し、やがてそのまま骨だけが残ったことを完全に立証している」（赤旗・一九五一年一月二〇日）

この報道と前後して、「華僑民報」も花岡事件を詳細に発表したので、その全貌がはじめて全国に知られた。また地元では、一九五一年七月に「金秀一氏を遺族代理・施主として初めて現地民による慰霊祭が行われた。戸別訪問で、花岡町全町内で約四万円のカンパが集まった。佐藤和喜治さんは『募金運動には町の人が心より協力してくれ、感謝しました。当時の話をいろいろ聞き、花岡事件の持っている意味が初めてわかったような気がしました』と語る。翌年から、七月一日の慰霊祭とカンパは年中行事となった」（『花岡事件ノート』）というようになった。

一九五三年二月二七日に、中国人俘虜殉難者慰霊実行委員会が結成され、三月には実行委員会の代表と華僑代表とが花岡鉱山を訪れた。そして、全部の遺骨を東京に移すことを決め、納骨堂を開いて遺骨を取り出したところ、「佐藤和喜治氏が『はっきりした数はともかく、まちがいなく四〇〇近い箱があった』と証言した」（『花岡事件ノート』）が、これで三浦元大館署長が、中国人を送還した時に三〇〇余の遺骨も持っていったと言ったのは、ウソであることがわかった。

三月二五日に町民も参加した慰霊祭が花岡町でおこなわれたあと、四〇〇余の遺骨は特別列車で秋田を離れた。東京では棗寺に安置され、七月一日に第一次中国人犠牲者遺骨送還船黒潮丸で祖国に帰った。

その後も、たびたび遺骨が見つかっていたが、一九六〇年に鉢巻山で二遺体が発見された。これを機にひとくわ発掘運動が全国に呼びかけられ、「一九六三年六月五日からの発掘には秋教組、高教組、平和団体など多数が参加、一〇日間で一三体の遺骨が出土した。浅黄色の服を着た遺体は、マキのようにならべて積まれ、石灰をまいて段々に積んであった」（『花岡事件ノート』）という。

この遺骨は、一九六四年一一月に出発した第九次中国人俘虜殉難者遺骨捧持団の手で中国に届けられたが、これに参加した武田武雄さんは、「中国ではいたれりつくせりの歓待を受けたが、歓待をされればされるほど、戦時中に日本人が犯した罪の大きさに気づいて、慄然とさせられた」（第三集所収（本巻）「花岡事件を見た二〇人の証言」）と語っている。

花岡事件の証人として日本に残された二四人の中国人たちは、一九四六年四月に秋田から東京中野の刑務所に送られた。ここでようやく、秋田刑務所の一三人と、中山寮から秋田市にある一一一師団の司令部を経て送られてきた一一人は一緒になり、無事を喜び合ったのである。外出はできなかったが、刑務所内は自由に歩くことができた。そして二四人の中国人は、鹿島組の河野花岡出張所長などが独房に入れられているのを見つけた。

「刑務所の中、わたしたちわりと自由に歩けたでしょ。あるとき、河野たち、同じ刑務所の中にいること知ったの。一〇人もいたかな、一人だけ入る独房にいるわけね。わたしたちのこと見ると、乱暴されると思うわけね。独房の隅の方に、かくれるように寄っていくわけね。わたしたち、そんなことするの気持ぜんぜんないの。だけど、自分たちそんなことばかりしてきたから同じことされると思うわけね」（劉智渠）

また、中国人たちは、自分で食べ残した食糧を、鹿島組の人たちにこっそり差入れたりしている。なお、鹿島組東京本社の人たちは刑務所に中国人たちを訪ねて来ると、食べ物を差し入れしたり、ときには刑務所の外に連れ出して、料理屋や飲み屋に行った。そして口々に、

「『あんたたち、裁判終わったら、すぐ中国へ帰れる。あんたたち、まだ若い。日本に長くいる必要ない。早く中国に帰って、商売するなり、仕事についたりするの得さ』とわたしたちに言うの。花岡での本当のこと言わないで、早く中国に帰った方が身のためになると、買収に来たわけね」（李振平）というように、口封じに来た。

何故かというと、花岡事件の調査が進められている一九四六年三月二四日に、鹿島守之助鹿島組社長が、総司令部検事局に召喚されたのだった。事の成り行きに驚いた鹿島組では、「重役会に於《おい》て事の重大性に鑑み弁護士強化ありと平林氏に一任するも甚だ危険なりとて、弁護士小野清一郎博士、海野晋吉氏、柳井恒夫氏、加藤三郎氏、伊藤清氏を依頼して、平林、牧野両氏を加へ所謂《いわゆる》鹿島組弁護団を組織するに至った。是《こ》れ同社長の身辺の危険を感じたる結果なるべし」(「華・鮮労務対策委員会活動記録」)というように、事件が上層部にもひろがる様子を見せてきたからだった。

また、日本建設工業統制組合でも、もし鹿島守之助に戦犯の手がのびると、中国人を使用した他の一三社の責任者にもおよぶのは必至なので、業界あげての波及の防止と、鹿島守之助の無罪の策を講ずるため、弁護団を組み、厖大《ぼうだい》な額のカネを使って戦犯のがれに全力をあげた。

花岡事件がB級軍事裁判として、アメリカ第八軍司令官が召集した軍法会議にかけられたのは、一九四七年一一月二六日からだった。ところで、裁判には鹿島組花岡出張所の人だけがかけられ、警察関係者は何度も事情は聞かれたものの、裁判には関係がなかった。しかし、裁判が始まる前の七月に三浦元大館署長は、突然東京の明治ビルにある本部刑事部に出頭するように連絡があった。すぐアメリカの検事に調べられたあと、八月一四日に巣鴨の収容所に入れられると、きびしい取り調べを受けるというように、急に警察関係者も裁判にかけられるようになった。

それまで何度も事情を聞かれながらも、裁判とは無関係だった警察関係者が巣鴨に収容された理由を、三浦元大館署長はこう語っている。

「アメリカ側の官選弁護人のオブライエンさんが巣鴨拘置所内で、後藤とわたしと当時鹿島組責任者だった人との前で、通訳を通じて『この事件に警察の人が呼ばれる筋合いはなかった。鹿島組の顧問弁護士だったという神戸のO弁護士は、アメリカに住んでいたことがあり、その関係でキーナン検事とは知人関係にあるところから、この事件は〝警察署長が総指揮して、こうした事件になったのだ〟という意味の私簡を送ったためだ』ということをきいた」（『中国人強制連行の記録』）

しかも、起訴状は四五項目にわたって、中国人の虐待ぶりを列挙しているが、「その大半は、わたしが大館の警察署長当時、華労を使用管理していたK組の運営管理は、わたしが総指揮したということなのです。ところが過去の調べのことについては一言も触れておらなかったし、このデッチあげには、まったくおどろいてしまいましたね。なにをいってもあとの祭りで、どうにもなりませんでしたね」（『秋田警察』一九六一年三月号）と、三浦元署長は語っている。O弁護士というのは平林慎一弁護士のことだが、花岡事件の責任は鹿島組にではなく、警察にあるとGHQに訴えた結果が、こうなったのであった。しかも、地元の一警察署長といちばん下級の補導員に責任を押しつけ、県の上層部や鹿島組の幹部には責任がおよばなかった。

第八軍軍法会議は、一九四八年三月一日に左記のように判決を下した。

元鹿島組花岡出張所長　河野正敏　終身刑
同中山寮長代理　伊勢智徳　絞首刑
同補導員　福田金五郎　絞首刑
同補導員　清水正夫　絞首刑

元大館警察署長　三浦太一郎　重労働二〇年
同巡査部長　後藤健三　重労働二〇年

こうして六人は服役したが、一九五五年前には全員が仮出所になった。厳しい判決にもかかわらず、まもなく減刑された点はナゾになっていた。

ところが、ワシントンにある米国立公文書館の日本占領関係資料のマイクロフィルム化作業をつづけていた国立国会図書館では、一九八二年一月二七日に一九八一年度入手分の横浜裁判のB・C級戦犯関係の裁判資料を公表した。その中に英文で一一〇頁におよぶ、米第八軍所属の法務官による「差し戻し再審勧告書」という新資料が含まれていた。

「花岡鉱山事件の記録を精査した法務官は結論分で、『起訴事実四六八件で裁判に付せられたが、そのうち有罪と認められたのは三三件のみ…』『検察側の証拠は有効性に欠け、予断、偏見、誇張に満ち、矛盾したものだった』『起訴準備段階で立会人なしで被告人の尋問をした通訳が、後に検察側証人となるなど、通訳として公平な立場を失している』など、八点の誤りを指摘。さらに司令官に対し『こうした訴追理由に基づき有罪と認定した原判決は承認し難く、新法廷における再審のため差し戻すのが相当と思われる』との勧告で結んでいる」（朝日新聞・一九八二年一月二八日）という。だが、「勧告通り『再審理』に付された形跡はなく、この勧告書が結局、減刑のきっかけになったのではないかと関係者はみている」（同）という新資料が、ナゾをとく手がかりになりそうだ。

日本が敗戦になると同時に、強制連行をしてきた中国人を使用した一四会社の連合体である日本建設工業統制組合では、まっさきに次の三点に着手した。

㈠　中国人強制連行にかんする資料、証拠物件をいんめつして事実をおおい隠すこと。

㈡〝中国人移入〟で損害を受けたことを理由に、〝国家補償〟の形で国家財政から取ること。

㈢　中国人強制連行にかんする戦争犯罪および戦犯裁判からのがれること。

㈢についてはすでに見てきたとおりに、責任は下級職員にだけおわされ、上層部にはおよばなかったが、㈠の場合もまったく同じだった。「華・鮮労務対策委員会活動記録」によると、敗戦翌日の八月一六日から、「戦時中の華人および朝鮮人に関する統計資料、訓令その他の重要書類の焼燬《き》を軍需者が指令し、ただちに課員を動員して整理し、会計経理に関するものをのぞき、三日間にわたって焼いた」のである。もちろんこの指令は関係各会社にも出され、軍需省と同じような処置を各会ともとった。内務省が「華人労務者ノ取扱」を通達したのは八月一七日だから、一日前に軍需省はまったく違う指令を出したのである。

また、物的証拠のいんめつだけではなく、各会社の人的証拠のいんめつも同時に実施した。敗戦と同時に各会社では、中国人を働かせた現場の補導員や責任者たちを、身辺があぶないからと配置転換したり、また仕事がなくなったからとクビにした会社が多かった。この点は花岡鉱業所でも、鹿島組花岡出張所も同じであった。

㈡の場合だが、敗戦になると日本建設工業統制組合では、国で推せんとした中国人労働者を使ったために、事業面で大きな損失を受けたので、政府に国家補償させるという形で、土建業界の立ち直り資金を獲得するため、あらゆる手段で運動を展開した。その結果、一九四五年一二月三〇日の閣議で、「終戦後の損害に対する補償」が決定され、日本建設工業統制組合では、総額三千二〇〇万円を獲得し、各社に配分した。

鹿島組では次の五事業所で、強制連行した中国人を使った。

鹿島組玉川出張所＝連行者二〇〇人、死亡者二一人
鹿島組花岡出張所＝連行者九八六人、死亡者四一八人
鹿島組藪塚出張所＝転入者二八〇人、死亡者五〇人
鹿島組各務原出張所＝転入者三七四人、死亡者三人
鹿島組御嶽作業所＝連行者七〇二人、転入者六五五人、死亡者四七人

合計で連行者一千八八八人、転入者一千三〇九人、死亡者五三九人となっている。それで得た政府補償額は三四六万一千五四五円であった。

しかも、これで味をしめた日本建設工業統制組合では、今度は戦時中の補償も要求した。これも一九四六年三月三〇日付の商工省指令で、「終戦前の損害に対する補償」も決まり、総額五四五万円のうちから、鹿島組は五八万三千四七一円の配分を受けた。このほか、組合では緊急融資として六千二〇六万円余を獲得した。また、厚生次官は中国人を使用した会社へ優先的に融資をするように、日本興業銀行に依頼しているが、これらの資金で各会社は、強固な地盤を築いたのである。

強制連行された中国人を使用して、多くの死者や病人や怪我人を出しながら、逆に損害を受けたとして政府から多額の補償金を得ているのである。いったいこの事実を、どのように考えたらいいのだろうか。

さらに㈣になるが、日本政府は無条件降伏の義務の一つである、捕虜と抑留者にかんする報告書を作成するため、中国人連行者を使用した各社の事業所に「華人労務者就労顛末報告書」をつくらせて提出させた。外務省ではそれに基づいて一九四六年三月一日付で、「華人労務者就労事情調査報告書」を作成した。ところが政府は、その報告書の公表をしないばかりか、外務省は資料がないと否定している。

一九六〇年五月三日の第三四国会衆議院で、田中稔議員に追及された時に、伊関佑二郎外務省アジア局長はこう答弁している。

「一九四六年の三月に外務省管理局においてそういう調査を作成したそうでございますが、そういう調査がございますと、戦犯問題の資料に使われて非常に多数の人に迷惑をかけるのではないかということで、全部焼却いたしたそうでありまして、現在外務省としては、そうした資料を一部も持っておらない次第であります」

この答弁でもわかるように、政府と企業は一体となって、証拠いんめつを協力しながら実施したのだった。だが、幸運にもこの資料は、良心的な人の手で保存され、出版されたのだった。この事情は、次のようなものだった。

「（『華人労務者就労事情調査報告書』）を発掘して、一〇年がかりで出版した赤津益造さん（七三）を東京神田の日中友好協会正統本部に訪ねた。赤津さんの語――。

各事業所が占領軍に出した厖大な資料は、用がすんだら焼却されるはずだった。それをある大学の先生がこっそり運び出してふとん袋に詰め、自分の家の押し入れに隠したんです。話を伝え聞いたぼくたちは茶箱やリンゴ箱に入れて、車で別の場所に運んだ。朝鮮戦争のころで、見つかったら大変でした。

赤津さんたちのスタッフ四人は、一九六〇年二月から一九六一年三月にかけ『中国人俘虜殉難者名簿』『中国殉難者遺骨送還状況』『中国人強制連行殉難状況』『中国人被連行者名簿』を作り上げ、送還する遺骨とともに中国政府に届けた。これが事件のただ一つの〝公式記録〟といえる。実物を見た。箱入りで半紙大、各冊が数百ページあり、連行された人、死んだ人の名前がびっしり並んでいた」(『花岡事件ノート』)

こうした人たちの努力によって、政府が公表しない貴重な資料が残されたのだった。

また、地元大館市でも、ひとくわ運動につづいて一九六四年から日中不再戦友好碑をつくる運動がおこった。百数十人で建立実行委員会が結成され、全国に向けてカンパを求めたところ、二年間で三千二〇〇人から六二万円が寄せられた。そして一九六六年五月二二日に、かつて中山寮があった近くの丘に建てられ、除幕式がおこなわれた。

その後、中国人遺骨発掘、送還運動、不再戦の碑の建立をすすめてきた人たちで、一九七一年一〇月に日中不再戦友好碑を守る会がつくられ、いまも六月三〇日に慰霊祭などをおこなっている。

では、最後に、裁判のために日本へ残った二四人は、その後どうなったかを知らせたい。というのは、裁判のために残ったにもかかわらず、日本在住の中国代表部からは、白い目で見られていた。というのは、「代表部の人たち、わたしたちにこう聞くの。『お前たち、どうして日本に来た。中国に、ほんとに家あるのか』とね。ひどいこと言うよ。わたしたち、中国で日本軍の捕虜になって、日本に連れてこられて、働かされた、たくさんの中国の人たち死んだけど、わたしたちようやく生きのびたこと、いくら話しても、『うん』と言わないの。あの人たち心の中で、『お前たち、中国で戦うのイヤで、日本に逃げてきたのだろう』と、思っているわけね」(李振平)というためだった。

ところが、刑務所にいて裁判を待っているうちに、中国代表部から衛兵に来て欲しいと言われ、一四人が行った。だが、刑務所にいるよりも食事が悪く、逃げた人も何人かいたが、すぐとらえられて、また刑務所に送られてきたりするということもあった。

しかし、一九四八年三月一日に裁判が終わると自由の身になり、二〇人は大陸へ帰ったが、四人は日本に残った。

劉智渠さんは、裁判をしているうちに新宿の中華料理店に勤めたが、やがてそこの主人に認められ、一二万円を借りて札幌市に小さな屋台店を出したのが一九四六年一〇月末だった。裁判の時は、札幌から通ったという。苦労の末に商売をひろげ、そのごは新山観光株式会社の社長で、妻と一男一女がある。

李振平さんは中国代表団の衛兵をやり、裁判が終わった年に結婚し、妻を連れて帰国した。だが、内乱のために汽車も車もないので、故郷の河北省に行くのをあきらめ、また日本に戻った。知っている中国人からカネを借り、東京や横浜でパチンコ店や料理屋などをやったが失敗した。一九五六年に札幌市に移り、仕事を転々と代えたあと、中国貿易輸出入の会社をつくり、現在はその社長をしている。妻のほかに一男一女がある。

宮耀栄さんの場合は「花岡でのことは、悪いユメをみたと思って、他人さまにはいっさい話さないことにしてきたんですよ。戦後二七年、日本の人たちのなかで助け合って生活している身ですからね」(『潮』一九七二年五月号)と、はっきりしない。そのごは横浜市で、食堂を経営しているという。

林樹森さんは中国代表部の仕事を一九五三年までしたあと、札幌市に行った。ドブロク造り、米のヤミ屋、古着屋、その他の仕事をしたあと、大きな料亭やクラブなどを経営した。だが、強制連行時代の過労が頭痛、鼻血、神経痛となってあらわれるようになったほか、経済の変動でそれらを手放し、「北京飯店」という小さな食堂を経営した。一九七三年の暮れには中国を訪ねて、二歳の時に生き別れた長男と会うことになっていたのに、この年の九月に服毒自殺を図った。発見が早くて助かったものの、ついに意識は回復せず、肝臓疾患に急性肺炎を併発して死亡した。妻とまだ小さい三人の子どもを残して。

日本にそのまま残った人たちは、こうした人生を歩んだのだった。しかし、三人とも、強制連行の時の過労が影響して、どの人も病身の状態だという。

第二部　花岡鉱山

花岡鉱山の労務の変遷

花岡鉱山の歴史

鉱山地帯である秋田県北に在点する鉱山が開発されてきた歴史はそれぞれかなり古いが、その中にあって、花岡鉱山の開発の歴史は比較的新しく、明治に入ってからであった。ただ、それ以前にも、花岡鉱山の近くには、カネ掘りたちが掘りさぐったらしい旧坑があったと伝えられているが、それは口承によるものだけであり、現在はその跡地が見当たらないので、確かめることは不可能である。しかし、こうした語り伝えでもわかるように、早くから「カネのある場所」として知られていたのは確かであろう。

花岡鉱山は一八八五年に、地元の人たちの手によって発見された。しかし、『七十年の回顧』〈同和鉱業株式会社刊〉では、〈地元の浅利藤松、藤盛常吉、畠山万之進および藤盛貞吉の四氏によって発見された〉

となっているが、渡辺万治郎の「秋田の金属鉱山」（雑誌「東北研究」に掲載）を骨子として執筆された『秋田県鉱山誌』（秋田県刊）では〈一八八五年花岡の浅利藤松外《ほか》二名により〉発見されたと記述されている。利権の問題で三人になったり、あるいは四人になったりしたとも考えられるが、鉱山が発見された歴史がまだ新しいにもかかわらず、不明な部分が多い。

浅利たちが発見したのは、堤下、観音下、石仏などに露出していた土鉱であったが、この分析を近くの鉱山で行なってもらった結果、銀が相当に含まれていることがわかった。そのため、評判の高くなったこの鉱区出願に、藤田組の久原庄三郎、仙北郡高梨村の豪農池田源一、地元大館の横山勇喜が競願した結果、鉱区は横山の手に帰した。

横山は田口卯吉（郷土史家で鼎軒と号した）と共同で認可を受け、一八八八年から堤沢の土鉱を製錬して銀を得たが、堤沢鉱床は掘り進むにつれて銀銅の乏しい硫化鉄鉱に変わり、経営が困難となった。まもなく田口が手を引いたあと、横山から鉱山や施設を借り受けて経営を続けようとした人も二、三人はあったが、どの人も長続きせず、一九〇三年からはまったくの廃山になった。

それから一〇年の間は、誰も手をつける人がいなかったが、山本郡八森村にある椿鉱山が大きく発展し、製錬事業を大々的に企てたのに着目した大館の石田兼吉が、一九〇三年に横山から花岡鉱山を譲り受けた。そして硫化鉄鉱を採掘し、椿鉱山へ売鉱したが、その間に黒鉱々床が発見されて、採鉱量は大きく伸びた。なお、椿鉱山と価格の折り合いがつかないために、一九〇六年からは小坂鉱山に売鉱するようになった。

こうした花岡鉱山に目をつけた東京の小林清一郎が、一九一一年に兼吉の嗣子熊吉から花岡鉱山を買い取り、四月から経営にのりだした。そして、火力発電所を建設して熔鉱製錬《ようこうせいれん》をはじめたが、まもなく製錬所を火事で消失したことや、煙害に対する賠償も大きな負担になったので、夏場は中止して冬分だけ製錬し、残ったものはまた小坂鉱山に売鉱した。

しかし、経営に行き詰まった小林は一九二五年に、藤田組に一切の権利と、花岡~大館間の鉄道も含めて一二八万円で売却したので、今度は小坂鉱山の支出として稼行された。だが、その翌年五月に、堂屋敷付近の水田の地下で大鉱床が発見されたのにつづき、一九一九年には神山鉱床、一九二九年には七ツ館鉱床というように、その後も次々と大鉱床が発見され、大鉱山へと発展していった。一九四四年には花岡鉱業所として小坂鉱山から独立し、戦後の一九四六年には同和鉱業株式会社に経営が移っている。

これが花岡鉱山の簡単な開発の歴史であるが、鉱山の発見から敗戦までの間の花岡鉱山の労務の変遷を、わたしが入手している資料に基づいて記述したい。ただ、これは鉱山側の資料で記述するので、労働者側からの視点はまったく欠けている。いずれ機会をみて、労働者側の立場からみた労務の変遷もまとめたい。この二つが合わされることによって、より完全なものになるからである。

石田時代（一九〇六~一九一〇年）

花岡鉱山の労務状況については、鉱山が発見された一八八五年から横山時代にかけてのことは、記録はほとんど残されていないし、すでに生存者も皆無なので、確かめることができない状態である。この時代はいわば、小鉱山の一つにすぎなかったのだから、他の小鉱山と同じに経営も楽ではなかったろうし、坑夫たちの労働や生活も苛酷なものだったろうとは想像されるが、裏付ける資料に欠けている。

断片的なものであるが、若干の記録が残されていたり、あるいは自分の爺さんや父たちから聞かされたという形で、鉱山に働く労働者たちの片鱗がいくらかとらえられるのは、石田時代に入ってからである。この石田時代の花岡鉱山だが、前述したように堤沢の旧坑から硫化鉄鉱を採掘し、銀鉱製錬剤として椿鉱山に売鉱していたし、その後も小坂鉱山へ転送していて、自社で製錬したのではないから、坑夫の数もそれほど多くはなかったであろう。

一九〇七年三月の「職工賃金報告簿」（以下「報告簿」と称する）というのがあり、鉱山側で支払った賃金と人員が記入されている。それによると、

直轄夫　一一三人
　七六二円七二銭八厘
白根永吉　不明
　一二七円二七銭五厘
（白根氏の入坑手当て含む）

とある。直轄夫一一三人の平均賃金は六円七五銭であり、これで白根組の人夫数を推定すると、一四、五人ということになるので、当時の花岡鉱山には、一三〇人程度の坑夫が働いていたことになる。また、米一升の価格が一〇銭内外の時代であったから、決して高い賃金とはいえなかったが、他の職業に比べると

かなり高いのは、それだけ危険な仕事だったからであろう。

もう一つ注目されることは、すでに白根組が生まれている点である。白根氏の入坑手当て含むとなっているのは、白根組の坑夫が一日働くたびに、鉱山では白根に、人夫を提供してくれた礼として、一日五銭の割合で支払っていた。しかも、白根組の組夫には、鉱山から本人へ直接に賃金が渡されたのではなく、鉱山からいったん白根の手に渡り、それから組夫に支給されていたことも、これで判明する。

一九〇七年にすでに白根組が生まれていたことは注目されるが、同じ年の八月の「報告簿」によると、組（いわゆる飯場《はんば》）の数はさらに多くなっている。

井上組	二七人
佐藤組	八人
高亀組	四人
石田組	三人
白根組	五五人
直轄夫	一二一人
計	二一八人

また、それぞれの組の飯場頭は次の人たちであった。

井上組　　井上甚四郎
佐藤組　　佐藤多助
高亀組　　高橋亀次郎
石田組　　石田輝吉
白根組　　白根永吉

しかし、短期間のうちにこのように多くなった組も、九月に井上組が解散したのを皮切りに、佐藤組、高亀組がつづいて解散し、四〇年末になって残ったのは白根、石田の両組だけで、それぞれ五、六〇人程度の組夫をかかえるまでになった。このように急激に組の数が多くなったのは、鉱山自体で坑夫を集めてくることができないために、顔の広い人に坑夫集めを頼み、その人の頼んできた人を配下に置いて組をつくらせたからであろう。鉱山ではその代償として、飯場頭に入坑手当てを支払っていたのである。だが、あまり組夫の少ない飯場の数が多くなりすぎると、経営的にかえって面倒になるので、次々と整理して残ったのは大きくしたものらしいが、この飯場は、のちに大きな力を持ってくるのである。

ただ、一九〇七年のころを見ると、直轄夫も組の人夫も、賃金、賞与などの点で差別はほとんどなく、待遇は同じであった。その一例だが、一九〇七年八月の「花岡鉱山山神祭典諸費受払簿」によると、山神祭の時に坑夫たちに支給した酒肴料は次のようになっており、直轄夫、組夫とも同じであった。

男　　一人　　三〇銭

女　　一人　　二〇銭

頭　　一人　　五〇銭

なお、ここでいう頭というのは帳場のことであり、飯場頭のことではない。このほかに、会社の規則の適用なども、直轄夫も組の人夫の場合も同じであり、長い間にわたって勤めた組の人夫は、会社にも登録になったのである。

また、一九〇七年当時の花岡鉱山では、本番賃金によって支払われており、請負は非常に少なかった。三月の「報告簿」によると、

本番賃金　　五五〇円三九銭五厘

請負賃金　　二一二円三三銭三厘

となっている。また、白根への支払いも、本番賃金の項に記入されているのを見ると、白根組では切羽の請負いをしたのではなく、鉱山に貸夫をしていたようである。

また、坑夫である夫や父が病気になったり、あるいは怪我などをして働きに出られなかった時には、その妻や兄弟などが代わりに働きに出たようである。「報告簿」の中に、カッコに囲まれた姓が書かれた個所が多いが、姓が同じになっているところを見ても、これが代わりに働きに出た人らしく、金額は三人でちょうど一人分の坑夫の賃金にあたっている。

一九〇九年二月一八日に改定された「鉱夫雇傭労役規則」が残されているが、それによると、当時の花岡鉱山の労務条件は次のようになっている。

(一) 賃金

⑴賃金は会社が本人の能力や働き具合を見て、一方的に決めていた。

⑵賃金は次のように、最高と最低とが示された。

(これは日給額である。)

鉱夫(のちの職頭) 五〇銭〜二円

小頭 四〇銭〜一円五〇銭

採鉱、選鉱、運搬、支柱、雑役 一〇銭〜一円三〇銭

職工 二五銭〜一円五〇銭

女工 八銭〜三〇銭

この「規則」を見て考えられることは、その当時は機械や電気関係の職人はなかなか得難かったとみえて、実際に坑内に入って働く採鉱、運搬、支柱などの抗内労働者より高い賃金を得ていることである。

もう一つは、賃金とはいっても、その中には入坑手当、危険手当、深夜手当、家族手当といったものはいっさい含まれておらず、賃金そのものだけであった。それだけに、一家の柱である夫や父が仕事を休む

ようなことがあると、その代わりに妻や兄弟たちが働きに出たのであろう。生活給的な要素がまったくないだけに、代わりに危険な仕事に出なければ、生活できなかったからであろう。

(二) 労働時間

労働時間も、現在と比較すると非常に長いものであった。一日の労働時間は、

鉱夫頭・小頭	一二時間
採鉱夫（三交替制の場合のみ）	八時間
その他鉱内夫（三交替制以外も含む）	一〇時間
鉱外夫	一〇時間

となっている。

なお、「但し一六歳以下の就労者は八時間とする」と付記されているが、実際にはほとんど守られなかったようである。それは、いったん坑内に入ってしまうと、一人や二人だけが勝手に仕事をやめて帰ることができないというような、鉱山労働の特殊な事情にもよるが、基本的には年少工保護の考え方がなかったからである。また、労働者の側にしても、賃金が安いために、できるだけ長時間働いて、いくらでも多くの賃金を得ることが必要だったので、守られることがなかったというのが実情であろう。

休憩時間などにしても、当時はかなり少ないものであった。

(1) 八〜一〇時間就労者は、昼食時に三〇分。
(2) 一二時間就労者は、昼食時三〇分のほかに、午前九時と午後三時に、それぞれ二〇分の休憩。

となっていた。

もっともひどいのは休日で、月に一日よりなかった。それも、鉱山側の都合によって、一方的に決められていたが、一日に八〜一二時間就労の重労働者にとって、月にわずか一日だけの休日よりなかったということは、たいへんなものであった。

(三) 解雇

坑夫たちの採用だが、危険で重労働な仕事だけになり手が少なく、坑夫が不足していた時代だけに、普通の人で働く意欲さえある人であれば、ごく簡単に新しい鉱山に勤めることができた。その反面、解雇の場合もまた、鉱山側の一方的な考えで、「この者は不都合也」と判断した場合には、すぐに首を切ることができた。また、病気になったり、怪我をしてからだが不自由になっても、解雇されて路頭に迷うという悲惨な状況下に置かれていただけに、友子制度のような自衛の方策が急速に発展したものであろう。

なお、労働者が使用者側の鉱山および鉱山関係者に虐待された時などは、労働者が解雇を請求できるようにはなっていた。ただ、その場合でも、使用者にはなんの罰則も、また弁償といったこともなかったのである。こうしたことは、ひとつ花岡鉱山だけのことではなく、他の鉱山の場合も同じであった。その後も、就労規則などの表現はかなり変化し、労働者側に有利になってはきたといっても、基本的にはこうした労務状況は戦後までつづくのである。

小林鉱業時代（一九一一〜一九一四年）

花岡鉱山を経営していた石田兼吉が没して、嗣子の熊吉がその業を継いだ前後から、花岡鉱山では千年竪坑が完成したのをはじめ、一九〇九年には上総掘試錐が行なわれ、一九一〇年には斜坑の開鑿《かいさく》がはじめられるなど、大きく発展していく様相が見えてきた。ごく普通の鉱山から、有望な鉱山に変わろうとする花岡鉱山に目をつけたのが東京の小林清一郎で、四三年冬ごろから売山交渉がはじめられ、山代金一二万円、新鉱床を発見した時には八万円を追加払いする条件で買い取ることが決まり、一九一一年四月から小林が経営することになった。

小林鉱業の経営に移ると、石田時代の手工業的な生産と経営から、近代的な経営へと脱皮する試みが、次々と打ち出されていった。熔鉱炉や火力発電所などを建設して、自家で銅製錬に着手するとともに、一九一二年一月からは、小規模ながら露天掘が開始された。この結果、石田時代の出鉱はすべて小坂鉱山へ売却されていたのだが、これらの施設が備えられると、毎日のように一一〇トン前後の鉱石が花岡鉱山で処理されるようになった。このため、労働者の数も、年とともに増加していった。

花岡鉱山の労働者数を、残されている資料で年次的に追ってみると、

一九一一年　四三五人
一九一二年　四五〇人
一九一三年　四六〇人
一九一四年　五二〇人

というように、年を経るごとに伸びていった。石田時代にくらべると、鉱夫の数は多くなっていったが、しかし労働者の就労条件その他は、石田時代とまったく同じであった。

小林鉱業時代に入ってから、労働者にとってとくに大きく変化したことといえば、花岡鉱山では石田時代になってようやく芽生えた飯場制度が、小林時代になってさらに強化拡大されると同時に、組夫が多くなったことである。石田時代には、直轄夫が組夫より多かったのにくらべて、小林時代になると、全労働者四〇〇人から五〇〇人のうち、組夫は三〇〇人を越し、直轄夫は一〇〇人から二〇〇人という状態になった。

このため、労働者の監督や統括は、会社ではなく各飯場頭（鉱夫世話役）が行うようになった。その結果、必然的に労働強化などが強いられるようになった。しかも、各飯場はそれぞれの業績をあげようと、各飯場間で競争を行うようになった。各飯場ではこの競争に勝とうと、優れた鉱夫を集めようと努力した結果、他鉱山との間で鉱夫の移り変わりが非常に多くなったのも、この時代からであった。

明治末期から大正期にかけての飯場の組織だが、配下にいる組夫の数などによって若干の違いはあったが、だいたい図1「飯場の組織形態」のようなものであった。この場合の係長→係員→職頭（小頭）というのは会社の系列であり、飯場頭（鉱夫世話役）→内帳場・外帳場が飯場の系列であった。ただ、同じく帳場といっても、内帳場と外帳場とでは、その任務はかなり変わっていた。

内帳場＝飯場の事務や会計などを担当する人で、各組に普通一人いた。労働者の賃金などは扱ったが、毎日の労働に交渉することはほとんどなく、飯場内の事務処理の仕事が主体であった。

外帳場＝別名棒頭ともよばれるように、労働者の監督や指導などに直接にあたった。現場の数や、労働者数などによって、一飯場に数名いることもあったが、普通は一名であった。労働者にもっとも強くあたるのは、この外帳場であった。

このように、組夫の指導や監督は、その飯場の外帳場が担当した。そのため、会社の係員や職頭などは、組夫とはほとんど接触がなかった。仕事の進行具合とか、技術的な指導なども、直接に組夫へ行なうのはまれで、大半は外帳場を通じて行なわれた。それだけに、外帳場の存在は大きかったし、組夫にも大きな発言力を持っていた。

小林鉱業時代に入ってからは、これまでも見てきたように、飯場制度はかなり整えられてはきたものの、まだ組下割（賃夫制）は確立されてはいなかっ

図1　飯場の組織形態

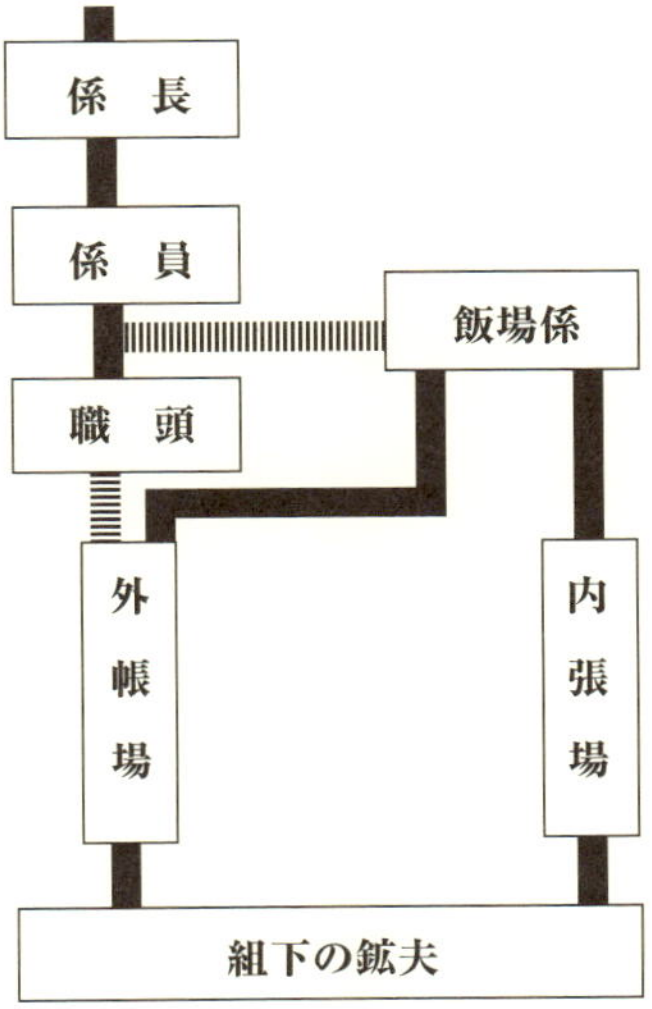

た。また、花岡鉱山の製錬場が火災になり、すぐに復旧はしたものの、小設備なので焼失以前のようには成績があがらず、しかも、煙害に対する賠償もかなりの負担であったために、冬季だけ製錬を行ない、夏季は小坂鉱山へ売鉱するようになったこともあって、季節によって労働者の数にもかなりの変化があり、必ずしも安定した職場とはいえなかった。また、小林が経営した期間は短かかっただけに、小林鉱業時代の独自な労務関係の確立ということも、ほとんど見られなかった。

小林は大正に入ると、新しく買収した栃木県内にある小百鉱山の金繰りに不調をきたしたなどのために、花岡鉱山は売却したほうが有利と考えるようになり、日立鉱山（久原鉱業）と小坂鉱山に売出の交渉をはじめた。その当時の小坂鉱山では出鉱が欠乏して、製錬に支障をきたす状態だったので、小林の交渉にさっそく応じて折衝を重ねた結果、一九一五年四月一一日に売鉱を決め、一三日に引き継ぎを終えて、小林は花岡鉱山の経営から手を引いた。

藤田組時代（一九一五〜一九四一年）

藤田組では花岡鉱山の六鉱区と、花岡〜大館間の鉄道その他を一二八万円で小林鉱業から買収すると、小坂鉱山の支出として経営をはじめた。それと同時に、設備の増設や改善などを次々と行い、鉱山の規模をさらに拡大していった。

花岡鉱山が藤田組に買出されると同時に、労働者には自動的に藤田組の規則が適用された。また、小林鉱業時代にはまだ確立されていなかった「組下制」「賃夫制」も、藤田組に買出されると同時に、はっきりした制度として定着していった。しかし、本格的に賃夫制が実施されていくのは、一九二一年ごろになってからのことである。

この組下制であるが、「組夫」「組下」「組下夫」「組下の人夫」などというように、呼び名はたくさんあるが、その意味はまったく同じである。会社の「賃金工程簿」を見ると、「組下」と記入されていることもあって、組夫と呼ぶのが一般化されている。この場合の組夫というのは、会社に登録されている飯場の鉱夫のことである。

このほかに、各飯場には、急ぎの仕事のために臨時に募集した短期間の人夫たちが、その季節によってはかなり多かった。この人夫たちも「組夫」と呼ばれることもあったが、普通は「組の人夫」と呼ばれて、組夫とは区別されていた。

ただ、一九二一年以前には、各飯場頭は会社から主に切羽などの請負仕事をとって稼働したり、いくらかの賃夫を行なっているにすぎなかった。しかし、昭和初期以降になって、この組夫の制度が許可されたのは、菅、白根、板垣の三飯場にかぎられていた。

なお、賃夫制が確立されてからは、組夫が直轄夫と同じに各現場に配属された場合には、まったく直轄夫と同じに扱われだし、待遇も同じであった。また、この場合には、会社の係員や職頭が監督をした。

飯場の組織

当時の飯場というのは、鉱夫が寝泊まりする場所であると同時に、会社へ労働力を提供するところを意なお、戦時中から戦後にかけては、請負業者を総称して飯場と呼ぶこともあったが、その時代によって、飯場の意味も大きく違っている。

賃夫制が実施されてくると、働きのいい鉱夫や、腕の優れた鉱夫を多く集めている飯場は、仕事の成績もあがるうえに、会社へ賃夫した時にも、自慢することができた。それだけに、優秀な鉱夫をより多く集めることが、飯場の隆盛を支える要であり、飯場頭の重要な任務でもあった。

ある飯場が、切羽の仕事を会社から請負ったとした場合に、この仕事をやりとげるには、採鉱夫向人、運搬大向人、支柱夫向人を必要とすることが判明する。その当時には、同じ鉱山内の飯場からは、採鉱夫とか支柱夫といった技術を持っている鉱夫は、絶対に引き抜きをしないということが不文律になっていた。そのため、技術を持っている鉱夫を求めるとすれば、他の鉱山に行き、そのヤマで働いている鉱夫を直接に引き抜いてくるよりなかった。

しかし、採鉱とか支柱というように、長年にわたって習得しなければ得られないような技術を持っている鉱夫は、当時は非常に少なかった。それだけに、各鉱山間での鉱夫の引き抜き競争は、たいへん激しかった。そのため、他鉱山から鉱夫募集に入り込むのを、どこの鉱山でも極度に警戒した。さまざまな人に化けて他鉱山に入山することができても、鉱夫募集できたことがバレると、棒頭や鉱山側の鉱夫などに囲まれて、殴る蹴るの暴行を受けることもしばしばだったという。こうして厳重に張りめぐらされた網の間をかいくぐって、鉱夫を引き抜いてくるのはたいへんな仕事であり、命がけでもあった。

こうして新しく募集してきた鉱夫は、鉱山に着くと簡単な学課試験や実地試験などを受けたあと、三カ月の試用期間を経て、はじめて会社に登録されるのである。会社に登録されると、以前から鉱山にいる直轄夫と同じ待遇が与えられた。

こうして飯場頭が募集してきた鉱夫が登録されると、組夫が一日働くたびに、四銭から一二銭のカネが、会社から飯場頭に支払われた。なお、金額は、男女別や、技術の高低などによって、かなり差があった。藤田組に移行した最初のころは、女一人が四銭、男が七銭ぐらいであったが、のちには女が七銭、男が一二銭ぐらいになった。

この手当てだが、最初のうちは、飯場頭が組夫からピンハネする形ではなく、会社では新しい鉱夫を募集してきた礼として、いわば募集費という名目で飯場頭に支払われていた。だが、やがて飯場の規模が大きくなり、それなりに経費もかかるようになってくると、募集分として会社から飯場頭に渡されるカネのほかに、組夫の賃金からもピンハネする形をとったところもあった。また、募集費は会社から飯場頭に直接に支払われてはいたが、会社では労務費のワクを決めているために、当然そのワク内から募集費も支給されるので、実質的にはピンハネであった。

飯場頭の役割り

前項でも見てきたように、各飯場が競争して鉱夫を集め、それぞれが請負った仕事を遂行していったために、労務その他の面で、組夫には会社の監督の目がほとんど行きとどかなかったこともあって、当時の組夫たちの労働はたいへんなものであった。その当時も、工場法や鉱業法などの適用は受けていたが、個々の鉱夫はその恩恵を受けることはまずなかったし、あったとしてもザル法に近いものであったから、労働者が利益を受けることはなかった。

そのため、二ノ方、三ノ方を通して仕事をつづける鉱夫も多かった。こうした仕事に応ずると、もちろん稼ぎ高も多くなった。逆な見方をすると、賃金が低かったために、からだにムリだということがわかっていても、こうした労働形態をとらなければ、十分な賃金を得られなかったのでもある。

それだけに、からだの弱い人や、あるいは病気になって働けなくなると、組を追い出されてしまうために、生活の場を失うことにもなった。だが、その結果として、組にはからだが丈夫で、働ける人より残らなかったので、当然、作業量も過大な分をこなしていった。そのため、飯場頭の生活は豊かなものであり、また、鉱山内でも大きな発言力を持つようになった。

藤田組に経営が移行する前年の一九一四年七月からはじまった第一次世界大戦の開戦とその長期化などのために、各鉱山の事業は拡大の一路をたどった。こうした鉱山の好況は、戦争による東洋市場の一時的な獲得と、需要の激増とに基づくものであった。しかし、一九一八年一一月に戦争が終結すると、亜鉛市価の下落は激しくなったうえに、価格の安い米銅が大量に輸入されるようになり、国内の鉱山は大きな打撃を受けた。その中でも、藤田鉱業のようにまだコンツェルン化していない場合はその重圧がとくに大きく、休廃山に追いやられる鉱山もかなりあった。

こうした影響を花岡鉱山でもまともに受け、一九二〇年には会社内の整理を行った。この時には、各飯場もかなりの規制を受け、その飯場で持ってもよい組夫の定員制が決められると同時に、鉱夫世話役規程も改定した。各飯場で持ち得る定員数は、その飯場の資産や実績などによって決められた。昭和のはじめごろには、鉱夫世話役は菅、白根、板垣の三飯場に限られ、各飯場の組夫はそれぞれ二〇〇人に限定された。しかし、実際に飯場にいる組夫、あるいは組の人夫は、二〇〇人より多い時もあったし、少ない時もあった。

一九二〇年一二月二八日に制定された飯場頭「鉱夫世話役」規定は、次のようなものであった。

一、鉱夫世話役の任務は

(イ) 鉱夫の募集

(ロ) 組下の鉱夫の勤怠ならびに身上保証および世話一切に関すること。

一、月給五〇円を給す。

一、世話役が自分の費用で鉱夫を募集したときは、鉱夫一人につき、一日に

男＝九銭

女＝六銭

を会社で支給する。

一、組下の鉱夫が直轄夫になった時は

男一人＝一五円

女一人＝　五円

を会社で世話役に支給する。

一、世話役の待遇は職頭に準ず。

共済会

鉱夫たちの業務上の病傷は、工場法や鉱業法などで守られていたが、本人の過失による怪我の場合や病気などには、まったく適用されなかった。一九二七年に健康保険法が制定されるまで、治療費の支払いは自分でしなければならなかったのはもちろんのこと、休業保証もぜんぜんなかったので、怪我や病気になることが生活困難を意味していた。このため、鉱夫たちは自分たちで自分の身を守らなければならなくなり、花岡鉱山でもいくつもの自衛的な組織が生まれている。その一つが友子制度であり、共済会と交誠会なのである。

共済会は一九二六年九月に小坂鉱山でつくられているが、花岡鉱山が藤田組に買出されてからは、すでに藤田組の規則が適用されて、花岡鉱山にも共済会が出来た。次にあげるのがその規則だが、これでだいたいの規模はつかむことが出来るので、主な部分を抜粋してみる。

花岡鉱山鉱夫共済会規則

第一条　本会ハ会員及全居家族ニシテ負傷病ニ罹リタル者若シクハ死亡者ノ遺族を救済スルヲ目的トス

第三条　当山鉱夫（定傭夫、臨時夫）ハ本会ニ加盟スルノ義務アルモノトシ、其ノ鉱夫名簿ニ登録セラルルト同時ニ本会員タル資格ヲ有ス

第六条　本会資金ハ左ノ収入金ヨリ成立ス

一、花岡鉱山事務所ヨリノ交附金

一、会員の出金

一、其ノ他

第十条　本会ニ左ノ役員ヲ置ク

会長　　一名

評議員　若干名

幹事　　若干名

医員　　〃

会計係　〃

世話係　〃

第十三条　一、本会員ノ資格ハ入会後三ケ月ヨリ発効

二、四等親以内ノ同居者

三、自己ノ財産モナク、他ノ職業ニヨル収入ノナイモノ

といったところが主な骨子であった。さらに、支給金額だが、次にあげるのはあくまでも基準であり、勤続年数によってその額は違っていた。

本人死亡の際の葬儀料　　一〇〜一五円

家族死亡の際の葬儀料　　五〜一〇円

遺家族扶助料　　　　　　　　　　二〇～三〇円

また、事故などによって本人が廃疾《はいしつ》や不具となった時には、次のように支給されたが、この場合も、勤続年数によって金額に差があった。

甲（重症）　　　　　　　　　一五～四四円

乙（軽症）　　　　　　　　　五～一五円

また、会員が怪我や病気などで休業した場合には、「本人の賃金の三十～五十五％」が支給された。この共済会は、健康保険法が制定されるまでつづけられた。このほかに、職員共済会も同時に出来ている。内容は鉱夫の場合とだいたい同じだが、救済する金額は鉱夫にくらべてはるかに多かった。

交誠会

友子制度や共済会とはまたべつに、交誠会という組織があった。この交誠会は、主に鉱夫たちの厚生面を扱っており、一種の社交機関のような役割を果たしていたが、この組織には職員をのぞいて、全従業員が加入することになっていた。

小坂鉱山で交誠会が結成されたのは一九一九年であるが、それからまもなく、花岡鉱山にも花岡支部がつくられた。会長はだいたい飯場頭が交替で務めたものだが、まれには職頭クラスの直轄夫の中から、会長が出ることもあった。これは特別に信望の厚い人の場合で、非常にめずらしかった。

交誠会の運営費は、会費として全員が男女ともに月五銭を出したほか、会社や飯場からの寄附金などがあてられた。しかし、経費が少ないこともあって、実質的な活動はあまりやらなかった。全山の運動会などを計画したり、あるいは主催とか後援をしたりすることが多かったほか、娯楽物を開設するといったように、鉱夫たちの社交的な面に力を入れていた。しかし、一九二三年に起きた労働争議は、この交誠会によって起こされるというように、それほど強くは鉱山側の息が入りこんでいない組織であった。

交誠会には、次のような役員がいた。

会長（花岡鉱山の場合は支部長）　一名
副会長　二名
幹事　数名
評議員（職場選出）　数十名

これらの役員は、二年ごとに選挙によって選ばれたが、現在わかっているのでは、初代支部長には石田輝吉（飯場頭）がなっている。つづいて、伊藤清六（直轄夫・職頭）、藤盛真一（飯場頭）、白根永吉（同）、菅原清治（同）などが務めている。

運動会などのほかに、交誠会がもっとも大きく取り上げた仕事は、冠婚葬祭の簡素化であった。その当時、鉱夫たちが多くの費用をかけたものは、盆・正月・祭典などを除けば、葬式と結婚式であった。そのため、儀式用の調度品の一切を交誠会が用意して会員に貸したり、式物を提供するということに、力を入れていた。

太平洋戦争時代（一九四一〜一九四五年）

鉱夫の統一

こうして鉱夫たちの手で運営されてきた交誠会は、日本が太平洋戦争に突入していくにつれて、実質的な活動から離れて、次第に国の思想統一の目的に利用されるようになっていった。さらに、交誠会は解散させられて、大日本産業報国会の中に組み入れられていったが、長年にわたって鉱夫たちの生活の中に生きてきた交誠会は、一気に解消してしまうことは出来なかった。そのため、花岡鉱山では、産業報国交誠会と呼ばれていた。一九四四年以降になると、交誠会という名称は削られてしまったが、すべてが統一されていた戦時中に、名称の中に交誠会を残したということは、非常にめずらしい例だといわれている。

もともとこの産業報国会は、国からの強制でつくられたもので、一九四一年につくられた時の組織は次のようなものであった。

大日本産業報国会 → 各府県支部 → 各郡支部 → 花岡支部

また、花岡支部の組織は、次のようになっていた。

総裁 → 会長 → 副会長 → 各部長 → 班長 → 会員

最初に組織された時は、総裁がなく、会長以下の組織であったが、その後に総裁もつくられた。総裁は所長、会長には労務課長が選ばれていた。副会長は二名で、各部長には労務課長が選ばれていた。副会長は二名で、各部長には、例えば採鉱部長というように各課の名称をつけて、その課の課長が部長になっていた。その下の班は、職場単位で構成されていたので、班長にはその職場の長が選ばれていた。

このように、産業報国会の組織が強化される一方では、長い間にわたってつづけられてきた組夫制度も廃止された。組夫制度を廃止した主な目的は、鉱夫たちの支配を確立するためであった。しかし、鉱山の内部からすると、組夫制度そのものの存続が難しくなっていることも事実であった。というのは、開戦と同時に鉱夫は大幅に減少するようになり、その補充は一飯場の力ではどうにもならない状態にきていることも確かであった。

だが、組夫制度が廃止になったとはいっても、その時点で組下に在籍していた鉱夫は、そのまま組下という名称が残っていた。また、菅・白根・板垣の飯場頭には、鉱夫世話役の名称がそのまま残されていた。ただ、廃止される以前のように、組下夫が一日働くといくらと会社から貰っていた出稼手当が廃止された。そのかわりに、鉱夫世話役規程にそって、組下夫が直轄になるという形をとって、男一五円、女五円の割で、会社では各飯場頭に支給している。会社では組下夫を、飯場から買い上げたのである。こうして鉱夫は組織的にも統一されて、戦時体制は完備されていった。

戦時下の鉱山は「信賞必罰」をモットーにして、きびしい統制を行なったが、それぞれの鉱夫は自分の胸に、名札をつけなければならなかった。その名札には、その人の階級を示す記号がつけられていた。

所長　　赤筋三本

課長　〃　二本
係長　〃　一本
係員　所属現場を赤字で書く
鉱員（職頭以下）　〃　黒字で書く

また、毎月のように八日は興亜奉公日として、この日は宮城（皇居）を遥拝《ようはい》したあとで、訓辞などが行なわれた。

鉱夫の生活

花岡鉱山は一九四二年に軍需工場に指定され、月産三万トンから五万トンの生産目標が決められた。生産目標の達成は軍部から強く要請されたが、設備の不備、機械の不足、労働力の不足などによって、生産はなかなか伸びなかった。そのため、頼れるのは人力だけであり、目標達成のためには、大量の人力を投下しなければならなかった。しかし、鉱夫でも兵役につくようになり、怪我や病気などで入坑のできなくなった鉱夫の補充が不可能になるほど、労働力不足は深刻になってきた。

花岡鉱業所の資料によると、鉱山の稼働人員は戦争が激化してくるにつれて増加している。

表1（P.136）を見るとわかるように、最大の労働力を擁した一九四四年前後には、一万三千人もの人たちが花岡鉱山に動員されている。しかも、一人前の男の人を動員するのが不可能になると、徴用工の名目で国内から狩り集めた寡婦、娘、少年たちまでが鉱山に動員され、一五歳前後の少年や、二〇歳前後の娘

たちまでが、坑内での地下労働を強制されるようになった。

表2（P.136）を見ると、もっとも多くの人を動員した時に、鉱山全体の産出鉱量が下がっているだけではなく、一人当たりの取扱量も大幅に減っているのである。生産目標を達成するために、どれほどの努力をつづけたかが表1と表2をくらべるとわかると同時に、乱掘を重ねても生産量が伸びなかった様子も、手にとるようにわかる。

この当時は、採掘後の処置はほとんどとらなかったために、坑内外では頻繁に事故が発生し、死亡者とか怪我人などが続出していた。一九四四年春に発生した七ツ館水没事件というのも、こうした状況の中で起きたものだった。

七ツ館坑は、費用をかけないようにと独自の坑口はつくらず、坑夫たちは隣の堂屋敷坑口から出入りしていた。また、採掘後の空洞にジリを入れて埋めるという処置もとらずに、乱掘に次ぐ乱掘をつづけていた。そのため、五月二九日に七ツ館坑の上を流れていた花岡川が陥落し、その落盤と浸水によって、坑内で働いていた一二人の日本人と一二人の朝鮮人の鉱夫が生き埋めとなった。陥落後も数日にわたって、七ツ館坑の奥深くにまで敷かれている軌道のレールが、ハンマーで叩かれる音がして、生き埋めにされた人たちが生きていることを告げていたが、花岡鉱業所ではこれを無視して救出の手をのべなかった。また、仲間の坑夫や家族たちが、せめて遺体だけでも掘ってくれるように頼んだが、鉱業所ではそんなことにかける人手がないことを理由に拒否し、陥落した場所にトラックで大量の土砂を運んで埋めると、その上に七ツ館弔魂碑を立てて、二四人の坑夫を永久に地下に葬ってしまったのである。戦時中に鉱夫が置かれている立場が、この事件の中に象徴的にあらわれている。

一九四四年前後の稼働人員の内訳は、次のようになっている。

直轄夫　四五〇〇人
朝鮮人　四五〇〇人（延べ人員）
徴用工
・挺身隊　三〇〇〜四〇〇人
・勤奉隊　三〇〇〜四〇〇人
・学徒隊　三〇〇人
俘虜《ふりょ》
・米人（英豪人含む）三〇〇人（最大時四八〇人）
・中国人（鹿島組）八〇〇人
・中国人徴用工（東亜寮）三〇〇人
請負業者　一五〇〇人

これをみてもわかるように、鉱山労働者が不足した花岡鉱山には、鉱山以外の労働者がいかに多く動員されてきたかがわかる。また、軍需工場に指定された多くの鉱山がそうであるように、花岡鉱山の場合にも、多くの朝鮮人や中国人が強制連行されてきて、働かされていた。

（一）連合軍俘虜（一九四四〜一九四五年）

米人をはじめ、英・豪人の連合軍俘虜は、軍の管理下におかれていた。そのため、食糧配給なども直轄夫より多く、一日に米六合相当量が渡されていた。主に、観音堂露天掘切取工事の土砂運搬や、電気、機械工場などで働いた。当時、直轄夫の死亡率は二%であったが、連合軍俘虜の場合も二%であった。しかも、六名の死亡者のうち、二人は終戦後に米軍輸送機の物資投下による事故死であった。

（二）中国人俘虜（鹿島組）（一九四四〜一九四五年）

この人たちが、いわゆる「花岡事件」の人たちなのである。三回にわたって、九八六人が鹿島組の手で連れてこられたが、そのうちの四一八人が殺されている。七ツ館坑の上を流れている花岡川の切替工事や、獅子ノ沢築堤工事などに従事した。食糧は配給だけであったが、その中から補導員たちがピンハネをするので、小量の食べ物より渡らなかった。

（三）中国人徴用工（一九四四〜一九四五年）

この中国人は花岡鉱山の支配下にあって、観音堂土砂切取工事などに従事した。鹿島組の支配下にあった中国人とは違って、班引率で外出することもたまに認められていた。食糧も配給でまかなわれていたが、ピンハネなどはされなかったうえに、家畜を多く飼い、畑もつくっていたので、わりと恵まれていた。死亡者は三〇〇人のうちから一二人が出ている。

（四）朝鮮人（一九四二〜一九四五年）

一九四二年七月ころから徴用されて花岡鉱山へくるようになり、一九四四年の最大の時には、四五〇〇人の多きに達した。期間は一年もしくは二年の契約だったが、最初の半年くらいは逃亡を防ぐために厳重に監視されたが、長くいた人にはかなりの自由が許されていた。食糧は配給だけであったが、外出が出来るので、外で入手することが出来た。朝鮮人はほとんどすべての現場で働いていたが、その中でもとくに多いのは、採鉱の運搬の仕事であった。そのほか、労務課に多くの予備隊がいて、その日によって人員が不足した現場に送られていた。死亡者の数ははっきりしていないが、直轄夫より若干多い程度ではないかとみられている。

（五）勤奉隊、挺身隊（一九四四〜一九四五年）

徴用工として動員されたものだが、勤奉隊はわりと短期間（三カ月くらい）を徴用されたのにくらべて、挺身隊は長期（半年以上）にわたって動員された。主に秋田県南地方の農民や商人が徴用されたが、食糧は配給によってまかなわれた。しかし、家からの差し入れや食糧の仕送りなどがあったので、恵まれている方であった。仕事の内容は、観音堂露天掘切取作業であったが、女の徴用工は炊事にまわされることが多かった。しかし、さらに鉱夫が不足してくると、坑内に入った人も多かった。外出などは、ほとんど許されなかった。

（六）学徒隊

学徒隊は主に大館中学（後の鳳鳴高校）の生徒たちで、仕事、食糧、組織などは、徴用工と同じであった。ただ、学徒隊には学校の教師がつきそっており、動員期間中は、それらの先生たちによって、夜間に学課がやられていた。

なお、直轄夫の一部をのぞいた労務者の作業は、すべてノルマ制で行なわれた。ノルマは年齢や体力などによって若干の差はあったが、からだの弱い人や、学徒隊にとってはかなりの重荷であった。

（七）請負業者下の労務者

請負業者の下にも徴用工がいくらかいたが、その大部分は自由労務者であった。待遇は直轄夫とほぼ同じであったが、作業内容はかなり重く、きびしいものであった。それだけに、カネ取りには恵まれていたので、花岡周辺の物価は、これらの業者や鉱夫によってつり上げられたとさえいわれた。

一九四四年六月の某組下の某労働者は、月に四〇〇円を稼いだという記録が残っている。当時の直轄夫は、坑内夫の最高で二〇〇円を割っていたというから、相当の額であった。だが、その人の労働時間は三〇日無休で、平均すると一一二時間半であったという。

なお、請負業者たちは大日本労務報国会をつくっていたが、戦後の一九四六年に解散となり、役員は追放になっている。

こうして長い間にわたって、多くの人たちが苦しい労働をつづけたが、やがて敗戦となり、一、学徒隊、

二、挺身隊・勤奉隊、三、連合軍俘虜、四、中国人、五、朝鮮人、の順で花岡鉱山から帰っていった。敗戦の年の一九四五年の暮れまでには、送還がほぼ完成しているが、請負業者下の労働者も、同じ時期に残務整理者を除いて四散していった。そして時代は、戦後に移っていくのであるが、戦後の労務の変遷の記録は、またべつの機会に述べることにしたい。

花岡鉱山の友子《ともこ》制度

友子制度の発生

旧時代に鉱山で働いた坑夫たちの生活は、辛苦をきわめたものであった。坑内の施設はまったく整えられていなかったので、いつ死傷のともなうような災害にあうかわからない状態だったから、その当時の坑夫たちは、死人にきせる共襟《ともえり》のない着物をきて、水 杯《みずさかずき》を交わしたのちに入坑したほどであった。

しかも、毎日のように陽のささない暗い坑内で、岩石や鉱石のチリなどをからだ全身にあびて働くものだから、実際の年齢よりも非常に早く年をとるうえに、病気になる率も高かった。佐渡の「セット節」のなかでも、「坑夫六年熔鉱《ふき》八年、カカアばかりが五〇年」とか「大工すりゃ細る、二重まわりが三重まわる」と、その悲惨な境遇が哀調をこめて唄われている。世間並みの六〇歳が、坑夫では三〇歳くらいにあたるうえに、いつもヨロケ（炭肺）の脅威にさらされていた。ヨロケについては、徳川時代から敗戦前までの多くの記録が残されているが、そのいずれを読んでも、ヨロケにかかったために四、五年で肉がおち、骨ばかりに枯れていき、激しいセキをしながら、ススのようなものを吐いて死んでいった数多くの坑夫たちの悲愴《ひそう》な姿を見ることができる。

多くの坑夫にはこうした悲惨な将来が待っているほか、鉱山という事業の性格から、絶えず失業の不安にさらされたし、一度坑夫になると、「鉱山衆《かねやましゅう》」というさげすみの言葉で呼ばれるのが普通だった。しかも、社会保障的なものは一つもなかったので、坑夫たちは自分たちの生活やからだを守る方法を、自分たちの手であみだしていかなければならなかった。

坑夫たちの置かれているこうした厳しい環境のなかで、友子制度の初源的なものが発生したが、これが制度として固定化し、「ヘタな親戚よりもカタイ」つき合いをするほど強力に組織化されたのは、徳川家康が金、銀の鉱山復興のために制定した「金、銀山定式山例、五十三カ条」に端を発したのである。家康はこのなかで、「山師、金掘師ヲ野武士ト称スベシ」（山例五十二条の第二項）と記し、坑夫に野武士の称号を与え、苗字帯刀を許し、関所通過の特権を賦与《ふよ》したりしている。

このことは、家康が坑夫という特殊な技能を認めて野武士の称号を与えたり、苗字帯刀を許したりしたのではない。家康が天下を制覇した一因は、佐渡の金山を手中におさめたからだともいわれているが、金、銀、銅山などの開発は、天下を統一していくために必要欠くべからざるものであった。だが、いつ死傷の災害にあうかわからない坑夫にはなる人がいないために、こうした名前ばかりの特権を与えた、いわば家康の銀山政策だったのである。

友子制度は婚姻と非常に似ており、男同士の結婚、あるいは養子縁組と思えばそれほど大差がない。友子制度が盛んだったころは、厳しく習慣を重んじたし、職業上の規律も、坑夫間の信義も固く守られた。しかも、友子制度の内容は複雑で、友子特有の言葉も多いので、それらを説明していきながら、花岡鉱山での友子制度を見ていきたい。

友子には、次の二種類がある。

一、自坑夫（じこうふ）
一、渡り坑夫（わたりこうふ）

自坑夫は主として関東（足尾鉱山）や関西（別子鉱山）方面から生まれた友子制度で、その鉱山に土着している坑夫が多かった。これにくらべて渡り坑夫は、東北地方から生まれた友子制度で、たえず各地の鉱山を転々と渡り歩く坑夫が多かった。

秋田県の場合を見ると、渡り坑夫のほうが多く、花岡鉱山でも渡り坑夫が圧倒的に多かった。徳川時代には両者の区分がはっきりと分かれていたが、大正時代ごろになるとこの区分はなくなり、「自渡《じわた》り友子」として自由に交際するようになったといわれる。ただ、その後になっても、渡り坑夫の場合は、親分が死亡した際には仏参という役があり、石碑をたてなければいけないことが義務づけられていた。

この友子制度は、鉱山の規模が小さく、坑夫が小人数のヤマではあまり発達しなかった。というのは、後で詳しく述べるが、会費、不幸米、その他の支出が大きくつくうえに、交際飯場の経営などが、小人数の出費だけではまかないきれなかったからである。少なくとも一〇〇人以上の友子がいなければ、成立しなかったようである。

花岡鉱山に本格的な友子制度ができたのは、一九〇六年である。全盛期を迎えたのは大正中期から昭和初年ごろまでであり、その当時は六〇〇人くらいも入会していた。友子の総会が共楽館で行なわれるときは、友子全員の名前を書いた巻き紙が、会場をひとまわり半したと語りつがれている。

友子制度の組織

友子制度の運営機関は、次のように構成されていた（次頁）。

次にそれぞれの役職の内容などを、簡単に説明したい。なお、カッコ内は役員数である。

・箱元《はこもと》＝これは、一鉱山の友子の総元締である。金庫や重要書類などを保管する関係もあって、歴代の飯場頭がこの役をやった。花岡鉱山には、白根永吉、石田輝吉、板垣熊太、白根敬蔵などの飯場頭がおり、交代でこの役についていた。（一名）

・内務大当番《ないむおおとうばん》＝これはおもに会計や事務などを扱う人なので、真面目な人が選ばれた。（一名）

・外務大当番《がいむおおとうばん》＝浪人問題などのように対外的なことを扱う役目で、鉱山内の顔ききが選ばれた。（一名）

・区長《くちょう》＝住居別ごとに各区長がいて、その区内の友子の面倒をみる役である。花岡鉱山の場合、はじめのころは稲荷沢、元山、新築の三区であったが、一九二九年に前田区ができて、元山区はなくなっている。

他の鉱山では、職種別に区長がでる場合もあった。（各区一名）

・当番頭《とうばんがしら》＝区長の下に属し、区内友子の実際の面倒をみる役である。不幸米を集めたり、会費を集めたり、不幸のあった家に人手を差出したりする仕事をするので非常に忙しく、あまりこの役にはつきたがらなかった。（各区一名）

・世話人《せわにん》＝当番頭の下にいて、不幸米などを実際に一戸一戸をまわって集めたりする役で、新大工がこの役をやった。いわば友子の小使役であった。（各区二～三名）

議員《ぎいん》＝友子運営の決議機関であり、各区ごとに、その友子の数に比例して議員が選出された。花岡鉱山の場合は、議員数は一〇人くらいであった。議員は毎月一回議員集会を開いて、いろいろな問題を協議して決めるほかに、会計監査も議員たちの仕事であった。

これらの友子の役付きは、六カ月ごとに開かれる大集会と呼ばれる友子の総会で、選挙によって選出された。ただ箱元だけは、輪番的に各飯場頭がなっていたので、推薦のかたちで選出された。このなかでもっとも選挙の激しいのは、各区ごとに行なわれる議員の選挙であった。各区ごとに行なわれ

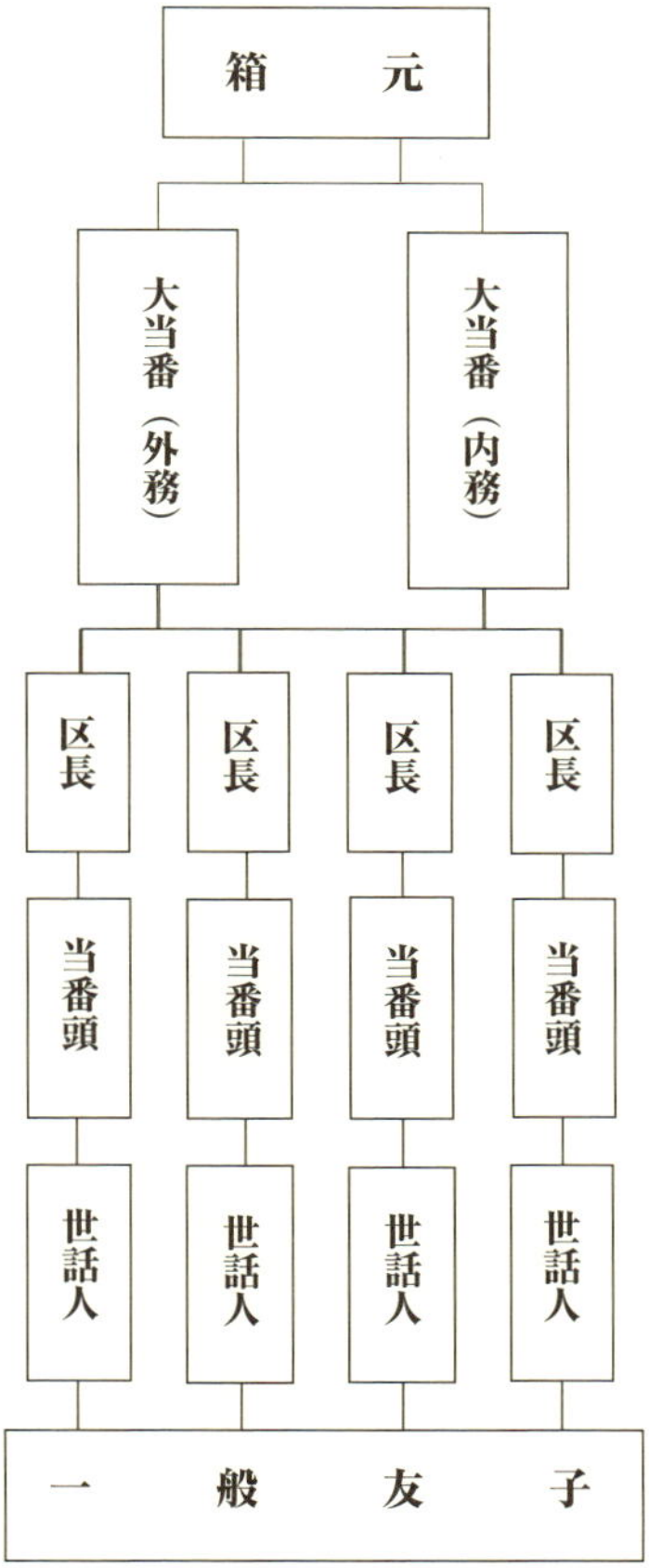

る議員の選挙であった。区長の場合も、区ごとの友子によって選出されたが、当番頭や世話人はなり手がないため、だいたい輪番で推挙された。これらの選挙は個別に行なうのではなく、総会の日に同時に行なわれていた。ただし、大当番だけは、友子総員の選挙で決まっていた。

友子制度の運営

友子の運営は、役員を選挙で選んだり、議員集会で決議をしたりはするが、それらの決定した事項にもとづいて執行するといった形式のものではなく、実際にはもっと血族関係に近いやり方で行われていた。それは、友子が人為的であっても、血族関係を結んだことになっているからである。しかし、親分と子分がおたがいを世話することになっていても、現実にはほんとうの親子のように交情のこまやかな場合もあるし、その反対に親分と子分の間が不仲で、極めて冷淡な場合もあったようである。

友子は団体として活動するというよりも、個人個人の交際が大切にされる制度であるため、団体が対外的に活動をするということはあまりなかった。ただ、渡り坑夫は鉱山内には身寄りのない流れ者が大半だったので、祝祭日とか不幸事のあるたびに、親子や兄弟分たちが集まって、なぐさめあったり、喜びあったりしたものである。

そのかわりに、山例五十三カ条に定められている最低限のことは、強制的に義務づけられていたので、これは必ず行わなければならなかった。花岡鉱山の場合、昭和の初めごろに守らなければならなかった規定は、次のとおりだった。

会費＝友子一人につき月一〇銭。

不幸米＝友子の家族が死亡した時は二合、友子の本人が死亡した時は五合の米を、全友子が不幸のあった家に贈ったのである。また、不幸のあった家に手伝いに行くことも区長が決めて指示した。

なお、友子に入っていて、病気および負傷した場合の救済方法は、次のようなものだった。

病気をした時には一日二〇銭の割で、病気欠勤中にわたって見舞金をだし、負傷した場合は一日一五銭であった。負傷（もちろん公傷の場合）した時の金額が少ないのは、会社側で負傷者にいくらか手当を支給したので、友子からの支給額は少なかったのである。

浪人の救済制度は、次のようになっていた。

友子を三〇年以上勤めた人で、硅肺《けいはい》や負傷などで働くことができなくなった人は、浪人と呼ばれた。働けなくなった浪人は、山中友子の証明のある「先々証明書」という行先の明記されたものと「自渡＝坑夫同盟取り立て面附」を持って、各鉱山をまわって歩くのである。

浪人は山につくと、いちばん最初に外務大当番のところに行って、「自渡り坑夫同盟取り立て面附」と「先々証明書」を示すと、大当番はそれを調べて本物だとわかれば、交際飯場に連れて行くのである。花岡鉱山の交際飯場は、白根飯場内にあった。

浪人は飯場に行くと、「貴君とは初めての対面とは思うが、どこかで会ったことがあるかもしれない。二度の対面や言葉の間違いがあったらお許し願いたい」と述べ、さらにつづけて、自分はどこの国のこれこれという者で、出生の鉱山はどこで、親分は何某、子分は誰々と、職歴や出生歴さらにこの鉱山を訪れた理由などを詳細に述べる。

迎える側では、「ご浪人さんには御苦労さんです…」と述べたあと、浪人と同じようなことを詳しく述べるのである。これが友子の仁義で、型どおりのことをいれかわりたちかわりやるので、はっきり覚えていなければならなかった。また、言葉とか態度などの仁義の形式は、非常にやかましかったという。

浪人たちは、希望する日数だけを、一切のことが無料で待遇されたが、なかにはそのまま住みついてしまう人もいた。また、浪人自身が奉加帳を持っていると(浪人によっては奉加帳を持たない人もいた)、いくらかの金銭を与えられた。また、浪人がそこからほかの鉱山へ行こうとする場合は、その鉱山までの旅費と若干の小遣銭を与えて、その鉱山まで送りとどけることになっていた。

身寄りのない浪人は「先々証明書」と「自渡り坑夫同盟取り立て面附」さえあれば、働くことができなくなっても各鉱山を転々としながら余生を送ることができた。また、浪人が飯場にいる時に喧嘩があっても、浪人が仲裁に入ると、理由はどうであっても仲直りをして顔をたてた、しかも、友子出生取り立ての場合は、浪人立ち合いの役をはたした。

こうみてくると、社会保障がほとんどなかった時代にしては、かなり形の整った救済制度であったが、その裏ではこうした友子制度が坑夫の監視の役割りと、組頭などが搾取することに利用されたことも確かである。

徳川時代から明治、大正、そして昭和初期にかけては、坑夫の数が非常に少なかったので、坑夫たちは勝手気ままに鉱山を渡り歩いても、食いはぐれるということはなかった。例えば花岡鉱山にきても、気が合わなかったり待遇が悪かったりすると、一日とか二日いただけで、布団や茶碗それにセットやカンテラなどの道具をまとめ、ほかの山へと移っていった。実際にはそれほど簡単には移れなかったようだが、全体的にこうした状態なので、ひとつ鉱山に長く住みついて働く人は非常に少なかったので、鉱山ではいつも坑夫が不足していた。これを助けていたのが、組制度だったのである。

花岡鉱山には、白根永吉、石田輝吉、板垣熊太、白根敬義の四つの組があった。組ではそれぞれ飯場を持っていたので、組頭は飯場頭であり、友子の箱元でもあった。組頭は方々から坑夫などを集めてきては会社に貸しつけて、一人頭いくらという手数料をもらい、坑夫たちからは飯場代や日用品の売りつけなどでしぼりあげることができたから大きな儲けになった。そのため組頭は、所長や町長などと同じような権力をにぎっていた。坑夫たちはいったん飯場に入ると、いっさいのものを飯場頭に預けなければならなかった。月々の給料さえも預けておき、金が必要になった時は出してもらうようになっていた。そのかわりに、稼ぎがなくて金が不足した時は、飯場頭が貸してくれた。借金をしているとよそのヤマには移って行けないので、一円といえば二円、二円といえば四円といったぐあいに貸したということである。

その時その時によって鉱山を渡り歩く坑夫が多かったので、会社直轄の坑夫は数えるほどしかいなかった。だが、飯場には入らないで、社宅に入っている会社直轄の坑夫たちも、どこかの組に所属していないと、働くことができなかった。組頭は坑夫の生活や仕事などのいっさいをにぎっており、その監視状況をつねに会社や請願巡査に連絡する仕組になっていた。

このような組制や飯場がなくなったのは、敗戦後のことであるが、友子制度はこうした組織の上に成り立っていたことも、同時に考える必要がある。

友子の出生取り立て

新しく友子に加入することを、出生取り立てといった。友子は、親子や兄弟といった血族関係と同じ名称で呼ばれていたので、新加入することを「出生」と呼び、新加入した日のことを「出生命日」といった。また、新加入した人を「新大工《しんだいく》」と呼ぶが、四年までの人を新大工、二五年までの人を非若者、二五年以上の人は若者、四〇年以上の人は老翁役といった。

友子に加入して三〇年以上になって若者とよばれ、浪人の資格を得るようになると、なんの役をやらなくともよくなり、集まりがあると上座にすわり、頑張っていることができた。そのため、余裕のある坑夫は、子どもが生まれるとすぐに友子へ入会させた。こうして入会する人を「エヅコ＝（嬰詰めの意、幼い子どもを入れておくようなもの）金掘り」といったが、この人たちは二五歳になるともう若者になるので、大きな顔をしていることができた。しかし、生まれてすぐに入会させるのはよほど余裕のある坑夫の場合で、たいていは子どもが一〇歳くらいのころに入会させていたといわれる。

新しく友子が出生取り立てをする式のことを、「同盟友子結盃式」といった。この時に飲み交わす三三九度の酒には、塩と魚のなまぐさをいれて血の代わりとした。清めて固く結ばれるという意味だが、のちに兄弟分が仲間割れをした時など、

「おたがいにしょっぱい酒を飲んだ間柄じゃねェか」と仲裁したが、これでたいがいの喧嘩はおさまった

というから、相当に重い意味を持っていたのである。

同盟友子結盃式は、普通は年に一回だったが、その年によって申込が多いと、年に二回やることもあった。その年によって入会者が多い時もあれば、非常に少ない時もあった。

また、兄弟分には個人的なつきあいのほかに、年に一回か二回、彼らだけが集まって酒を飲んだりしていた。このための兄弟分同士の会費は、月一〇銭であった。

出生取り立ては、毎年春に行なわれた。正面には山神様の掛け物をかけ、お膳と一緒に坑夫たちが使うセットウ、掘りタガネ、口切りタガネなどの一部に白紙を巻いて供えた。この正面に、箱元、大当番、区長その他の役員がすわり、その隣に鉱業所長と隣鉱山の大当番が、立合い人としてすわる。さらにその隣には、町長、学校長、警察署長などが来賓《ひん》としてすわった。

この日の会場には、親分になる人、兄分になる人、新しく出生する人、それに友子たちが集まる。参加者が全部そろうと、山神様を拝み、その後で世話人が、友子全員を出生の順に読みあげて、全員の承認を得た。この時に、出生の順を間違って読んだりすると、友子が異議をとなえるがそれが納得させられるまでは、式は進行しなかった。また不交際で赤紙をはられた友子たちの不満やその他のことで式が長時間にわたることもしばしばだったという。

全友子の承認が得られると、世話人は新しく親分と子分になる人の名前を呼ぶのである。例えば、

「親分、羽後の国の産の何の何某」

「子分、陸中の国の産の何の何某」

と呼ぶと、呼ばれた順に、親分と子分が対座をする。この年に出生する人が全部そろうと、世話人がそ

の中をとおりながら、酒をかわるがわるついで、三三九度の盃をあげる。これが終わると、次に兄分と舎弟の関係の盃をあげる。新しく出生した人は、父にあたる親分と、母にあたる兄分をこれで与えられたことになる。このあとで、同じ日に出生した人たち全部で、兄弟分の盃をあげて式を終るのである。

式が終ると、親分は出生取り立ての式をすませたばかりの子分を家に迎えて、親子名のりという式が行なわれる。この席には、兄分、取り立て世話人、区長、当番頭などが、立ち合いのために同席する。この式に出る人は紋付きの羽織袴をつけ、二の膳付きの豪勢なふるまいがされた。この席上で、親分は子分から反物一反、兄分はシャツ程度の品物を贈られた。

この式で盃がかわされると、新加入者は名実ともに友子になったことが認められた。花岡鉱山では、この際に「自渡り坑夫同盟取り立て面附」というものを渡した。この面附は、普通の鉱山では三年三月一〇日をすぎた新大工でないと、もらうことができなかった。

この面附には、山例五十三カ条の重要な個所を抜き書きした冠頭文にはじまり、親分と子分の関係、兄弟分の関係を明記し、立ち合い人の名前を書いた後に、「山例定法」に記されている友子の義務と、取り立て年月日が書かれている。この面附と、行き先の鉱山友子宛の紹介状のことを「先々証明書」というのであるが、面附のことは後で詳しくふれたい。

また、新大工の出生取り立てのすべてを決めるのを取り立て世話人と呼び、この会議を取り立て世話人会といった。取り立て世話人会は、次の人たちで構成されていた。

大工世話人＝親分と子分の関係を決める人。五人位。

掘子《ほりこ》世話人＝兄分と弟分の関係を決める人。五人位。
鎚分《つちわけ》＝自坑夫からでた世話人。一人。
後見人《こうけんにん》＝渡り坑夫からでた世話人。一人。

取り立て世話人会の構成員は、すべてが友子総員の選挙で選ばれた。大工世話人と掘子世話人は、新加入者の血縁、姻籍、友人関係などを詳しく調べて、親分、子分、兄弟分の関係を決定し、それを鎚分と後見人に閲覧してもらい、その承認を得てから最終的な決定をした。

こうして決定された関係は、どのような理由があっても変更することは許されなかった。この決定は秘密裡に行なわれるほか、本人の意志とか希望などはいれられなかった。なかには「望《のぞみ》親分」といって、自分の好きな親分の子にしてもらいたいと世話人に裏から運動することもあるが、そのことが発覚すると取り立て式の時に流血の惨事が起きることさえあった。

取り立ての日は、お祭り的なもので、しかも酒がはいるものだから、日ごろから仲の悪い親分と子分、あるいは兄分と弟分などが喧嘩をするようなことも多かった。

友子の新会員の募集は、新加入者たちが積極的に行なった。というのは、新しい人たちが入ってこないかぎり、自分たちはいつまでも下働きをしなければならなかったからである。

取り立て面附

取り立て面附のことを、さらに詳しく述べてみたい。花岡鉱山で出した面附を開くと、最初に、「自渡り坑夫同盟取り立て面附」とあるが、これは、自坑夫と渡り坑夫は元は別々の友子であったのが、同盟を結んで同盟友子になったからである。

掘子面附＝掘子とは兄分と弟分のことである。自坑夫は兄分と称し、渡り坑夫は依母兄《いぼせな》と称した。また、自坑夫は「住人」と名のり、渡り坑夫は「産」と言った。

大工面附＝大工とは、親分と子分の関係をあらわす言葉である。

老母立合人＝兄分の主だった者の立合人である。

隣出立合人＝これは近くの友子が立ち合うが、おもに外務大当番がこの任にあたった。花岡鉱山の隣出立合人には小坂鉱山友子がなった。

鍛冶立合人、製錬立合人＝友子の統制を職種別に行いその職種の長が立合った。しかし、花岡鉱山の場合は区制をとっていたので、区長立合人がこれに該当する。

浪人立合人＝その時に飯場にいる浪人が立合った。

中老立合人＝青年友子の立合人である。

総立合人＝友子の代表として、元老格の友子が立合人となった。

村立合人＝これは友子ではなく、友子の客員がなったが、花岡鉱山では菅清治がこの待遇をうけて立合人となっていた。

鉱業所立合人＝会社側の主だった者の立合人。

鉱業所採鉱立合人＝友子といちばん関係のある採鉱課の係員が立ち合った。

このほかに、元老立合いと称して、友子の元老が立合うこともあったが、次の立合人は説明を加える必要はないだろう。

山中箱元立合人
山中飯場立合人
山中議員立合人
掘子世話人立合人
大工世話人立合人
鎚分立合人
後見人立合人

なお、こうした場合の立合人のなかで、その立合人が友子である場合は、自坑夫、渡り坑夫の種類によって、「住人」「産」として出身地をあらわしたが、友子でない立合人は「立身」として区別された。

面附の最後には、友子の義務をはたすようにと書かれているほか、出生して三年三月一〇日を経るとはじめて一人立ちの友子として認められ、他の鉱山へも出ていくことができるとある。この面附のほかに、行き先の鉱山友子宛の紹介状である「先々証明書」を持っていくと、どこの鉱山へも大手をふって自由に行けたのである。

仏参

これは自坑夫にはなく、渡り坑夫だけにある義務だが、親分子分の盃をかわすと、仏参《ぶっさん》という義務が生まれた。親分が死亡した時に、子分は次の年の盆までに、親分の石碑をたてなければならないが、これが仏参の義務である。何らかの理由で（おもに経済的な理由で）、期日までに石碑の建立ができなかった人は、大当番や区長などから特別の延期証明をもらわなければならなかった。それもやらないでずるずると仏参を怠っている人は、何年たっても子分のままであり、親分になることはできなかった。仏参をした人は、たとえ三年三月一〇日を経ない新大工であっても、親分になる資格を獲得したことになる。

渡り坑夫というのは、その名のとおりに各鉱山を渡りあるく坑夫だから、肉親のいない異国のヤマで野たれ死にをする人が多かった。そのため、子分がその墓をたてるという風習が制度化したようである。

花岡町花岡字七ツ館の信正寺境内にある石碑を見ると、石碑の正面には、

秋田産
　佐藤利吉之墓
　　大正十四年（一九二五）三月十九日死
と刻まれ、横には、
子分　秋田産　青池与市
子分　秋田産　〇〇〇〇
と刻まれている。

だが、いくら親分のためとはいっても、墓をたてるということは容易ではなかった。昭和初期のころで、一基に一五円くらいかかったといわれるが、これは坑夫にとっては大きな負担であり、仏参のできない人が次第に多くなってきた。

そのため、坑夫たちの負担をいくらかでも軽くしようと花岡鉱山の友子で考えたのが、友子のカネでたてた「共同石碑」であった。信正寺境内には三基の共同石碑があるが、いちばん古いのは一九二二年にたてられている。

高さ六尺、幅三尺の石碑には、ヨコ三寸、タテ五寸が一人分のマスであり、一マスで三円を友子に納めればよかったから、一人で石碑をたてるよりは、随分と安くついたのである。一例をあげると、

親分秋田産
故佐々木運吉
子分秋田産小林多市
昭和五年(一九三〇)九月十三日

というのが、一基の表と裏に七〇~九〇コマほど刻みこんである。一基に全部が刻まれると、また新しい石碑をたてたが、三基のうちでいちばん新しいのは表の上部だけ刻まれており、最後に刻まれたのは、一九四四年八月三一日となっている。

仏参を終了した人は、その時に立ち合った人から仏参証明書が交附された。仏参の時の立ち合い人は、

大当番(内、外とも)二人
議員　二人
区長　一人

の五人と決められていた。

親分の墓を子分がたてるのは義務であったが、死んだ子分の墓を親分がたてることは、逆縁といって禁じられていたので、この場合は兄弟分たちがたててやった。また、親分の葬儀は、息子ではなく子分が営んだし、位牌も子分が持っていたので、法事も子分がやらなければならなかった。

友子の会費や不幸米の未納者、あるいは仏参をしない人は、友子の義務を欠いたというので、不交際にされた。不交際になると、出生取り立て式の時には名札の下に赤紙がはられた。それでも義務をはたさな

いでいると除名となり全国の鉱山友子に回報をとばして知らされた。これをやられると、鉱山で働くことができなかった。

花岡鉱山で出した「友子除名回報」は、次のようなものだった。

友子除名回報

一、親分　陸奥産　故○○○○

一、子分　秋田産　○○○

右、大正六（一九一七）年中当山ニ於テ出生シタルモノニシテ大正九（一九二〇）年一月一月親分○○○○死亡シタルモ未ダ仏参ヲ執行セズ是マデ当事者ヲシテ再三再四督励シテ本月マデ交際許シ置キタルモ到底仏参ノ意志ナク誠ニ不義ノモノナルヲ以テ今回除名ス

大正十年（一九二一）九月一三日

秋田県鹿角郡花岡鉱山

同盟友子ヨリ

全国御友子　御中

むすび

このようにして肉親よりも強い結束を誇ってきた友子制度も、第一次世界大戦後のパニックをさかいにして次第に衰弱し、さらに労働組合が強化されるにつれて無力化するようになり、友子の全国組織はくずれだしてきた。

花岡鉱山の場合も、事務員を含めると七〇%が友子であり、坑夫だけだと九〇%が友子に加入するほど盛んであった。しかし、一九一八年に会社が音頭をとって「交誠会」がつくられ、一九二七年に健康保険法が制定されるようになると、友子の数は急激に減ってきた。会社や国の救済制度がつくられるにつれて、強制の強い友子から脱ける人が次第に多くなってきたのである。

やがて、太平洋戦争がはじまり、日本全体が軍国調にぬりつぶされるようになると、制度としての友子は完全にくずれていった。共同石碑に親分の名を刻むようなことは、戦時中でも何件かはあったが、戦争協力一本にぬりつぶされているなかでは、友子制度の存続さえも許されなかったのである。

制度としての友子組織は、こうして花岡鉱山から消えていったが、親分と子分、あるいは兄弟分などの連帯意識は現在でも残っているといわれる。祝い事や不幸事などがあると、親分と子分、あるいは兄弟分などはおたがいに行き来している。また、彼岸や盆になると、花岡鉱山にいる人は親分の墓参りをしているし、共同石碑にも花や供え物などが見られる。

友子制度は最初は共同救済をとりながら、のちには完全な搾取の組織に変わったのである。重病人や老人は奉加帳や面附を持って各地の鉱山を渡りあるきながら生活をしたが、これなどは鉱山主が負担すべきものを、坑夫の負担になっているのである。また、賃金の代理受け取りや、日用品の供給、あるいは貸与などで、中間搾取をされることも多かった。しかも、出生して三年三月一〇日を経なければ面附をもらって他の鉱山には移れないなど、坑夫を鉱山にとどめておく足枷《あしかせ》にもなっていた。自分たちの生活やからだを、自分たちの手で守るためにつくられた組織によって、逆に搾取されるようになったのは、皮肉な現象でもあった。

それでは、かつて友子を経験した人だけがこうした考えをいまだに持っているのかといえば、そうではないようである。若い世代のなかにも同じような意識が見られるというが、ということは、現在の坑夫たちの場合にも、労働の危険性とか硅肺《けいはい》などの恐ろしさという根本的なものが、昔と同じように坑夫の心につきまとっているということであろうか――。

第三部　花岡事件を見た二〇人の証言（後編）

付記　証言集について

「わたしは自分で体験した本当のことを、語っておきたい。それによって、自分の身に多少の不利益なことがあっても……」

わたしがこの証言集をつくるために取材を申し込み、わたしの願いに応じて下さった二〇人の方たちの底に共通しているのはこれであったことを、いま、編み終えるにあたって、しみじみと感じさせられている。体験が証言としてまとめられることによって、どんどん一人歩きをしていき、それが多様な波紋をなげかける場合もあることを、どの人も長い人生のなかで知りつくしている方たちであった。それでもなお取材に応じてくださったお気持には、感謝の思いでいっぱいである。

また、この証言集には収録することが出来なかったが、この他にもぜひ語っていただきたい方もいるし、また承諾を得ている方もいる。これで終わりというのではなく、今後とも歩みは遅いだろうが、この仕事を持続するつもりでいる。そのためのご協力を、ぜひともお願いしたい。わたしたちの身近かにある貴重な民衆の遺産を、そのまま放置してしまうようなことを、わたしたちの世代からはなくしていきたいからでもある。また、これから三〇年、あるいは五〇年の後に花岡事件を調べたいという人がでても、その時には現体験者から証言を求めることは出来ない。その人たちのためにも、原資料としての証言を伝えておきたいという思いを、この証言集に込めている。

なお、この証言はわたしが聞き役となってテープに録音し、整理もまたわたしの一存でおこなった。字句や表現などに適切でない部分があれば、その責任はすべてわたしにある。また、証言のなかには、これまでに流布されている事実と異なる部分もある。はっきりと記憶が違っていると思われる点は相談のうえで訂正したが、その他はそのままにしておいた。

＊この証言集は、御茶の水書房版『花岡事件を見た二〇人の証言』（一九九三）から再構成している。

毎日のように人が死ぬ

鹿島組職員の見た事件　佐藤文三の証言

わたしが鹿島組の花岡出張所に雇員として入社したのは、花岡事件の起きた一九四五年三月です。入社してから三カ月目に事件に出合ったわけです、当時は入社したてであんまり会社のこともよくわからなくて、わたしらはまだ「ガキ（小僧）」と呼ばれる少年でした。でも、やっぱりあの事件は、いまでも忘れることが出来ないほど、いろいろと思い出されます。あとになって人から聞いたり、本で読んだりして詳しく知ってくると、大変なことだったんだなと考えますね。

わたしは一九二八年に、大館市に生まれたんです。いまのＮＨＫの放送局がある近所で、大館男子尋常高等小学校から高等科へ二年入ったのです。それから弘前工業学校の建築科へ入学したのです。わたしの父親は若い時は曲げわっぱの職人で、それから国鉄職員になったのですが、退職するとまた曲げわっぱをやってましたから、そういう関係で建築科に進んだような感じです。弘前工業には大館から、汽車で通学しました。朝は六時に家を出て、大館発六時五〇分ごろの汽車に乗り、弘前駅には八時ちょっと過ぎに着き、八時三〇分ごろには学校へ着きました。冬なんかは大変ですが、夏はそれほどでもなかったですね。大館からは、一〇人ばかりが弘前工業に通学していました。

建築科には四五人が入学したのですが、途中で満州（中国東北部）とか予科連に行ったり、軍需工場に行った人もおったし、卒業してからその方面に行った人もいました。わたしは教官から、「お前はどうして軍隊関係に行こうとしねんだ」って、よぐ叱られました。内地《ないち》にいたいと思ったので鹿島組と沖電気を希望したんですが、鹿島組だと花岡出張所におられるということだったので、沖電気はやめて、鹿島組に入ることにしたわけです。この時は八人が一緒に入社したのですが、建築科からはわたしと小山内君の二人でした。建築科といっても、勉強したのは三年間のうち、一年間くらいのものでした。なんせ戦時中ですからね。あとの二年は、学徒動員で青森県の三沢飛行場に行ってました。海軍の兵士たちが入る住宅づくりが仕事で、わたしらは大工のてご（助手）をやりましたから、あんまり勉強なんてしませんでした。

三月末に卒業すると、そのまますぐ鹿島組花岡出張所に行きました。試験はなく、学校で書類を出したら、そのまま全員が合格でした。わたしたちより上の級の人たちは、全部といっていいほど外地へ行ったんですね。そのため、鹿島組でも若い人を必要としたんじゃないでしょうか。雇員という資格でしたが、入社すると東京の本社へ二週間くらい研修に行くと聞いてましたが、ぜんぜんそういうことはなく、まっすぐに花岡出張所の勤務でした。

あの当時は、鹿島は土木が主体で、清水建設は建築の方が主体でした。清水は花岡鉱山にも出張所があって、大きな選鉱場をやってました。鹿島組では朝鮮人の正木主任の下にわたしたち二人が入ったので、三人が建築課のメンバーで、大工が使う材料を資材倉庫から出したり、木造の仮設倉庫の屋根を直したり、正木主任に言われて、中山寮の腐った下見板を取り替えるために、大工と一緒に行ったりしました。入社した当時のわたしらの仕事は、まあ、そんな程度のものでした。

あのころの鹿島組花岡出張所には、五〇人を超える人がいました。土木関係と事務屋が大半でしたが、こんな出張所というのは、ちょっと珍しいですよ。出張所といえば、四、五人のものですからね。戦時中で仕事があったせいもあるでしょうが、活気があったものです。わたしたちは出張所の宿舎に泊まり、家にはあまり帰りませんでした。

暴動が起きる前は、中国人と直接に会うってことは、わたしらはほとんどなかったですね。中山寮へも何回か修理の仕事で行きましたが、ほとんどなかには入りませんでした。たった一度だけ、中国人の大隊長の部屋に入って、会ったことがあります。人格者で、おとなしい人間だったと記憶しています。書がうまい人だということで、部屋には富士山の書画が置かれていました。あとで聞いた話だと、暴動を起こしたのは大隊長がすすんでやったのではなく、中隊長クラスに勧められて、大隊長もやむを得なくやったのだということです。まあ、本当かどうかは、わかりませんけれどもね。

暴動の前は、平均して一日に一人の中国人が死んでいたそうです。正木主任が大工に言いつけて、棺箱をつくらせていました。これも木材を使うものだから、建築課が担当したんです。棺箱をつくっては、中山寮に届けてました。ほとんど、毎日という感じだったですよ。わたしたちは直接運んで行かなかったですがね。

それから中国人たちが、中山寮から花岡川を掘る現場へ行ったり、帰ったりする姿はよく見ました。補導員に連れられて、三人か四人かずつ並んで、元気のないかっこうで、のそらのそらと歩いている光景は、いまでも忘れません。黒いような服着てね。いや、あの時は黒いと思ったわけですが、ほんとは黒いのじゃなくて、汚れているからそう見えたんです。食べ物も少ないということだったし、重労働なものだから、なんか疲れきっているという感じでした。

それに、四月とか五月になると、だいぶ日も長くなって、午後七時ころまで明るい時期ですね。そのころでも、薄暗くなってから中山寮に帰る姿を、何回も見ました。朝なんかも、わたしたちでも六時ぐらいには起きていましたが、もうその時間に、中国人が働きに行く姿を見たこともあります。はっきりしないんですが、六時ごろには中国人たちは働きに出ていたんじゃないでしょうか。

暴動のあった日の六月三〇日の晩は、久しぶりに家に帰ってたんです。あの当時は、家にあまり帰らなかったものです。そりゃ、家には両親がいるし、兄夫婦に子どもだって三人もいたから、帰りたいのはやまやまですよ。でもね、鹿島組の寮にいると、食事の待遇がいいわけです。戦時中だから軍隊のような食器は使ってあったけど、ご飯は充分に食べられたし、おかずだっていま程ではないが、結構魚も食べられたし、野菜だって食べたからね。食われない時代に、これほど食べられたわけです。ところが家に帰ると、もう大変なわけですよ。食べない人が一人でも多い方が、助かったわけですから。まあ、はっきり言って、そんなわけで家にはあまり帰らなかったわけです。

わたしの実家の裏に、いちばん上の姉の家があったんです。夫は兵隊にとられて大陸に行っていたし、二人の子どもはまだ小さかったので、わたしのすぐ上の姉が毎晩泊まりに行っていたわけです。その日はわたしが帰ると、「姉のどこさ泊まりに行ってけれ」と母親に言われて、泊まりに行ったのです。そして泊まってたら、いま思うと一一時ごろではないかと思うんですが、庭先でごそごそと人が動く音がするわけです。わたしはそれで目が醒めて、起きると玄関に出ていったわけです。そしたらなんと、中山寮にいる中国人の少年がいるんです。少年なものだから、わたしも記憶はしていたんです。よく見たら一〇人くらいで、中国語でなにかしゃべっているんです。わたしはびっくりして家に入ったんですが、なんだか気持が悪くて、中山寮の中国人がどうしてここに来ているのかな、おがしいな、おがしいなと思ったんです。まさか、暴動を起こしたなんて、考えられねがったものな。

いま思うと、中山寮から逃げたども、どこに逃げればいいのかわからないので、姉の家の前を通っている道を歩いて来たのでしょうね。この道を行くと、扇田から十二所かがって花輪に行けるわけですが、あとで十二所とか花輪でも、逃げた中国人がつかまえられたということだったから、もしかしたらその人たちではないでしょうか。あのころは普通の家に電話があるわけではないので、おがしいなと思いましたが、出張所には電話をかけずにそのまま寝たわけです。

翌朝の六時か七時ころだったと思いますが、実家にいる姉が来て、「早ぐ花岡に帰れ」という伝達があったというのです。実家に行くと母親は、「そんたにおっかないとこには、行がねほいいんだ」って説得してあったが、やはり行かなければと思って家を出たわけです。いまはもうなくなったけど、花岡線に乗っていくと花岡に入る手前の右に、小高い山がありますね。そこではじめて見たんですが、中国人がかなりかたまっていました。もう憲兵が来ていて、中国人どこ捕えたあとであったわけです。その時はもう、朝の九時ころになっていたと思います。それを見てからこんど、共楽館の前さ行ったんですよ。もうかなりの中国人が運ばれて来ていて、補導員だか誰だかわからないども、その人たちに木刀とか竹の棒みたいなもので、殴られだりしてました。

それからこんだ、暴動が起きたという中山寮にも行ってみました。あのとき、四人の補導員が殺されましたよね。殺されたところに死体をそのまま置いて、ムシロをかぶせてありました。そのなかに猪股清という人がいるんですが、窓にがくんとのっているんです。窓をはねて逃げようとした瞬間に、やられたってことは確かですね。小畑惣之介という人も殺されたが、彼は大館の人で、いま思えば暴動が起きる三日か四日前に、中山寮の近所の土手に座って、彼と話したことがあったんです。でも、殺された補導員の方も含めてですが、補導員は鹿島組の職員じゃないわけです。職員というのは、寮長代理の伊勢知得だけですよ。補導員たちは全員、中山寮のために雇われた人たちなんです。どの人も軍隊とか、満州から帰った人たちですから、どうしても気が荒くってね、それでこういうことになったわけです。伊勢は暴動のあとに、河野所長の命令で事務所に帰されたわけで、その後は中山寮に行きませんでした。なんせああいう時代は、上層部の人たちというのはあまりにも偉くて、わたしたちなんかそばにも行けないくらいでしたから、なにがどんなふうにおこなわれたかってことは、わたしらのような下っ端の者にはぜんぜんわからないですね。

そんなこんなで事件もひと段落したのは、暴動があってから一週間くらいしてからでした。ところが、建築課のわたしと土木課の新田さんの二人に、中山寮に行って勤めろというわけです。わたしは中山寮に行くのが嫌で嫌でしようがなかったんですが、所長の命令で「行げ！」と言われると、行くよりないわけです。中山寮に行っても、警備する人はたくさんいるし、わたしらが行ってもこれといった仕事はないわけですが、鹿島組と中山寮との連絡係みたいなものでしたね。何日か中山寮に泊まると、こんどは宿舎に帰って泊まりました。

暴動のあとに中山寮に行ったものだから、こんどはゆっくり寮のなかを見られました。補導員たちのいる宿舎は畳敷いているし、天井もちゃんと張ってあるわけです。いい造りをしているんですが、中国人のいるところはまことにお粗末なものでした。外部は板が一枚張ってあるだけで、なかはなにも張ってありません。それで寝るところは二段になっておって、四ケ所ぐらいに立て梯子があって、登っていくようになってました。土間から六〇センチばかり上がっていましたが、高さは人が立っておれないのだすよ。低くて背中をかがめないとね。上にも下にも、ずっと並んで寝てましたが、外部とは板一枚だし、天井もないし、土間はまるっきりの土間でしょう。前の年から来ている中国人もいて、この年の冬はものすごい寒さでしたからね。雪も多くて、弘前に行く汽車が何回も停まったくらいです。建物から見ても、中国人はかなりこたえたんじゃないかなと思いました。

暴動が起きてから鹿島組の事務所では、危険を感じて、夜警をやったんです。暴動の前は、ぜんぜんやってませんでしたけどもね。二人ずつ組になって、夜になると中山寮を中心にまわって歩いたんです。わたしも中山寮に泊まった時に、有明千代吉さんと組んで、二、三回やったですね。よく本なんかに、暴動後もなんにも改善されなかったと書いてますが、確かにその通りで、そのまんまのスタイルでおこなっていました。

夜警といってもわたしの場合は、夜になると何回か、懐中電灯をつけて寮のなかをまわって歩くわけです。有明さんと二人でね。なかなか寝ないで、起きている人もいました。びっくりするのは、寝ていてもなんか様子がヘンな人がいるわけです。手でゆすっても動かないんで、毛布あげてみると死んでいるんですね。眠っているうちに死ぬんですよ。

でも、暴動が起きたあとの宿舎は、人がまばらでした。というのは、病人が多いわけですよ。怪我した人とか、赤痢と下痢の人が多いですね。その人たちは病人の部屋に移したから、寮のなかはまばらなわけです。そんな病人のなかにいて、よくわたしらも病気にならねがったなと思います。

怪我とか病気しない人は、働きに出ていました。でも、もう元気なんてぜんぜんないですよ。あとはどうにもならんと、観念しているみたいな姿でした。やせてしまって、まるで骨と皮みたいになっていましたから、あの体力では元気がつくわけもないです。それから暴動のあとも、中国人たちは制裁を加えられていましたからね。往復ビンタとか、寮の庭に集めると、土に伏せらして、尻とか背中とかを、木刀とか棒で叩くわけです。わたしはまだ一七歳の子どもなんだけど、制裁を加えるのは見ていてもイヤだったものです。

さっきも言ったども、暴動のあとにわたしは中山寮に行きましたが、毎日みたいに中国人は死んでいました。寮で死ぬこともあったし、現場で死ぬこともあったが、死ねば棺箱に入れて、二人で担いで行くと、穴掘って、どんと入れてきてあったね。火葬なんかしないね。これは班長の命令で、同じ中国人たちがやってました。

それよりもひどいのは、暴動の時に死んだ人たちを埋めた時です。寮の近くに小高い山があるわけですよ。そこに元気な中国人に、大きな二つの穴を掘らせるわけです。二間四方ぐらいの大きさで、深さは四メートルか五メートルはあったのではないですか。その穴に死体を一人ずつ埋めていったんですが、見ねばよがったんだけど、わたしは見ていたわけです。いまでもその光景が目から離れないですね。

日本の敗戦の時は、確かわたしは事務所にいたと思います。敗戦になった直後でしたか、それとも少したってからかはっきりしないのですが、鹿島組の出張所の河野所長や幹部、それから生き残った補導員たちは、身の危険を感じて逃げたと記憶しています。どれくらい逃げてあったのか、はっきりしません。ただ、敗戦になってまもなくだったですが、わたしと新田さんが宿舎にいる時でしたが、朝鮮人たちがバタバタと走って来ると、ばらっと部屋の戸を開けたわけです。いま思えば、日本刀みたいなものを持っていたような感じがするんだども、日本語で、「所長いねが――」と叫んだわけです。新田さんが、「いない！」って叫んだら、そのまま帰って行ったんです。昼日中でしたが、もしいたら危なかったのではないですか。わたしたちには、べつに何もしませんでしたが、一時は身を隠して、危なくねぐなってから戻ってきたと思います。

もう一つ覚えているのは、B29がやって来て、花岡鉱山の上をまわっていたが、それからドラム缶みたいなのを二つ落としました。場所ははっきりしないんですが、二つ落としていきましたね。わたしたちは、なんだろうってびっくりしたものです。あとで聞いたら、アメリカ人の捕虜たちの食べ物であったわけですね。

それと、いまだから言えるども、中国人にきた食糧の配給は、あまりあの人たちに渡らねかったと思います。鹿島組には、食糧がうんとありました。わたしらの寮の端に、倉庫があるわけですよ。一五坪くらいあるその倉庫には、山になって米の俵があったものです。食事の時なんかも、上司たちが早く食べてから、わたしたち八人の新兵が食べるわけです。すると炊事のおばさんが、「腹減ってるべ」って、また盛ってくれるだけ余裕があったわけです。それも、毎日のように白米でしょう。それが家に帰ると、アカジヤの葉っぱとか、大根の葉っぱとか混ざっていて、それも腹いっぱい食べれないわけだから、家には帰りたくないわけです。

それから暴動が起きる前の六月半ばごろだったと思うども、いったいどこから持って来たのかわからないどもね、リンゴの入った箱が山ほど来てあったわけです。いま思うと、六月にリンゴが出るわけもないんで、べつの果物かもわからないんですが、とにかくたくさん来たわけです。中国人にも、朝鮮人にも食べさせるんだって言ってたけど、ほんとに食べさせたものがどうかね。こんど夜中に、毎晩のように朝鮮人とか中国人が、それを盗みにくるわけです。腹減ってるのに、甘い匂いがするものだからすな。ところが補導員たちは、酒飲んで寝るものだから、夜中もぐっすり眠っているわけです。ひと晩だけ、河野所長の命令で、わたしと新田さんが見張ったわけです。倉庫のなかのリンゴ箱の間に二人で隠れておったが、眠くなってくるとリンゴ食べてね。そしたら夜中の一時ごろに、中国人の丈夫なのが三人来たわけです。それで懐中電灯をパッとつけると、倉庫といったって一枚板を張ってあるばかりだから、バリバリと板を破って逃げてしまったわけです。もう少し倉庫の奥に来ていたら、あるいはつかまえていたかもわからないが、いま思うと、つかまえないでよがったのです。次の日の朝礼で、河野所長がわたしと新田さんの二人をほめるわけですよ。よくやったってね。まあ、鹿島組には、食糧はそれくらいあったわけですね。

また鹿島組の人たちは、新開地によく行っていました。わたしたちもたまに引っぱられて行ったが、まだ一七歳でおなご（女）のところに行く度胸がないものだから、「俺は家さ帰る」って寄らなかったが、鹿島組の幹部たちはかなり贅沢《ぜいたく》してたもんです。それに比べて中国人は、暴動起きる前は、リンゴのカスばかり食わされていたという話だからね――。

敗戦になってからどれくらいたってからがな、かなりたってからだと思いますけど、花岡鉱山にアメリカ人が来たわけです。中山寮にも二人だか来たと思うけど、花岡鉱山でもアメリカ人捕虜には特別よくしたわけではないけど、普通に扱ってたんです。でも中国人みたいにはしなかったわけです。だからその点では、べつに問題はなかったようですけど、中国人のために弘前の連隊から軍服などを持ってきたのです。いままで着ているのを脱いで、庭に出して山にすると、それに火をつけたんです。毛布なんかも、みんな集めたんですが、燃えるとバリバリバリという音がするわけです。薪みたいな音をたてるんですが、シラミの焼ける音なわけです。あのころ日本人にもシラミがついて、夜なんかシラミ取りやると、俺は三〇匹取ったの、俺は五〇匹取ったって言ったものですが、中国人にもたくさんついていたんですね。いや、その何千匹が燃えたものだから大変な音でした。

こんどはアメリカ人の命令で、毎日とか、二日に一回とか、馬を一頭ずつ食べさせたわけです。釈迦内とか扇田の方とかに、有明さんとわたしとで、馬を買いに行ったものです。有明さんはあの当時、四〇歳を過ぎたころだべども、馬を買うと、わたしはまだ小僧みたいなものだから馬に乗せられ、有明さんが馬を引っぱりながら、「明日ほら、料理する馬だ」って言いながら帰ったものです。殺し方は中国人がやったども、うまいものだったですよ。こんど、肉を食うようになってから、やせていた中国人は、もりもりと太ってきたわけです。饅頭《まんとう》なんかも、ほんとの粉でつくり、食べてあったものね。でも、はじめの時は、ろくに食べていないのを急に食べたものだから、下痢おこしたりしたあったども、馴れてくると回復してきました。

それからは中山寮にも、アメリカのＭＰだと思うけど、交代でつくようになったわけです。中国人はこんど、解放されたものだから、町に出かけて行くと、帰って来る時に酒を飲んで、酔っぱらってる人もいるわけです。あまりひどい酔っぱらいだと、MPが事務所からピストルを撃ってあったね。当てるのではなく、脅かしのために。びっくりして寮さ入ってあったが、そんなこともあって、中国人は日本人にあくたれるようなことはしなかったのではないですか。

そのあとに、秋田市にも行きました。花岡出張所から四人行って、あとは東京から責任者が来てあったですね。大町の三浦旅館に泊まると、わたしは毎日のように、食糧の買い出しに歩いたわけです。それを秋田刑務所に入っている中国人に届けたのか、それとも鹿島組の人がこんどは警察に引っぱられたので、その人たちに差入れをしたのかはぜんぜんわかりません。わたしは秋田刑務所にも警察署にも行かず、ただ毎日のように、買い出しに歩いてました。

一九四六年三月に転勤になって、横浜出張所に行ったわけですが、花岡鉱山から行く時に幹部から、「お前たちは小僧っ子でなんにも知らねけれども、なにか参考までに聞かれるかも知れねえよ」って言われました。でも、わたしはただの一度も調べられたり、聞かれたりしなかったですね。

鹿島組には一九四八年の暮れまでいて大館に帰ると、翌年に地元の会社に入ったわけです。

（鹿角市花輪字八正寺三三一―八）

骨と皮ばかりになって

花岡在住者の見た暴動　佐藤ウメの証言

生まれたのは釈迦内村（現大館市）なんですが、花岡町に嫁に来て、これまでどこにも行かないでずうっとここで暮らしてきました。わたしは女だったし、子どもを育てることに夢中であまり外にも出なかったもんだから、戦争中に花岡鉱山さ連れてこられた中国人のことはあまり見なかったし、知らされもしませんでした。でも、わたしは中国人のことは少しより知りませんけど、あの時のことをいま思うと、日本ではほんとに恥ずかしいことをしたもんだと思います。それから自分たちのことを考えても、毎日のように食べ物を支度するのに精一杯であったわけでしょう。ああいう時代たは、もう本当に嫌だと思います。嫌だすね。

わたしは一九一八年に釈迦内村に生まれて、そこでずうっと育って、二一歳の時に花岡町さ嫁になってきたわけです。あの当時は一七歳とか一八歳でみんな嫁になったものでしたから、わたしは遅い方であったわけです。うちの人は鉱山で働いていて、鉱内のポンプ運転の仕事をやっていました。鉱山を掘っていると、水が溜るらしいすものな。あの当時は、おが（地表）を流れている水が、かなり坑内に浸みていったということです。それで坑内の水があふれてくると、うちの人がスイッチを入れてポンプを運転し、水を坑外に流していたようですが、仕事のことはあんまり知りません。わたしたち一家は、北前田の社宅に住んでおりました。いまはもう全部壊されて、あとかたもなくなっています。ほんとに昔のことを思うと寂しくてなりません。

　わたしは戦争中もずうっと花岡町にいましたが、外人といえばいいんですか、日本人以外の人が花岡鉱山へ来るようになったのは、朝鮮人がいちばん早かったと思います。たくさんの朝鮮人が来たものです。それから、アメリカ人の捕虜たちも来ました。アメリカ人が働いているのは見たことがありませんが、どこかへ移動するのでしょうか、並んで歩いているところは見たことがあります。それも何回でもありませんから、やはりいちばん多く見たのは中国人です。と言いますのは、ほれ、連れて来られた中国人が仕事をさせられたのは、いま流れている花岡川を掘るためだったわけですね。実はわたしの住んでいた社宅のすぐうしろで、花岡川が掘られていたんです。そんなわけで、働きに行き帰りする中国人や、働いている中国人の姿はよく見かけました。ただあの当時は、日本人は中国人のことを「支那《しな》人」とか「チャンコロ」と呼ぶような教育を受けておって、そのとおり信じていたものですから、中国人のことはあまり良くは見てませんでした。これはわたしだけでなく、多くの人たちがそうだったのではないでしょうか。

　中国人たちの仕事ですが、土とか砂利《じゃり》とかを積んだトロッコを押している姿を、よく見かけました。押しているだけでなく、引っ張って歩いている人もいました。それから、食事も充分でなかったようです。わたしたち日本人でも食べ物が手に入らない時代でしたが、おそらくもっとひどかったのじゃないでしょうか。パンみたいな、ああ、饅頭《まんとう》というんですか、それを食べているのを何回も見ました。小さいもんでしたよ。それも一回に一個でないですか。それによくお湯を沸《わか》して飲んでいました。中国人は、生水は絶対に飲まないんだそうですね。ですからもう、骨と皮ばかりにやせていました。ときどき、押して来たトロッコが、線路からばっとはずれるんですね。するとほれ、力がないものですから、何人でかがっても、なかなかまた線路に上げられないわけです。そうすると、補導員に怒られていました。あとの人は、モッコを担いでいました。その仕事も大変なようでしたが、厳しい仕事でひどいなと思いながらも、一方では学校の先生や親に教えられた軍国主義教育が頭にこびりついているものだから、見ていても複雑な気持でした。また、わたしたちも自分が生きるのに必死で、あんまり注意をしなかったということもあるのですが、中国人たちはたいしたいじめられたという話をあとで聞きましたけども、わたしの記憶にはあまりないですわ。そういうのを見るのがうだてくて、見ないようにしたということもありますが。夏の日の長い時でも、朝早くから晩は遅くまで働いていました。

それから着ている作業服ですが、黒っぽい紺色であったと思いますね。地下足袋をはいてましたが、破れているものだから、縄で結んだり木の皮みたいので結んで、履いてあったと思います。着ている物なんかもオンボロの服みたいなのに、バタバタとつぎあてしたのを着てあったですね。あの当時は、わたしたち日本人も、つぎのあてたものばかり着てたけども、比べものにならなかったです。長靴なんかもビタビタと修理したのを履いてあったが、それでもあるのはいい方でした。雨の日は、ミノとかケラを着て、スゲガサをかぶって働いてました。カッパなんてない時代というより、あってもわたしらの手には渡らなくって、雨の日に外へ出たり、働いたりする時は、ミノとかケラを着ていました。でも中国の人たちは、どんなに雨の強い日でも、働きに来ていました。

冬になっても、中国人の着ている物は、秋とあまり変わらなかったのではないでしょうか。冬の寒い時でも、ケラとかミノを着て、足にワラを巻いているようでは、大変であったのではないですかね。みんな大変であったとも、とくに中国の人たちは大変であったです。結局、着る物だって暖かいのは着てるわけでないし、それに食べ物が不足してるべがら、なんて言ったらいいのかな、働いているのを見ても、無気力になっているんでしょうね。わたしは中国人を見るたびに、そんなことを思いましたですね。

中国人が暴動を起こした時ですが、あの晩は警報が鳴って空襲があったりしましたから、サイレンが鳴ってもまた空襲かなと思ったりしました。暴動があったりしたことは、まったく知らないでいたのですが、夜中に隣組の組長とか区長が家に来ると、「いまほれ、中国の人たちが暴動起こして逃げたために、ここらにも来ると大変だから、武器を持って、なんにもなかったら棒でもいいから持って、来てくれ」って来てあったわけです。うちの人はその晩、三の番で、現場に行っていたわけですが、うちの人がいるのだと思って、来てあったのではないですかね。ところがわたしの家では、どうして女だけだし、子どもは小さいし、逃げた中国人をつかまえに行くどころか、家のなかで小さくなって、おっかねくていたのです。でも、近所の家におった人とか、ちょっとヒマのある人は、みんな捜しに行ったわけです。あとで聞いたら、たいした騒ぎだということであったども、わたしは家におったので、隣組の人が来るまで、ぜんぜん気がつかねがったすな。家の近くの道路だって、なんも中国人は歩いてないからね。

でもこんだ、逃げた中国人たちが、子どもどこ殺しに来るとか、女どこさらいに来るどかという話があって、恐怖感にふるえ上がったものです。みじめな中国人どこを見てあったものだから、あるいはそうするかもしれないという気持も、逆にあったがらすな。ぜんぜん中国人を知らないと、そうもならないだろうけども、やはり日ごろから見ているものだから、もしかしたらという気持になるわけでしょうね。でも、そんなことはぜんぜんながったし、あったという話もわたしは聞いておりません。

次の日の夕方でしたが、逃げた中国人が共楽館の前に集められているという噂を聞いて、行ってみました。そしたら中国人たちが、石ころの上さ膝を折って座らされておったのです。夕方といったって、まだ暑い時であったから、やはり相当に苦痛らしく見えました。中国人が何人いたかは数えたりはしなかったですが、やっぱりかなりの人数でしたね。広場がみんな黒く見えるほど、人がいましたから。

わたしが行ったのは夕方であったせいか、拷問ってのはそんなに激しくはなかったです。夜中に逃げて朝方に捕えられた人たちが、連れて来られる途中とか、連れて来られてから、拷問を受けたのではないですか。わたしが共楽館前に行った時は、憲兵たちも来ておったすね。わたしは見に行ってすぐ帰ったども、すぐ近所の人たちはずっと見ていたようで、拷問受けで、わたしたちと同じくらいの年ごろの人たちが、かなり死んでいったってことを、いろいろと話してました。共楽館のなかにも、一人ひとり呼び出されて、たいした拷問を受けだってことも、言ってあったですものな。ただ、わたしは見たわけではなく、聞いた話だからすな。人がかなり死んだっていうから、相当のことあったのでしょうね。それから、腹も減っているべし、疲労もかなりあったでしょうから、拷問なんかやられれば、死ぬのであったでしょうすね。

ところがほれ、鹿島組でなく、鉱山にも中国人の一団が来てあったわけです。この人たちは、ぜんぜん暴動を起こさないし、亡くなった人も、何人かだと聞いています。鹿島組に来た人たちのように、何百人も死んだなんてことはなかったようです。鉱山に来た中国人たちは、待遇が非常によかったんだそうですね。だから暴動も起こさなかったし、わたしたちが見てても、あまりやづれてもいながったものな。食べ物だって、かなりよがったんでしょう。

日本が戦争に敗けてからは、こんどは逆になったわけでずよ。中国と日本の関係がね。こんどは中国人が威勢よくなったわけだから、どういうことをされるのかと、はじめはほんとにビリビリしたんです。でも、紳士なんですね、中国の人って。わたしたちの社宅の方にも、うろうろと来てあったけれども、悪さなんかぜんぜんしないですね。子どもたちが、「饅頭くれ。饅頭くれ」なんて言うと、こんどたくさん持って来て、くれてあったですよ。中国の人たちは、こんど腹いっぱい食べれるようになっても、日本人は食べれない時だからね。饅頭を子どもたちにくれるのを、びっくりしながら見ていたもんです。それから、いくらか現金を貰ったのか、小遣いをためていたのかわからないけども、町へ行ったりして買い物もしたりしていました。

ああいう時代だば、二度とはたくさんだすな。

（大館市花岡町前田）

拷問と報道管制

憲兵隊兵長として出動　浜松健二の証言

花岡事件が起きたのは六月三〇日の夜中だから、わたしが秋田憲兵分隊から花岡鉱山に来たのは、次の七月一日の朝方ということになりますね。事件がおさまってからも、残務整理のために花岡鉱山に一カ月ばかりいて、中国人だけでなく鹿島組の人たちも呼んで調べたけれども、あんだ（筆者のこと）が書いているとおりで、間違いないですよ。とにかく、あの当時はかなり物資が不足していても、鉱山などには優先的に物資が配給されていたようです。なにしろいまと違って、花岡鉱山には一万人からの人がおって、ものすごい活気があったものだすよ。わたしたちが泊まっている鉱山のクラブの食事だって、ものすごいご馳走であったものな。結局、はっきりした証拠はつかめねがったども、鹿島組花岡出張所では、配給になった食糧を横流しして、中国人にはあまり食わせなかったってことは、想像されるすね。食い物もなくて、あんたに重労働させられると、わたしだって暴動やったかもわかりません。どうせ死ぬならと思えばね。まあ、花岡に来てみて、そんなことを感じました。

わたしはいまも大館に住んでいるけれども、生まれも大館なんですよ。生まれたのは一九二二年なんですが、家は樽丸屋なんです。わたしは大館の学校を出ると、秋田市の木内デパートに勤めたんですが、兄貴が召集になったものだから、家に戻されたのです。一九四三年一月に教育召集になり、秋田の一七連隊へ入ったわけです。三カ月経ってみんな家に戻るという時に上官から、「お前は残れ。中野陸軍憲兵学校の試験を受けるように、願書を出しておいたから」と言われたのです。なんにも本人の了解もとらねで、願書を出しているのだものな。でも、あとでわかったのだども、その前に憲兵が家にきて調べているのだすものね。身元調査なんかやっているわけです。それで仕方なく受けたのですが、試験がまたすごいわけですよ。カンニングをやった人なんか、学校に入ってから営倉にぶち込められたです。「一つ軍人は……」ではじまる「軍人勅諭」なんか、昔の字画で、一字たりも間違わないで書かないといけないし、とにかく厳しいのです。

試験に合格して中野陸軍憲兵学校に入ったのは、秋田から五人でした。教習隊長などは、表に立って三時間も四時間も訓示をするし、剣道、柔道、空手なども習いましたが、教える人はなにが何段、なにが何段、なにが何段で、合わせて十何段という連中から習うものですから、大変なんです。憲兵の場合は名刺をつくるとすれば、陸軍司法警察官、海軍司法警察官、内務省警察官と、三つの肩書きがつくわけです。ということは、全国民を調べるにいいということです。それだけの権限を持たせられるわけですから、その教育もすごいのです。

中野陸軍憲兵学校には一年間いて学ばないといけないわけですが、戦時中でしたから八カ月で終わりました。それだけに厳しかったわけですが、卒業する時にどこへ行きたいかという希望をとるわけですね。

わたしは第一希望も第二希望も第三希望もぜんぶ秋田にしたのですが、理由は三つとも、「秋田弁より出来ないから」と書いたのです。それがあたったらしくて、秋田には一九四四年のはじめに、たった一人で帰りました。あとの四人はみんな外地に行って、戦死してしまいましたね。

秋田に帰ると、秋田憲兵分隊に入りました。秋田の上に弘前の憲兵隊があり、それから仙台、東京という順にあるわけで、秋田憲兵分隊はいちばん下にあったのです。場所は第一七連隊の向かいで、師団司令部があったところで、常に一七連隊ににらみのきくところにあったわけです。

わたしが入った時には、秋田憲兵分隊には一〇人近くがいました。中野陸軍憲兵学校では、一人ひとりにそれぞれ特技を持たせました。わたしは秘密通信の教育を受けましたが、例えば普通の手紙を書いていても、特殊インキで書いてあぶり出すと出てくるのを見つけて摘発するということです。秋田の場合はほとんどなかったですが、秋田鉱山専門学校に留学生が来ているものだから、その人たちが出す手紙は、一応は解読したわけです。郵便局では留学生の手紙とか、不審な人の書いた手紙はみんな押さえていたものです。

秋田鉱山専門学校には、私服でよく行ったものです。ちょうど運よく、鉱山専門学校の配属将校の二人が大館出身で、知っていたものですから助かりました。憲兵隊から私服で出て行くと、一週間も帰って来ない人もいましたが、何をやっているのかは、他の憲兵にはわからないわけです。憲兵隊から出て行っても、あとから日誌に書いておけばよかったわけです。なかには今日はなにをした、今日はなにをしたと適当に書いて、遊んでいる人もいましたね。

おもしろい話があったんだすよ。中野陸軍憲兵学校から秋田へ来る時に、「秋田に行くとみんな女で失敗するから、女にだけは注意せよ」って言われたんです。秋田に来てみて、なるほどなと思いました。酒でもなんでもみんな手に入るものだから、川反に行ってドンチャン騒ぎをしているわけです。敗戦後に、芸者と一緒になった憲兵が二人もいましたからね。川反には一軒だけ、憲兵と将校だけが行ける料理屋がありました。いまの「千寿」という店ですが、物資は軍隊から持っていってました。店に入ると、必ず帯剣をはずすわけです。わたしらは普通の服着て帳場について、帯剣の番号をひかえるわけです。なにか問題があった時に、何中隊の誰だってのが、番号ですぐわかるわけです。そんなことも、よくやりました。

もう一つのわたしの役目は、花岡鉱山と小坂鉱山と尾去沢鉱山に捕虜たちがいるものだから、視察といえばいいんだが、調査といえばいいんだが、毎月に一回ずつ、歩いていたのです。それぞれの鉱山には連絡員を置いているものだから、その連絡員のところに行って、「どうだ。大丈夫だが」って聞いたわけですが、対象はアメリカ人と朝鮮人だったわけです。とくにアメリカ人には、目を光らせていたわけです。ところが、当時は支那人といっていたわけですが、中国人のことは相手にしていなかったんです。まあ、どれだけの人数がどこにいるかってことはちゃんとわかってあったが、まさか中国人がなにを起こすなんてことは、まったく頭になかったわけです。わたしたちだけでなく、鉱山側でもそうでした。

わたしは最後は伍長になって辞めましたが、花岡鉱山で暴動が起きた時はまだ兵長だったので、憲兵隊のなかに泊まっていたわけです。伍長になると外へ泊まるによかったわけですが、兵長は出来なかったんです。花岡で暴動が起きたというのは、県警から電話で第一報が入ったのですが、時間ははっきりしません。また、暴動だとはいうけれども、日本人の補導員が殺されて、六〇〇~七〇〇人が逃げたというだけで、内容はよくわかりませんでした。隊長の官舎が隣にあるものですから、すぐに隊長へ知らせたわけです。すると隊長は、「花岡はお前の地元だから、お前が行け」と言うのですが、まず真っ先に考えたのは交通のことでした。秋田駅に電話を入れて汽車がないかと聞いたら、無蓋《むがい》貨車だったらあるというので、よし、それでいいから出せと指令したのです。わたしは補助憲兵を一三人連れて秋田駅に行き、貨車に乗って出発したのが夜中の二時三〇分ごろでしたが、その前にもし万一のことがあればというので、一七連隊の方に一個中隊（三〇〇人）をいつでも出動できるように待機させたわけです。もちろん、弘前にも報告をしました。貨車にはムシロを敷いて、座りました。

大館駅に着いたのは、七月一日の午前五時三〇分ごろで、とっても霧の深い朝でした。話を聞くと、大半の中国人は獅子ヶ森に逃げたというのです。あのあたりは子どものころによく遊びに行っているので、地理はよく知っているものだから、下代野をまわって行きました。獅子ヶ森の麓に行ったら、村の警防団の人たちが竹ヤリとか、本物のヤリを持ったりして、うろうろしているのです。獅子ヶ森の頂上には、まだ霧がかかっておりましたね。どこにいるんだと聞くと、山の上にいると言うわけです。補助憲兵たちは鉄砲を持っているものだから、実弾をつめさせて、麓にずうっと並べたわけです。わたしはピストルと刀下げているわけですが、ピストルにはもちろん実弾をつめると、わたしが先頭になって山へ登ったのです。頂上近くになったら、逃げた中国人たちがパラパラと小石を投げてきてあったけど、おとなしかったですよ。突撃したとか、切り込みをしたとか言われているが、そんなことはありませんでした。まあ、一般の人と違って、こっちは鉄砲とかピストルを持っているから、わたしたちを見ると覚悟をきめて、おとなしくしたのではないでしょうか。山の上に行ってみると、布団の布をはぎ取ったのを持っていて、そのなかに米とかヒエとかアワとかを入れて、それを持って座っておりましたよ。ただ、一人は松の木に、首をくぐって死んでいましたが、山には全部で、三〇〇〜四〇〇人くらいはいました。

そうしているうちに一般の警察も、頂上に来たわけです。それで、中国人のことは警察にまかせて、わたしたちは花岡鉱山に行ったのです。中山寮にも行きましたが、がらんとしてましたね。すると、共楽館の前に捕えた中国人を集めていると聞いたものだから、そこに行きました。そうしているうちに、弘前から応援隊は来るし、秋田市からも後続部隊が来たし、仙台からは憲兵大佐と憲兵曹長が来たのです。秋田の隊長も来て、隊長から「お前はこのあたりの地理が詳しいから、仙台から来た二人の世話をやってくれ」と言われて、秋田分隊から離れてしまったのです。

それから本部を設けなければいけないということになり、本部を鉱山のクラブに置いたわけです。それからすぐ大館郵便局に行って、報道管制をやったわけです。手紙は全部開いてみて、花岡事件のことを書いてあると、全部ハサミを入れたのです。これは、秋田市にいた時にもよくやりました。兵隊が外地へ行く時は、みんな家に知らせるのです。本当は、知らせられないことになっているんですけれどね。ちょっと公用で外出する時に、必ず手紙を二つに折ってポケットに入れていくから、すぐにわかるわけです。

憲兵隊ではまた、県警を通じて各新聞社に、記事の差し止めを命令しました。だから新聞記者は、花岡町に入れなかったのです。それからあの当時は、汽車の切符がなかなか買えなかったから、人の往来もあまりなかったわけです。ラジオでは放送されないし、新聞にはのらないし、手紙はハサミを入れられるし、人の往来は少ないときているから、秋田県人でも花岡事件のことを本当に知ったのは、敗戦後もかなりたってからだと思いますね。

共楽館の前には中国人が繋《つな》がれて、三日三晩も投げられたままで、人間扱いではないです。そのうちに霧雨は降ってくるし、わたしが見ても、気の毒でありました。あれで中国人は参ってしまい、体を悪くしたり、死んでいったのです。夜は結構寒がったのですよ。それなのに、ポロシャツ着て、夜も横になるわけにいかないのだすからね。

共楽館のなかでは警察が取り調べておりましたが、拷問でやっておりました。滑車で吊り上げたり、吊り下げたりしてました。それから、あお向けに寝かせて、濡れたタオルを顔にかけておき、その上にヤカンで水をかけると、息が出来なくなるものだから、必ず水を吸って、腹がふくれてくるわけです。こんど、水の入った腹を押して、水を出させるわけです。これはたいした苦しいものです。こんな拷問を、警察はやっておりましたね。

ところが憲兵隊は、その手は使わないのです。中国人は国民性として、彼らは非常にメンツを重んずるので、二人いると決して自白しないが、一人だと自白するので、一人ずつ離して、複数では決して取り調べをしなかったのです。憲兵隊は花岡の派出所を取り調べの場所にして、警察からまわされてくる人を、仙台の憲兵大佐が中心になって調べたのです。たばこを吸わせたり、お茶を飲ませたりして調べると、すぐしゃべってました。これ以上働いていると、とにかくみんな死んでしまうので、一か八かというので、前から計画をたててやったのだとしゃべっていましたよ。

だから敗戦後になってから、アメリカ軍に戦犯の罪で、憲兵隊もかなり調べられました。留置場に二、三日もぶち込まれて、かなり厳しく調べられましたが、拷問みたいなことは一つもやっていなかったものだから、憲兵隊からは一人も捕えられなかったのです。あれが警察のようにやっていると、裁判にかけられてあったと思います。

話はとぶんですが、鹿島組の中国人はこんな状態なんですが、鉱山で働いているアメリカ人の捕虜とか朝鮮人は、まったく違うわけです。アメリカ人の捕虜は将校は働かなくともよかったし、そのほかの人も軽労働でした。アメリカ人も確か三人か四人脱走して、早口などで捕えられているんです。ところがアメリカ人は、非常に詳しい地図を持っており、能代市に東雲飛行場があるのをちゃんとわかっていて、東雲飛行場をめざして逃げているわけです。

朝鮮人も、アメリカ人ほどではないが、一応のことはやられていたんです。鉱山の方でね。でも、朝鮮人の場合は心配なものですから、憲兵補といって、補助憲兵の下の人を、わたしが労働者のなかにもぐり込ませたわけです。鉱山でもそのことを知っているのは、一人くらいでした。そしてなにかあった時に、わたしに知らせるようにしたんですが、憲兵補の一人なんかすぐばれて、袋叩きにされだってこともありました。

花岡鉱山には、二系統の中国人が来ていたわけです。一つは鉱山の直轄の中国人で、この方はあまり亡くなってもいないし、体の方もちゃんとしているわけです。結局、食糧の配給でも労働でも、直轄の方はちゃんとやられたということなんですね。ところが鹿島組の方は、そうしなかったから暴動が起きたわけですよ。

その後は、花岡事件の跡始末《あとしまつ》に、一カ月ばかりいました。書類をつくったり、鹿島組を調べたり、警察と連絡をとったりする仕事をやったのです。この時に山長だった加賀山一さんが、下山事件の加賀山総裁の弟なんです。花岡事件があったものだから、大館にも憲兵隊を置いて、花岡鉱山、尾去沢鉱山、小坂鉱山などを管理しようということになったわけです。二、三人を置くというので、わたしがその場所までちゃんと決めて秋田市に帰ったら、敗戦というので中止になったのです。

敗戦になったらこんど、日本と捕虜の関係が逆になったわけです。いままで警備をやっていた人が袋叩きにされるものだから、また花岡鉱山へ主にアメリカ人の警備に来たわけです。こんどはピストルも日本刀もない、丸腰の警備ですよ。花岡町の町長だのが、ニワトリを持って慰問に来たりしました。鉱山には色気がないものだから、大館に連れて行ったり、迎えに行ったりしたものです。途中にわたしの家に寄ったりしてもらったが、コーヒーなんてないわけです。それで代用の大豆のコーヒーを出したら、喜んでそれを飲んでいました。こんど、ドラム缶で物資が落とされていくと、そのお礼にガムと洋モクを山ほど置いていったわけです。おそらく、敗戦後にいちばん早く洋モクを吸ったのは、うちの親父ではないでしょうかね。

アメリカ軍が花岡鉱山にも進駐してきたので、わたしたちは秋田市に帰ったわけです。ところが、一七連隊の兵隊はみな解散になって家に帰ったのに、わたしらは残務整理をやったわけです。一時は、警察はダメだけれども、憲兵隊だけは残すという話があって、一七連隊の物資を全部、憲兵隊で受けついだわけです。結局はデマであったわけで、いまから考えても、憲兵隊を残すはずがないですよ。

それから残務整理をしたり、花岡事件のことでアメリカ軍に調べられたりして、家に帰ったのは敗戦の年の一二月でした。花岡事件では巣鴨行きは免れましたが、公職追放になりました。

（大館市有浦一―六―二四）

抵抗しなかった中国人

山狩りに消防団員として参加　桜田千代治の証言

わたしは一九一二年に、いまは鹿角市になっているが、昔の尾去沢町に生まれたのです。いまでも本籍は尾去沢にあります。父は、いまはマインランド尾去沢という観光地になっているども、その前身の尾去沢鉱山に勤めて、機械の仕事をしておったそうです。わたしが生まれてすぐ父は花岡鉱山に来たそうですが、当時は社宅がなかったものですから、家族が来ても入るところがなかったそうです。鉱山で働いていても下の方の人は、萱《かや》屋根の小屋に入ってあったもんだから、家族は連れて来れなかったんですね。そこで、やっと社宅があいたので、わたしが生まれて三カ月目で来たわけで、花岡町の生まれだといってもいいですね。

花岡町でずうっと育って、一六歳の時に高等科二年で終わると、花岡町の床屋へ弟子に入ったのです。あのころは、床屋へ弟子入りして七年で終わったものですが、わたしはもっと新しい勉強をしたかったものですから、東京へ行って、新橋の歌舞伎座に勤めたわけです。普通の人は弟子上がりすると、そのまま働いていたものですが、わたしは物好きなものだから、東京へ出て行ったのです。歌舞伎座では役者の髪をはさんだり、顔をそったり、化粧の手伝いをしましたが、たいした勉強になりました。歌舞伎座には三年いて、それからまた花岡へ帰って床屋で働き、一〇年目でいまもいるこの桜町に店を持ったのです。それからわたしは、戦争になってもこの桜町で床屋をやってました。警防団とかも来たので、そういうのに入りましたが、あの当時の仲間はほとんどいね。みんな死んでしまったですね。

太平洋戦争がはじまると、アメリカ人の捕虜が鉱山に来ました。ざっと五〇〇人くらいでなかったかと思いますが、このなかには英・豪人も入っていたといいますが、わたしらが遠くからちょっと見ただけでは、区別がつかないですね。確か観音堂に館跡があって、そこに寮があったと思います。その隣に、これは鉱山で管理した中国人が、三〇〇人ばかり来てあったですな。中山寮に中国人が来る前のことですよ。この人たちは、捕虜になった中国人ではないと聞きましたけど。

その後からですね、中山寮に中国人たちが来たのは。いや、この時は、たくさんの人が来であったが、中山寮には鹿島組の人たちがみんな付いてるものだから、近寄ることは出来ないんだぁ。みだりに行ったら、呼ばれますよ。それに、中山寮に行く道路は、ドロで行かれねんだすよ。まあ、そんなわけで、中山寮では中国人がどんな扱いを受けたもんだかは、わたしらにはまったくわからながったすな。

仕事をしている現場も、鹿島組の親方たちが付いているので、そばに行ってはなかなか見られませんでした。でも、遠くからはよく見えました。トロッコ押してるところとか、モッコを担いでいるところなどですね。仕事場では厳しく使ったかもしれないども、近くでは見たことがないから、そのことは言えないども、厳しく使ったって、働けねんでねすか、どの人も。もの食えるだけ食ってないもんだから、よちゃらよちゃらとしているのだもの。でも、トロッコを押しているのを見ても、石とか土を山ほど積んでいるわけだから、あれは重労働だすね。働けね人に重労働をさせているのだから、中国人は大変であったのではないですか。

これはあどの話になるけども、暴動が起きたあとに中山寮さ行った時に、逃げないで残ってる人たちがあんまりやせているものだから気の毒で、大っきい鍋とか洗面器に、散らばってる砂糖と麦粉を入れて、それに水を入れると手でかきまわして持っていったら、それをかわりがわり飲むわけです。うまそうにしてね。そしたら鹿島組の人に、「こら、なにをやってる!」ってわたしが叱られだんですよ。あの暑い時に重労働をやらせて、物も食わせねで、赤痢とかチフスとかの病気も激しかったというが、医者の薬も続かなかったというから、バタバタと死んでいったのでしょう。それで、このまま黙ってれば、みんな死んでしまうというので、暴動になったのでないですか。そう聞いてます。

あの暴動が起きた時は、空襲警報が入って空襲下にあったのです。警防団とか消防団の人たちは、警察から要望があって、「警戒してくれ」って言うので、その夜は歩いてまわっていたのです。わたしも消防団の一人として、一〇人ぐらいの人たちと歩きながら、明りがもれている家が見えると、注意していたわけです。空襲警報も終わったし、「一服するべ」って休んでいるところに、裸になった人が、裸足で駆けてきたわけです。わたしたちもびっくりして、「どした、どした」とつかまえだら、鹿島組の人なのだもの。傷ついてあったすな。その人は、「中山寮で暴動が起きた」って、事務所の方へ走って行ったわけです。

それから少したって、サイレンは鳴るわ、騒ぐわで大変なことになったけども、なにしろ真っ暗だし、動きもとれないのです。逃げて行った人から知らせを受けた鉱山では、サイレンを鳴らして避難させるにかがったわけです。なにしろ暴動を起こした中国人は、おっかない人たちだと思っているわけですよ。元兵隊の人が多くて、ほれ、中国では相当に戦った人たちだっていうがらすな。中国人が中山寮から町とか社宅の方に出てくると困るし、なにをされるかおっかないすからね。それからわたしたちは、「じゃ、行ってみるべ」ということで、中山寮に向がったわけだすよ。

中山寮へ行く途中に、小さな集落があるわけです。そこまで行ったら、「わあー」という声が聞こえてくるわけです。「はッ、こっちへ中国人が来た、中国人が来た」って、みんなはその集落に入ると、しゃがんでひっそりしていたわけです。ところが、近づいて来たのを見ると、それは中国人でなく、朝鮮人だわけです。花岡鉱山には朝鮮人もたくさん来て、働いていたんです。朝鮮人たちの寮は、中山寮の手前にあったのですが、すぐがげの方で騒いだものだから、びくびくして逃げて来たのではないでしょうか。朝鮮人の一団をやりすごしてから、わたしたちはその奥にある、中山寮の事務所に行ったわけです。おそらく鉱山とか、鹿島組の関係者でない人が行ったのは、わたしたちがいちばん先ではないでしょうか。

中山寮に着いていちばん驚いたのは、人が殺されていたことです。わたしなんか、殺された人ってのは、はじめて見たわけです。中山寮には鹿島組の人がたくさんおって、「どこで殺されでるが」「誰殺されでるが」って、チェックしているところでした。その部屋に案内してけれって、連れて行ってもらったわけです。そしたら、電灯がぼんやりついている部屋に、殺されている人が並んでるわけです。寝ているところを、つるっぱしでやられだのでしょうね。チク、チク、チク、チクって、まだ血が吹いているのだもの。部屋のなかは、そりゃもう凄惨《せいさん》なものであったすな。

べつの部屋では、高い机の上に一人が横になって、血の流れている傷の手当てを受けてました。雑巾でね。それでも、血がチョッ、チョッ、チョッと出るわけです。中国人たちは、この人たちどこ殺害して脱走したわけだすな。

中山寮には、中国人がたくさん残っていましたよ。「どうしてあんた方、こうして残ってるんだ」って聞いたら、「隊長が行動をともにしようと言ったけど、病人だから行けながった」と言ってました。病人は中山寮に残されて、逃げられる人だけが逃げていったんですね。残ってた人はうんといたから、それだけ病人もいたんだすな。

逃げた人たちは、麦粉とか砂糖をだーっと山に散らばして、袋につめて、それを担いで列をなして山の方へ逃げて行ったんです。どうしてわかったかといえば、歩いて行った跡に、ずうーっと麦の粉が散らばっているわけです。食べ物なんか、山になって崩れているほど、中山寮のなかにあるのだものな。こんなにたくさんあるのに、どうして腹いっぱい食べさせないで、やせからにしておいだのかなって、食糧の山を見ながら思いましたな。

夜が明けてから、「逃げた中国人を集めるのに手伝ってけれ」って、警察から言われたわけです。それで会社のトラックに乗って、獅子ヶ森に行ったのです。ところが、日本人はいるども中国人がいないものだから、「中国人はどこにいる?」って聞いたら、「この山の上さあがってら」と言うわけです。だったらあがってみるがって、あがっていったども誰もいなくて、もうその時は、警防団の人たちに連れられて、釈迦内の役場の前にみんな集められてあったの。その中国人たちをトラックに乗せて、花岡町の共楽館の前に運んできたわけです。降ろしてはまた行って乗せて、降ろしてはまた行くってふうに、何回もやったわけです。

中国人たちは、なにも抵抗をしながったですよ。迎えに行って、「トラックに乗りなさい」って一言えば、みんな順々にトラックに乗るし、共楽館前に着くと、みんなゾロゾロと降りでいました。ただ、何十人かの中国人は、トラックに乗って連れて行かれると、ひどい目に遭うのでないかって、脅えていましたね。わたしたちはべつに叩くわけでもなく、いじめるでもなく、ただ迎えに行っただけでしたが、なかには獅子ヶ森から降ろされる時に、かなりやられた中国人もいたのだすな。

わたしらはだいたい、釈迦内とか長木あたりに迎えに行ったが、遠い人でだいたいこんなところでしたね。なかにはもっと強い方へ逃げた人もおったようだが、病気を持ってない人だって、まあ半病人のような人たちばかりだから、そんなに遠くへ歩いて行くなんてことは、出来ないんだすよ。獅子ヶ森に行った人たちだって、みんなふらふらしていたものな。わたしなんか、中国人はあの体の状態で、よくあそこまで歩いて逃げたものだと思ったくらいです。

逃げた人は、みんな共楽館の前に集められたんだね。みんな土の上に座らされておりました。初日だか二日目だかに、中国人がこんだ、「だいじん（大人）ショー」であったか、「シー」であったか忘れたけれども、水をくれってことなんです。なにしろ暑い日で、それも広場にいるものだから、大変なんだすよ。広場のそばに鉱山の消防小屋があって、そこに水道の鉄管があって、水が流れているわけです。その水を飲むために、缶詰の空カンが置かれているのです。それでわたしは、ああ、この水を飲ませればいいのだと思い、「並んで前から順々に来い」っていったら、ぞろぞろぞろって並んで来て、水飲んだのでした。そしたら警察だか、鹿島組の人だかが走って来て、「こら、なんでそんだことをするのだ」って、わたしがおごられたわけです。水を飲ませたのが悪いって。「こんなにあるただの水は、いいじゃないですか」と言ったら、「腸さいぐねのだ」って言うわけです。わたしはそうがって言いながら、「じゃ仕方ないね、帰れ」って言ったら、また元のところにおとなしく帰っていきました。敵対行為もしないのに、どうして水を飲ませないのかって思いました。

トラックで運んだりしながら、何人かの中国人に、どうして逃げたんだって聞いたわけです。中国語ってよくわからないから、口だけでなく、身振り手振りしながらね。そしたら、こんなことを言ってあったすな。病気したり、伝染病が蔓延《まんえん》したりしたもんだから、毎日のように五人、六人と死んでいくのだと。だから隊長は、こうしてれば全部死んでしまうと考えて、暴動を起こす気になったのだと。この山を越えて、ずっと南に行くつもりだったと隊長が言うのであったと。これは警察の調べたのを、あとで聞いたのだけれどもすな。「んでね、ここいぐら歩いて行っても、海を船で行かないと中国に着かないのだ」と言っても、やっぱり大陸で育った人は違うんですね。日本だと国境は海だども、大陸の国境は海でないのだものな。「いや、南に行けば、家に行ける」って言うのだと。「みんな来る時は、船で来たべ。船がないと、行かれねのだ」と言っても、「嘘だ」ってあの大隊長も言ったのだそうです。

共楽館の前に集められた中国人は、また中山寮に戻されたのではないですかね。わたしはその後はあまり行かなかったものだから、そのあたりのことは、よくわからないです。

それからこんど、日本が敗戦になったでしょう。こんど、日本と中国の間が逆になったので、中国人にどんなことをされるがって、花岡の人たちはみんな戦々恐々としたものです。でも、中国人はおとなしい、人がよくて、とっても正直です。中国人が騒ぎを起こしたというのは、一回も聞いたことがないですね。

敗戦になってからは、県からだと思うども、油とか麦粉とか砂糖などがどんどんきたものだから、饅頭を腹いっぱい食えるようになったのだもの。それからカネも与えられたものだから、こんど魚屋に来ると、「これなんぼ」と言ってもわからないものだから、一〇円だしては魚をあれこれ持っていき、それを油で揚げて食べたりしておったようです。それで体格もよくなって、みんな太っていったのだすな。

ある時、わたしの家に中国人が、五、六人も来たのです。わたしはびっくりして、なにをされるのだべなって思ったら、「あの時は世話になった」って、饅頭をつくってたくさん持って来たわけです。わたしからは中国人はみんな同じに見えるが、中国人はそうでなくて、わたしのことを覚えていてくれたわけです。中山寮で麦粉と砂糖をとかして渡したり、共楽館の広場で水を飲みに連れて行ったことをですね。

中国人たちは敗戦後も中山寮にいたけれども、ときどきは大館の町へ買い物に行ったりしてあったすものな。ある時まだ、酔っぱらった中国人が三、四人も、わたしの家に来たわけです、なにしに来たと思ったば、学生帽を六つも七つも大館の店から持って来て、「大人《だいじん》の家の子どもに、ただで持ってきたから、被らせろ」っていうわけです。被せてみると、みんな大きかったども、ありがたく貰いました。

それから中国人は、銀を欲しがりました。わたしの家に、鎖のついた首に下げる銀時計があったのです。かなり前に壊れて、ぜんぜん使い物にならないのに、その銀時計を、壊れていてもいいから、一〇円で売ってくれというわけです。カネはいらないといったら、いや、一〇円をやるからというので、とうとう一〇円で売ったが、中国人は大した値打ちのあるものだと思っているわけです。中国の人が銀を大切にするってことを、この時にはじめて知りました。

アメリカ軍が進駐して来てから、危ねぐわたしも戦犯に呼ばられるどころであったすな。中国人が逃げた時に、わたしら消防団員は自分から動いたのではなく、警察でほれ、協力してくれと言ってきたものだから、警察の指揮下でやったわけです。だってあのころは、警察に頼まれたのを「いやだ」なんて言うものなら、こっちが引っぱられでいった時代だすよ。それで警察の人たちは、あっちゃ行って来い、こっちゃ行って来いって、わたしらどこ小使いみたいに使ったくせに、戦犯の問題が起きたら、自分らは知らない、消防団が勝手にやったのだということになったわけです。それでこんだ、分団長と班長が呼ばられて、調べられだのです。写真屋も呼ばられて、中山寮あたりを写真にとったりしたようです。その次はわたしだということになっていたんだが、とうとう呼ばられなかったです。本当のことがわかったからだと思いますが、警察もずるいもんだすな。おかげで、えらい目に遭うところであったすよ。

（大館市花岡町桜町）

C級戦犯

警官として出動　工藤庄一の証言

わたしは警官（当時は巡査といったものだが）になる前に、いろんな仕事をやったすよ。一九二七年にいまの北秋田郡田代町（現大館市）岩野目に生まれて、高等科を卒業すると、現在は同和鉱業っていうども、当時は藤田組といっておったが、その藤田組の花岡鉱山の機械課で一年働いたわけです。それから朝鮮に渡り、ソウルにあった朝鮮総督府の逓信員養成所に入って半年いたのですが、どうも体に合わないのでまた日本に帰り、こんどは国鉄の大館機関区に入ったのです。そして、巡査になる勉強をやり、ようやく試験に合格して秋田県巡査を拝命したのが、一九四五年三月二〇日でした。でも、まだ巡査の卵ですから、秋田の警察学校に半年間入って、訓練を受けていたわけです。

そして訓練を受けていた六月三〇日の午後一一時ごろだと思うども、花岡鉱山で事件が発生したからすぐ行くようにという連絡が入って、警察学校で訓練を受けていたわたしたち三〇人は、すぐ秋田駅に行ったわけです。それから貨物列車に乗ると大館駅に着いたわけですが、事件が起きたといっても、どんな事件が起きたのかはまったく知らされなかったですね。大館に着いてもまだ暗いもんだから、大館警察署へ行ったわけです。わたしたちが行った時はもう、鷹巣、米内沢、花輪などの警察署の人たちが、たくさん来てあったね。この人たちは、逃走した中国人の収拾がついた時点で、もう帰ってあったです。白鞘《しらさや》の日本刀をさげた人も、いであったな。大館警察署の特高係だとかでしたが、わたしらは巡査の卵だものだから、なにを見てもよくわからないし、怖いという感じでした。

朝になってからわたしたちは大館警察署の人に連れられて、釈迦内の県の林業試験場のあるところに行くと、そこに集められている中国人をトラックに乗せて、花岡町の共楽館の前に運んでいったわけです。いま思うと、獅子ヶ森に逃げた中国人ではないかと考えるども、二人ずつ背中合わせに手が繋がれておったすな。広場さ連れて行くと、二人ずつ繋いだまま座らせて、一人がトイレに行くといえば、二人が一緒に立って行ってあったね。

その時に逃走した中国人の偉い人が、北秋田郡の地図を持っていたらしいですものな。その地図をどこから手に入れたのかと、だいぶ騒いであったが、とうとうわからないで済んでしまったようです。地図を持っているくらいだから、ある程度は計画的であったのではないですかね。

逃走した中国人は、なんに使うつもりだったかわからないども、てんでにシャベルを担いであったね。逃げた先も、いまの大館だけでなく、青森の方とか、鹿角とか能代までも行ってあったね。よくもまあ、あんなに遠くまで逃げたものだと思います。あとで中国人に聞くと、峠を越えて行くと海があるから、海に行ったら船で中国に逃げるつもりであったと言っている人がおったです。

共楽館の前さ二晩置いたと思うが、一緒にしておくと危険ではないかということで、確か三日目に、三つに分けたのです。一つは、昔は花岡に駅があったでしょう。その駅の右方にちょっと低くなっているところがあって、そこがポンプ場だったのです。そのわきに広場があって、共楽館から三〇〇メートルくらい離れであったが、そこには二〇〇人ばかり移したわけです。もう一カ所は、中山寮でした。ここにも二〇〇人ばかり移して、あとは共楽館の広場に置いたわけです。

わたしは、ポンプ場のわきの広場について行ったわけです。花岡鉱山にはたちばな寮というのがあって、かなりの人数の朝鮮人を収容しておったわけです。半分は自由で、半分は拘束されているような形でした。中国人が逃げたということで、朝鮮人は自分も監督者になったという感じになったのではないかなとわたしには見えたけれども、棒でもって、中国人とこ殴るわけですよ。まあ、国賊みたいな形で、中国人を殴るのだものな。それも背中を。わたしはそれを見て、ほんとにびっくりしたわけです。わたしらなんか、まだ巡査の卵であったせいかわからないども、ぜんぜん叩いだりなんかしなかったですよ。

その晩の八時ころだったと思います。わたしは中国語がまったくわからないので、なにを言っているのかわからなかったども、中国人の一人が立ちあがると、大声で叫んだわけです。すると二〇〇人ばかりの人たちが、いっせいに立ちあがったのです。おそらく、「逃げれ」ということでなかったかと思いますが、警察官も見張りの人も休んでいた時で、びっくりして立ちあがると中国人を包囲したわけです。それ以上のことにはならなかったわけですが、叫んだ中国人を前に連れてくると、殴りつけていました。朝になると、その人は死んでいました。

最後には、全部の中国人を中山寮に入れました。わたしもこの時にはじめて中山寮に行ったが、低い天井には血が飛び散っておりました。日本の補導員が殺された時のものだって、言っておりました。中国人の入っている部屋は長くて、一つの部屋に二七〇人から二八〇人は収容しておりました。確か窓には金網が高く張っていて、出られなくなっていました。テーブルはあったども、椅子の記憶はないですね。昔の土方の飯場《はんば》みたいに、飯は立って食べておったすな。この建物は、一般の人は外部からは見られるが、なかにはいっさい入れなかったです。中国語のできる通訳の人とか、あとはわたしたち巡査だけでした。もちろん、鹿島組の人たちは、出入りが自由でした。

巡査たちはサーベル下げて、飯食うテーブルの上を、革靴はいて歩いたものです。中国人を威圧するためにですね。ただ、小学校の五、六年ぐらいの子どももおったがら、可哀想でした。でも、中山寮に勤務している時は、そういうことは口に一つも出されないわけです。温情はかけられないのです。その点は、厳しいですからね。中山寮に戻ってからは、殴られるようなこともべつにしないし、威圧するようなことはしたが、叩くとか叩かれるということは、わたしたちと中国人の間にはなかったです。むしろ通訳とか、中間にいる人たちの方は、手が早かったですね。わたしたちがいる前でも、殴ってあったからね。

寮に戻って落ち着いてからは、まだ調べられる人は調べられるし、仕事する人は仕事に行くようになりました。朝は二列に並んで、ゾロゾロと行きましたな。共楽館の前を通って、それから警察の前の大通りを通って、現場に行ってました。途中でタバコを捨てれば、ばあーっと何人も走っていくのを見たことがあります。花岡の中学校があるあたりで、盛んに川を掘ってあったね。モッコ担ぎやっていました。わたしたちは現場に行かないで、寮の警備ばかりでしたが、怪我する人は多くいました。それから栄養失調からくるのかね、足がはれてくるんです。医者が来ても、薬もなんもないものだから、痛み止めの注射も打たないで、五、六人で押えつけて、メス入れてウミを出してました。

わたしも花岡鉱山に行った時は、中国人は捕虜だとばかり思っていました。ところが、だんだん寮にいて親しくなると、そうではないって聞かされて、すごくショックでした。野良どかに働いている中国人どこつかまえて、貨物列車さ乗せたりして集めて、日本に連れて来たのだって言うんですからね。

六月三〇日の晩に行ってから、わたしたちは日本が敗戦になった直後まで花岡鉱山におりました。わたしたちはとくに仕事があるわけではないし、花岡鉱山にいて勉強をしないと期間が先へ長びくだけのことだから、長く置かれたのがね。それとも、これも勉強だっていうふうにして、置かれたのがね。毎日のように寮の警備でした。わたしたちは約一カ月ほど中山寮にいましたが、中国人のなかには死ぬ人も多かったです。確か帰るまでに、六五人だか六六人だか死んでおります。帰るまでの約一カ月のあいだに。死ねば棺桶におさめて、いまはダムになってしまったども、そこに土方が請負いで穴掘りにきて、そして埋めであったものです。まあ、一カ月に六五人か六六人だから、毎日死人がでていました。多い日は、四人とか五人という時もあったようです。

暴動前は中国人の食べ物は悪かったそうですが、わたしたちが行った時は、大したよがったです。わたしらも秋田市にいて、食う物がなくてコンニャクを買って主食にしておったのです。それが花岡鉱山へ行ったとたんに、よぐなったわけです。中国人たちは饅頭をつくって、わたしたちに「食べれ、食べれ」って持ってきてくれたものです。なんせ腹の減る年ごろだから喜んで食べたものです。

わたしたちは中国人から、マッチがなくとも火をつけることを教えられました。ワラを三本か四本短く切ると、綿で包むわけです。ほどけない程度にきちんとね。それを板の上に置き、もう一枚の板でそれをゴロゴロころがすわけです。ころがしていると煙がでてきて、火がつくわけですが、それで焚火したりできるのです。いろいろなことを知っているなと、感心して覚えたものです。わたしたちとは、大した仲がよかったわけです。敗戦になって秋田市に帰る時なんか、涙流されました。鹿島組では食糧とか待遇とかを、あんまり悪くしたから、あんな事件が起きたわけでしょうね。

敗戦になって秋田市に帰ると、警察学校を卒業して秋田警察署に勤務したのです。その年の秋口でしたが、木内デパートのなかを歩いていると、花岡鉱山にいた中国人の班長クラスの人が七、八人いるのと、偶然ばったり会ったわけです。びっくりしたけど、誰であったかもう忘れてしまったが、いずれ話が通じて、「いま、三浦旅館の三階に泊まっているから、遊びに来い」ということになったわけです。いまの協働社の大町ビルの近くに、木造の三階建ての三浦旅館があったわけです。その日の晩に三浦旅館に行くと、お茶出してくれたり、タバコ出してくれたりしました。

それからこんど、C級の戦犯問題が起きてきたわけです。そこで、わたしら警察学校に入っているのを連れて行って指導した教官が、畑井三郎警部補だったのです。いまはもう亡くなりましたが、その畑井さんがC級戦犯のことで、東京に行って来たのです。どこに行って何を調べられたのかは、ぜんぜん知らせてくれなかったですが、帰って来ると、「あの時に警備に行った人の名簿を提出せよ」と言われたというのです。これは大変だ、こんどわたしたちにも、呼び出しが来るということになり、呼ばれた時にはこういうふうに言おうと口裏を合わせるために、わたしが県南にいる人たちをまわったし、もう一人は県北をまわったわけです。「畑井さんが東京さ呼ばられて帰って来たら、こういう話だったから、君たちもおそらく呼ばられるべと言っているので、その時はこう言おう」と、言って歩いたわけです。

帰って来たら畑井さんが、わたしともう一人の名前を言ったから、まず最初に呼び出しが来るだろうということになり、こんど、いろいろ準備したわけです。あの当時なんか、本当か嘘かわからないけれども、C級の裁判に呼ばれた場合に、中国人に、「誰それどこ殴って殺したのはこの人だ」って指されると、もう終わりだっていう話が流れてあったものです。だからどうしようかと心配になり、精神的に大変でした。でもわたしは、もし呼ばれて調べられたら、三浦旅館に呼ばれて行った話をすれば、招待した人もいるだろうから、なんとかなるんじゃないかと、救いを求めるように思ったりもしたものです。でも、わたしたちには呼び出しが来ませんでした。

そのあとわたしは、警察官として三三年間勤めて、定年退職の前に辞めました。

（大館市東台六―八―一二）

殺されるがら山さ行ぐな

少年の見た花岡の中国人　木村喜代美の証言

わたしは一九三二年に花岡町（現大館市花岡町）観音堂で生まれて、ここで育って、それから小学校に入ったわけですが、途中で小学校が国民学校に変わりました。花岡鉱山には最初は朝鮮人が来ていましたが、相当の人数がいたように思います。その次に来たのが、日本の人たちでしたね。この人数も、たいへんだったものです。それでも人が足りなくなって、アメリカ人の捕虜と中国人が来たのですが、だいたい同じころに花岡鉱山へ来たと思います。

アメリカ人はあまり見ながったども、中国人はよく見ました。というのは、学校の行き帰りに、近まわりになるものだから、中国人たちが川を掘っているところをいつも歩いたわけです。だから見たわけです。見るなといっても、すぐそばで働いているものだから、見えるわけです。昔の花岡川は鉱山の湿地帯を流れている、狭い川でした。実はわたしの家も、昔の花岡川の川ぶちに建っていたんです。七ツ館坑の上を流れて、町のなかへ流れていたのですが、一九四四年の春にその七ツ館坑の上を流れていた花岡川が陥落して、坑内が浸水したんです。これはいけないというので、花岡川の掘り替え工事がはじまって、いまの花岡川になったわけですが、現在川になっているところは昔は原っぱであったり、田んぼであったわけです。昔の川はみんなコンクリートにまがれて、いまも残っています。坑内に水が浸透していかないように、そうしたわけですね。

中国人は朝早く、そうだな、午前六時三〇分ごろにはもう工事現場さ向がって歩いて来ていました。何百人という人が、牛が歩くみたいにヨロラ、ヨロラという歩き方なんです。いま考えると、栄養失調になっていたんだろうけれども、あの時は子どもながら、なんてヘンな歩き方をするんだろうと思いました。頭から、服なんだか袋なんだかわからないものを被り、顔はまた、年寄りだか若い者だかわからない状態なんです。顔を洗うってこともないだろうから、顔は垢垢としていて、いまだと気が狂ったような人という恰好であったすな。その当時は中国人をチャンコロと言ったものだから、「うわ、チャンコロが行った、チャンコロが行った」ってしゃべったものです。

冬は冬で、履物に困ったようです。あの当時はわたしたちも長靴なんて買える時代でなく、学校に配給できてもなん足も来なくて、それをくじ引きをして、当たると買えるし、当たらないと買えない時代でした。その時に中国人たちは、わらじみたいな、わらの靴を履いておったのを見たものです。

仕事っていうと、いまの土工ですね。縄でつくったモッコに、土とか石とか砂利を入れで、天びん棒で担いでいました。物を入れたモッコを担いだ時に、二人ともつぶれてぺたんと地面に尻をつく人もいました。担いでも、ふらふらふらとなって、やっと歩いている状態でした。すると日本人の補導員が棒でもって、殴ったり叩いだりしてましたが、まあよぐ叩いでました。わたしたちも、学校の行きと帰りに毎日のように見ましたが、毎日のように働きに来てましたね。雨の日でも、風の日でも、すごい吹雪の日でも、休むってことはなかったようです。中国人が来てから、姿を見ない日はながったように思います。でも、中国人たちの現場を見ながら、あれは仕事をしているのではなく、運動でないかなと思いましたね。だって、歩くのだってやっとだから、とても仕事なんか出来ないわけです。そのまま寮のなかに置くと死んでしまうから、なんぼか動かしておかないといけないというんで、現場さ引っぱって来たのではないですかね。

だってね、腕でも膝でもやせて、竹みたいに細いのです。あれで仕事をしろっていっても、出来るわけないですよ。そこに問題があったのでないですか。こんなにやせるくらい、食べ物をやらないところにね。寮から現場に来るまでとか、モッコを担いで行った帰りとかは、いくらか自由になる時間があるわけです。こんど、春になれば、いろんな草が生えてくるわけですね。腹が減っているものだから、その草をむしって、食べているのだものな。ところが、同じ草でも、食えない毒草もあるわけです。中国人はそれがわからないもんだから、どの草でも食ってしまい、あだって死んだという人も、かなりおったのではないですか。また、こういう話が聞けてきてあったものです。配給は中国人にもきているども、鹿島組の人たちがみんなピンハネして、自分たちで持っていって食べているのだってね。それだば事実でしょうな。

アメリカ人たちのことはよくわからないのだども、あそこにもやっぱり憲兵がついであったのでないですか。とにかく厳重なもので、日本人はぜんぜんあすこには立ち入らせなかったです。朝鮮人は鉱山のなかで働いたりしておったが、朝鮮人だってみじめなものであったですよ。でも、中国人に比べると、ずうっとよがったです。食う物だってよかったようだから、中国人みたいにはやせていなかったようです。

それから着る物でも、中国人に比べるとよがったものな。雨とか吹雪の日は、休みもあったでしょうからね。いちばん苦労したのは、中国人なんです。生がさねように、殺さねようにして、あれは人間の扱いではないですね。

中国人の暴動が起きた時は、夜中に空襲警報みたいなサイレンが、「ぼおーッ」って鳴ったわけです。普段だと、火災があれば鳴るサイレンですよ。「なんだべ」って外に出たら、中国人たちが暴動を起こしたというのです。

その時なんか、警防団とか青年団とかいろんな人たちが集められて、山狩りさ行ったものですよ。起こされてね。あの当時は日本人も食糧がないものだから、みんな山に山菜採りに入ったものです。そうしないと、とても生きれない時代であったわけです。ところが、中国人が逃げたものだから、「殺されるがもわがんねがら、山さ行ぐな」って通知が来てありましたね。当分の間は、山さは行ぐなって。わたしら子どもは、危ねから家から出るなって言われたものです。秋田市から憲兵が来たりして、ヤマはもう大変であったですよ。

それから、共楽館の前さ連れて来られでるというので、見に行ったものです。おっかないどこあるたて、そんなのはめったに見ることがないものだから、みんな行ったものです。見に行がねなんて言うのは、嘘ですよ。花岡の人なんか、みんな見に行ったすな。

行ったら何百人という中国人が捕えられて、広場さ集められでました。体はみんな繋《つな》がれて、逃げられないようにしているども、手だけは自由にしてあったすな。水を飲ませる時に、手が動かないと飲めないから、自由にしたんでしょうな。どの人を見ても、ひどいかっこうだったです。手は真っ黒だし、逃げる途中に切れたものですか、ボロボロの服がさがっているわけです。

　それから寮を逃げる時に、倉庫を破って食糧だのを持って行ったのですね。とくにメリケン粉なんか、ポケットに入れたり、布さ包んだりして持っていったんですね。そのメリケン粉が服とか体について、白くなっているわけです。体も着物もみんな黒いものだから、その白いのだけがやたらと目立ってあったすね。

　広場には三日ばかりいたと思うども、わたしも二日間は見に行きました。三日目になったら見あぎたということもあるが、子どもながらあまりひどいもんだから、見に行きたくないという気持もありました。二日見に行ったが、広場の中国人になにか食べ物を食わせているのは、一度も見なかったですね。水だけでした。バケツに水を汲んで来て、あたえてました。腹が減ってるうえに、もう夏なんだものね。こんど、隣の人が飲んでるうちに、自分も飲みたくなるでしょう。すると、手を伸ばすわけです。そこを棒きれで、ばさっと叩かれてました。なんかあれば、叩くか蹴るかだものね。わたしは見ながったけども、拷問にかけられて、殺された人もかなりおったと、話に聞きました。

　こんなことをしたものだから、日本が敗戦になると、中国人どこ殴った人たちは、こんどは逆に殺されるというので、みんな逃げたわけです。どこに隠れたのか、一カ月も二カ月も出て来ない人もおったそうです。隠れているところを見つかると殺されるからと、家にも連絡をしないでね。まあ、それくらいの悪いことを、中国人に加えたのですね。逆になれば、自分の体が危なくなるくらいのことを。

　でも、いちばん可哀想なのは、日本に引っ張られて来た中国人ですよ。戦争で捕虜になった人とか、そういう人が連れて来られるのであれば、戦争中のことだから仕方がないとしても、戦争とまったく関係のない子どもみたいな人を連れてきたりしてるんですからね。話に聞けば、野良で働いている人たちを、みんな引っ張って来たというんじゃないですか。わたしは三日目から見に行かなかったので、広場の中国人がどこに連れていかれたかは知らないけども、まあまあ、大変であったですね。

わたしは学校を卒業してから、世界のカラスと言えばちょっと大っきい言い方だけれども、日本全国を働きながら歩いたわけです。それで、北海道から帰って来て、失対（失業対策の仕事）に入ったのが一九五四年九月でした。その時は失対で働いている人のなかでは、秋田県内でわたしがいちばん若かったのです。そして失対で働いていると、こんど一鍬発掘をすることになったから、ひとつ奉仕のつもりで参加してけらえねがって、役場の人が来たわけです。その時にわたしは、「俺はそんなところには行きたぐね」と言ったんです。そしたら役場では、「そう言わないで参加してもらえねが。日当のことも考えてみるから」と言うものだから、それだば仕方ねべって、みんなで行くことにしたわけです。

朝早ぐ行ったらこんど、役場の人にここを掘ってけれと言われて、みんなでスコップで掘ったわけです。掘る前に役場の人が、線香あげだりしてあったすね。とにかく掘ったわけですよ。そしたら地下足袋がべろっと出てきたので、「おッ、出だど」と言ったら、立ち合っていた役場の人が、「待った」と言うわけです。そのあとはわたしらが掘らないから、どうなったかわかりません。

この時に、まだ若い少年みたいな中国人が来て、自分の父親が中山寮で死んで、松の木の下さ埋めだって言うわけです。それでこんだスコップ持って、出来るだけ大っきい松の木を捜して、根元を掘ったわけです。でも、埋めた時と違って松の木は大っきくなっているし、木の数は何百本ってあるわけだから、なんカ所もなんカ所も掘ったわけです。その子どもも泣きながら掘ったけれども、見つけれねがったですね。

だからおそらく、いまも埋まっていると思います。ダムに沈んでいるかどうか、わからないけれどもね。

わたしはいまになって考えると、配給になってきた物を中国人に食わせないで、日本人の補導員が自分の家に持っていったってのは、どう考えたって間違っています。食わせる物をちゃんと食わせていると、暴動みだいなことにはならないと思います。食わせないものだから、ああいうことが起きるのだと、わたしは思います。アメリカ人も、朝鮮人もなにも起こさないで、中国人だけが起こしたということは、鹿島組の取り扱いがぜんぜん違っていたからですよ。

中国人が働いている時に、昼飯を食うのを何回か見たけれども、饅頭《まんとう》一つに、樽に漬けているフキを、皮もたぐらないのを一本か二本だものな。日本人があんなことをされると、三日と持たないですよ。腹減って、体もやせてきて、あとは死ぬだけだとなれば、やっぱり祖国に帰りたいと、人間は誰も思うのではないですか。だから暴動も起きるわけです。中国人には、ひどいことをしたものだと思いますね。

（大館市花岡町字観音堂）

葉っぱを食べる

引き揚げ女性の見た中国人　木村キヨの証言

わたしは一九二〇年に花岡町に生まれたのですが、小学校を出てちょっと働いてから釈迦内村へ嫁に行き、それから夫婦で茨城県の日立製作所に行ったわけです。ところが、一九四五年六月の十何日だかに、アメリカのＢ29が飛んで来ると、日立製作所が爆撃されたのです。わたしたちも家を爆撃されたものだから、もうどうしようもなくなって、花岡町に引き揚げてきたわけです。

花岡町に来てみると、中国人の捕虜たちが、いまの花岡川を掘る仕事をやっているんです。六月の暑い時に、裸になってモッコを担いでいる人もあるし、トロッコを押している人もありました。でも、ヨタヨタとしか動けない人が多いのと、やせ細っている人が多いなと思いました。戦時中はわたしたち日本人の暮らしも決して楽なものではありませんでしたが、中国人たちを見ていると、とっても比べものにならないほどひどいなと思ったものです。

わたしの実家のそばの道路を、中国人たちは歩いていました。寮から現場に行ったり、帰ったりする道だったわけです。実家のうしろに、大きな桂の木があるのです。ところがよく見ると、下の枝の葉っぱがぜんぜんついてないので、「葉っぱはどうしてなくなっているの」って母に聞いたら、「中国人たちが腹を減らして、食べてしまったからだ」と言われて、よくこんな物まで食べているものだなと思ったものです。

そのあとは、釈迦内村の夫の兄さんの家へ世話になりましたが、家は村から離れていて、電気もないのです。夜中に子どもをおしっこに起こしても真っ暗で、とてもこわい思いをしました。そんなところにいたものだから、中国人たちが暴動を起こした時に、花岡町のサイレンが鳴ったというんですが、まったく聞こえませんでした。いま思うと、暴動のあった次の日ですね。花岡鉱山から逃げて獅子ケ森でつかまった中国人が役場の前にいて、みんな見に行ってるからというので、わたしも見に行ったわけです。

役場の前に行ったら、手を繋《つな》がれた中国人がたくさんいるわけです。裸になっている人たちが、背中になんか背負っているんですよ。よく見たら、毛布とか、袋みたいなものに、メリケン粉を入れたんでしょうね。白くなっているわけです。なんか、食糧の倉庫からでも持ってきたのでしょう。食糧を持って逃げたということは、やっぱり食うに困っていたんだと思います。あとで聞いた話なんですが、この山を越えると中国に行くにいいといって、せづねまぎれに（せつなくなって）逃げたということであったが、中国へ逃げて行くのに何十日かかるかわからないから、そのために持っていったのでしょうか。なんにしても、腹いっぱいと言わなくとも、ある程度の物を食べさせておくと、あんなことはしなかったのではないかと思いました。メリケン粉を持って逃げたというのがわかった時に。

中国人の言っている言葉はわからないけど、「ごめんして下さい」って、手を合わせていました。わたしにはそう言っているように、見えるわけです。それなのに日本の人は、棒でもってはだく（叩く）わけですよ。思いっきり力入れで、次から次と来てはだくわけです。逃げられたものだから、その腹いせにやるんでしょうけど、とっても可哀想で、いつまでも見ていられなくて、見に来たのに、すぐ家に帰りました。

わたしは六月はじめに花岡に帰って来たものだから、その前のことはぜんぜんわからないけど、鹿島組ですが、あれはあんまりいいことはしていなかったのではないでしょうか。これもあとで聞いた話ですけれども、わたしはすぐ帰ったものだから見なかったのですが、中国人たちは役場の前から花岡町の共楽館の広場に運ばれたんだそうですね。わたしは見たのでないけれども、あの暑い時に広場に座らされて、食べる物をやらないで、水だけやっていたということですね。栄養失調であんなに弱っている人たちにそんなことすると、もう終わりです。役場の前で見た中国人のことは、いまも忘れられません。

わたしは一一月に夫の兄の家から、花岡町の実家に戻ったわけです。引揚者だから食べる物はないし、子どもたちは大きくしなければいけないし、仕事だって女の働けるようなのはあんまりないわけです。それで他の家を借りると、娘さんたちに裁縫を教えたのです。八人ばかり来ましたが、若い人たちなので、騒ぐものだから、とうとう気兼ねしてやめてしまいました。それから近所の染め屋に、勤めたわけです。物のない時でしたから、染めた物は大した売れてあったし、染め物を頼みに来る人もいました。その時はたいした景気がよかったんですが、儲けた染め屋の主人が、こんど鉱山に手を出して失敗し、ダメになったんです。そのころになったら、新しい物がどんどん出てきて、染め屋もあんまり流行しなくはなってあったけれどもね。それから職業安定所に行って、失対に入ったのは一九五八年です。

それで一鍬運動の時は、「中国人の人たちの埋っている骨を拾うに行かねばいけない」って言われて、みんなと一緒に行ったのです。女の人たちだって、そりゃ掘りましたよ。でも、わたしは、ぜんぜん死体に当りませんでした。この時は一日だけだと思いますが、わたしの知っているところって、そんなところです。

（大館市花岡町字根子）

人間のニシン漬け

遺骨の発掘に参加　藤森源治の証言

わたしは花岡町（現大館市花岡町）に生まれて育ったのですが、太平洋戦争の最後の時は花岡町にいなかったものですから、花岡事件のことは直接は知らなかったわけです。日本が戦争に敗けてから花岡町に帰って来て、はじめてそのことを聞かされたわけですが、どうもピンとこなかったですね。中国人がそんなことをしたってことが。でも、そのあとで、花岡で死んだ中国人の遺骨を掘る仕事に何度か参加してから、考え方が変わってきました。いまになってみると、本当に可哀想なことをしたものだと思います。いままでも、遺骨の発掘作業に参加した全日自労の花岡分会の人たち全員で、年に二回、お墓のまわりの草取りをしたり、供え物をしたりして供養をしているが、いまになればお墓参りすることしか自分たちには出来ることがないので、死ぬまで続けていきたいと思っております。

わたしは一九二三年に生まれて、地元の小学校を六年で終わったわけです。あの当時は食えない時代で、小学校を終わると男も女も、すぐ手間取りに歩いたものです。わたしの父親も鉱山で働いておったが、田も六〇アールばかり持っておったようです。ところが、落盤した七ツ館坑の上に田が五〇アールばかりあって、鉱山に譲ってくれといわれると、働いている手前もあってむげに断わるわけにもいかず、売ってしまったようです。たった一〇アールくらいの田んぼではどうにもならないので、わたしも小学校を終わると、すぐ鉱山へ働きに行ったのです。でも、まだ仕事を覚えていないということもあるけど、地元では賃金が安かったわけです。わたしらみたいな少年兵は、一日働いてもいくらにもならないのですな。

ところが北海道の鉱山あたりからは、盛んに人を頼みに来るわけですよ。夕張炭鉱などの下請の組などが、人夫を募集にくるわけです。話を聞くと、賃金は高いのです。働く方としては、いくらでも高い方へ行きたいわけです。それで、どんどん行ったもんですが、わたしも一年ばかり地元で働いてから、北海道に渡ったのです。どういう仕事があったかというと、一人前の坑夫はちゃんと坑内に入って働きましたけど、わたしらのように一人前でないのは、選鉱場の建て方とか、鉱山の道路の修理とか、坑木を運びに山に行くとか、いろいろあるわけです。まず、雑役夫のような仕事です。それでも内地《ないち》に比べると、賃金は高いわけです。けれども、同じ鉱山では、あんまり長くは働かなかったですね。鉱山とか炭鉱では、よく事故が起きましたから。落盤とか、ガス爆発とか。そうすると、ここは危ないといって、べつのヤマに移るわけです。そこもまた決して安泰ではなく、また事故が起きるんですけれども。するとまた移るんです。

そんなわけで、北海道に何年いましたかね。また花岡に帰って来ると、こんどは組で働きました。同じ花岡鉱山にも、いろんな組が入って、下請仕事をしているわけですよ。なかなか会社採用ってのは、ありませんでしたからね。

それから戦争がはじまって、鉱山町からも元気な人たちは相当兵隊に行きました。わたしも兵隊に取られて、満期で戻ってくると、また組で働いたわけです。戦争がはじまると、鉱山には朝鮮人がかなり来ましたが、べつになんということもありませんでした。わたしは徴兵検査で第二乙種であったものだから、そのまま働いてましたが、どんどん兵隊に取られて、ここらあだりを守る人がもう居ねぐなった時だからね。日本が戦争に敗ける前の年に、また兵隊に取られて青森に行ったわけです。わたしらが兵隊に行っても、鉄砲なんてないものだから、竹ヤリ装備でした。べつに仕事もないものですから、毎日のように農家へ手伝いに行ってました。まあ、兵隊に行ったのか、百姓に行ったのか、わからないような状態であったですね。それで戦争に敗けると、わたしらはすぐ家に返されました。

家に帰ってすぐ働きに出ましたが、そのうちに仕事がなくなり、職業安定所に行っては仕事を見つけてもらって働き、働きしたものです。花岡町に失対が出来たのは、確か一九四九年ではなかったかと思いますが、それからずうっと失対で働いてきたわけです。そのころはまだ、朝鮮人は鉱山にも町内にも、相当おったものです。そのころから花岡事件の話をたびたび聞いて、花岡鉱山でもひどいことがあったんだなと思うようになったわけですよ。その前はよく知らなかったですね。

結局わたしは、失対にいるうちに、何回も中国人の遺骨の発掘に参加したわけです。どれが何年だったか、日記をつけていないのではっきりしないのですが、最初の発掘は失対に入った年の九月ではなかったかと思います。失対の委員長が朝鮮人の金秀一さんでしたが、発掘に行けという指令を出すのは、花岡町町長の山本常松さんで、町長さんは、「花岡鉱山でこういうことがあって、こんど遺骨を掘ることになったが、みなさんも仲間だから、応援して下さい」と言うわけです。町長さんにそう言われると、わたしらも仲間の一人であるんだから行きましょうということで、行ったわけです。まだ暑い時であったから、九月に入ってすぐではないかと思うんですが、はっきりしません。

それから中山寮の近くなんでしょうが、いまはダムの底になってなくなったけれども、そこへ掘りに行ったわけです。そして、一時間とか二時間もかけて掘っていると、こんど地下足袋とか、布とか、服みたいなのが見えてくるわけです。死んで埋められた人の物だってことが、わたしらにもわかるわけですよ。すると組の人たちが見ていて、わたしらに、「ほれ、お昼だからご飯食べに行け」って、わたしらが掘るのをやめさせて、組の人たちが交代して掘るわけです。わたしらのほかに、鉱山の仕事をしている花岡土建などをはじめ、たくさんの組が来て発掘作業をしたわけです。

それが一回だけでないわけです。上の人から、「ここ掘ってみれ」って言われて、わたしらが掘るわけです。一尺とか三尺とか掘って、なにか物が出てくると、「あとええ。こんどは俺らたちが掘るがら」と、こんどは組の人たちががらっと来て掘るわけです。するとわたしたちは、べつの方に連れて行かれるわけです。結局、わたしたちは、埋められている人が出るどころまで掘ると、あとは組の人たちに交代させるわけです。

その時も、おがしことするな、どうしてわたしらに掘らせねのがなと思ったけど、やっぱり死体が出るのを隠したかったんでしょう。見せたくなかったんでしょうね。わたしたちに見られると、結局、歴史的に覚えられることになるわけです。わたしたちもべつに好きで行くのではなく、役場に言われて掘りに行くわけですよ。鉱山の身内の者でないから、そういう人には、やっぱり知らせたくながったのだすね。いまになると確かにそうだと思います。

掘るのをやめさせたわたしらを、骨を焼いた場所に連れていくわけです。組の人たちが、「あとは俺らたちが掘るから、こっちの方の骨をふるった方がいい」と言うので、べつの方に行って、こんどは骨拾いをしたわけです。でもね、わたしたちは見たんです。わたしたちが掘った下から、死体がたくさん出てきて、ものすごい悪臭を放っておって、それを鉄板みたいなので焼いているんです。その骨をこまかく砕いて、ぬか漬けする箱みたいなのに、びっしりつめ込んでいるんです。

わたしらはべつの方に連れて行かれると、前に焼いた骨を拾ったのです。いろんな部分の骨が、たくさん土の上に出ていたり、土を少し掘ると、出てくるわけです。おそらく前に焼いた時は、よっぽど乱雑にやったものなんでしょうね。いっぱい出てきても、誰の骨かわからないために、大きな箱に、誰の骨ということなく入れて集めたのです。この時は何日も行きましたが、かなりの分量の骨を拾いました。

この時は朝鮮人もだいぶ来て掘ったのですが、前にもちゃんと掘ったという話なのに、どうしてこんなに次々と遺骨が出るんだろうと思ったわけです。この時に聞いた話では、大きな穴にうんと遺骨が埋まっていた時は、誰の骨だかわからないものだから、死んだ人の名前はわかるので、一人分の骨を五、六人くらいに分けて、適当に名前をつけて箱に入れ、送ったのだそうです。まあ、ひどいことをしたものですが、掘った人たちのなかには、中国人の死体を埋めてある場所をわかっている人もいたらしいんです。でも、戦争が終わって間もない時のことだから、もしもそのことをしゃべったりすると、警察に引っ張られるのではないかと思ったらしいんです。戦争中はおかしいことを言うと、すぐ引っ張られたものだからすね。それで、覚えていても、知らないふりをしていた方がいいんだ、かかわりを持たない方がいいんだ、と思ったらしいんです。そして死体のあるどこを隠したが、あとで誰かが告げ口したり、また上にかぶせた土が流れて死体が出てきたりするものだから、そのたびに第二回、第三回の発掘ということになったんですね。そのほかにも、いろいろとあったようですが、まあ、決してよぐないことだども、敗戦になったばかりとしては、仕方のない面もあったと思いますね。
どんなふうに埋められていたかってことを、あとになってからよく聞かれるんですが、なにせ埋まってることがわかるともうほかの所に寄せられたものですから、ちゃんと見れる機会はなかったんです。でも、さっきもしゃべったように、わたしは何度か見たんです。いまは誰もおっかなくないからはっきりと言えるども、わざと見に行ったのです。大きな穴は一間半くらいもあって、死ねば入れる、死ねば入れるってやったような状況でしたね。人と人とが重ねられて、まるでニシンでも漬けたようになってあったようです。はじめはそうでなく、ちゃんと箱に納めて埋めたという話であったども、あまりにも多く死んでいくものだから、そんなひまがなくなって、大きな穴を掘って、魚でも漬けるみたいに埋めたんですね。結局、わたしたちが上の方を掘ったのは、そうして埋められた人たちだったのです。あの発掘のことを思い浮かべると、いまでも体がざわっとするね。

（大館市花岡町字根子）

遺骨送還に参加

周総理と会見　武田武雄の証言

わたしは一九〇五年に北秋田郡比内町（現大館市）独鈷に生まれた。一九二六年に秋田師範学校を卒業したあと、県内の小学校で教員生活をしていた。大正の終わりから昭和にかけて秋田の農村は、不況にまともにさらされてたいへんなものであった。不作がつづいた農家では、食糧を買うために娘たちを売る家が多く、そのころの新聞を読むと、農村に娘なしとまで書かれているほどである。

ところが、満州事変のあと、東北の農村は少し明るくなったような感じになった。というのは、一攫《かく》千金を夢見る人たちが、どしどし満州（中国東北部）へ渡っていったのである。また、内地《ないち》で食いつめても、満州に行けば別天地があるという気持になり、実際に内地の生活をなげて、満州に渡った人が多かった。学校の先生たちのなかにも、学校や校長に不満を持っている人は、満州の新任地に移っていくのがかなりいた。

わたしは二〇代の終わりごろから、わたしに学校経営をまかせてくれると、こういうことをやりたいという一つのプランがあった。ところが、その当時の日本では、五〇歳をすぎた老人にならないと、校長になることはできなかった。三〇代で学校経営をやるには、満州よりなかったのである。満州に行けば学校経営をやれるので、どうしても行きたかったが、家の事情もあって覚悟を決められないでいるうちに、わたしは三八歳になった。満州に行ける先生の年齢は、三八歳が限度であった。

これ以上のばしては満州に行けなくなるので、思いきって満州に行くことにした。同僚からは満州に行くなと言われるし、妻には泣かれるし、行くまではたいへんだったが、一九四〇年五月に単身で満州に渡った。当時の満州には二系列の学校があり、一つは日本の文部省が直轄している在満国民学校で、先生の待遇も日本とまったく同じであった。もう一つは、満州国政府が直轄している中国人の学校だったが、わたしは在満国民学校に行く約束であった。ところが、満州に行ってみると、どこでどう手順が違ったのかわからないが、新京（長春）の満州国文教部普通学務科勤務というのがわたしを待っていたのである。役人になるために満州に来たのではないから学校にやってくれと頼んだが、なかなか認めてもらうことができず、一年半ほど役人生活をした。

そのころの満州では、自分の力で自分の村を建設していこうとする自興村運動がやられていたので、学校教育の面からも協力することになっていた。わたしは各地の学校を視察に歩いたり、指導に出たりしていたが、機会があるたびに現場へ出してくれと頼んでいたのがようやく認められて、四一年七月に新京特別市の郊外にある南河東区国民学校の校長にしてもらった。その当時は、中国人を校長にして表面的には中国人の学校に見せながら、実際には副校長に日本人がなって実権をにぎるというのが支配形態であったが、わたしははじめから校長にしてもらった。新京でただ一人の小学校長になり、この学校で三年ほど学校経営をやった。中国の人たちは、歴史的に苦難の道を歩いてきたので、日本人のように単刀直入には自分の考えや感情は表面にだしてこないが、ひと皮むいて心配のないことがわかると、裸になってくるのである。わたしもはじめは中国人の教員に警戒されて苦労したが、わたしの考え方を理解してもらってからは、なんのわだかまりもなく教育の仕事に専念することができた。日本が戦争に敗けてから、わたしも学校を追われたが、中国人の教員たちに助けられて、あまり苦労をしなかったのは、ありがたいことだと思っている。わたしがあとになって日中友好協会にタッチするようになったのは、満州でのこうした経験があったからであった。

四六年九月に日本へ引揚げてくると、秋田県内の小・中学校で校長生活をつづけたが、一九五九年ころから日中友好協会に関係するようになり、大館北秋支部長をやってきた。日中友好協会の大館北秋支部の仕事は、どうしても花岡鉱山に連行されてきた中国人たちや、花岡事件などで殺された中国人の問題が中心になるので、わたしも微力ながら努力してきた。ちょうど六四年の末に、第九次中国人俘虜殉難者遺骨捧持団が訪中することになり、わたしもその一員に加えてもらうことになった。この時には秋田県からわたしのほかにもう二人行ったが、その一人が秋田師範時代からの親友だった鈴木義雄さんと、花岡の信正寺住職の蔦谷達元さんであった。また、団長は黒田寿男氏、副団長は半田孝海氏と甘文芳氏、秘書長が赤津益造氏、団員はわたしたちも入れて一一人であった。

一一月一四日に羽田を飛び立ってから、再び羽田に帰るまでの二六日間にわたって、なつかしい中国の山河をまのあたりに接しながら、新しい中国の建設を見ることができた。この時の中国では、ほんとに教えられることばかり多かったが、その中から中国人殉難者の遺骨送還に絞って話をしたい。

羽田を出発したわたしたち一行は、香港から中国に入った。広州に着くと、ちょうど秋季中国商品交易会が終わったばかりだったので、その祝賀晩餐会に招待されたあと、毛沢東の農民講習所遺蹟、広州公社烈士の墓、象牙細工工場、発電所などを見学させてもらい、一九日に広州飛行場から北京行きの飛行機に乗り、午後九時四三分に北京空港に着いた。遺骨を抱いて飛行機からおりたわたしたちは、出迎えの人たちに付き添われて空港内の広い一室に導かれた。祭壇につくられた机の上に一つ一つの遺骨を安置した。遺骨に対して右側に中国紅十字会会長の李徳全氏をはじめ中国側の要人が並び、左側の椅子にわたしたち代表団が坐った。椅子の一つ一つにイヤホーンがつき、日本語に訳されて流れるようになっていた。要人たちの背後とわたしたちの後には、黒くて長い外套を着た人たちが、一〇〇人ほども立って並んだ。

中国紅十字会副会長で、中国仏教協会会長でもある趙撲初氏から挨拶をいただいたあと、黒田会長が報告と謝詞を述べて、式は約一時間で終わった。こうして日本から抱いてきた中国人の遺骨は、同胞の手に渡すことができた。時間は短かったが、厳粛荘厳なひとときであり、わたしは大きな任務が終わった安心感でホッとなった。

翌二〇日の午前一〇時半に、中国紅十字会を訪問した。趙撲初副会長などが接待に出てくれたが、趙氏はくつろいだ形で遠来のわたしたちの労をねぎらったあと、だいたい次のような意味の談話があった。

「日本帝国主義の中国侵略の中でおこなわれた三光政策などによって、惨虐された死者は一千万人を越したし、五〇〇億ドル以上におよぶ被害を受けた。南京一市だけで、三〇万人もの虐殺があった。これは悲しむべきことであるが、しかしすでに過去のことである。そのことでもって、現在または将来の日中関係を悪くしてはならない。自分は一九五九年に日本を訪問して、日本人民の友情にふれ、日本人民が中日の国交の回復を心から望んでいることを知った。しかし、いま日本は、アメリカ帝国主義によってその自由を奪われている。中国もアメリカ帝国主義の侵略と戦っている。共同で協力をしてこれを払いのけ、中日両国がしっかりと手を握るべきである」

二一日午前九時から、中国仏教協会主催の法要が広済寺でおこなわれた。わたしたちが捧持《ほうじ》した遺骨は、予想では天津の納骨堂に納められるだろうということであったが、事情があって当分この広済寺に安置されることになり、法要がおこなわれることになったのだと言っていた。黄褐色の法衣の僧侶六〇人ほどが両側に並び、一人の老僧が仏壇に向き、長い長い読経《どきょう》がなされ、供養がおこなわれた。この法要には、わたしたちは参列という形であった。

午後二時、政協礼堂で「日本護送第九次中国人在日殉難烈士遺骨代表団歓迎大会」という大集会が持たれた。わたしたちは控室でお茶をいただいてから、会場に導かれた。盛んな拍手に迎えられて壇上の席につくと、少年先ぼう隊の少年少女が一人ひとりに花束を贈ってくれた。黒田団長から李徳全会長に、日本に連行された約四万人の名簿が手渡しされ、李徳全会長が挨拶を述べてから、黒田会長の報告がなされた。今回の捧持団の目的から、戦時中に日本へ連行された中国人の状況、とくに花岡における捕虜が、単に犬死したのではなく、日本帝国主義に一撃を加えようとして起ち上がったことを具体的に述べながら、日本帝国主義の犯した罪悪を、日本人民としてお詫びすると結んだ。わたしたち代表団も、会場を埋めた約二〇〇〇人の中国人民も、ともに涙を流して日中再び戦わずの誓いを新にした。

まったく感激の深い集会で、若い男女の姿が多く見られた。

二五日の午前一一時三〇分から、わたしたち一行は周恩来総理と会見することができた。周総理が会ってくれるということを聞き、わたしはたぶん一〇分か一五分でいどの接見を賜れるだろうとくらいに考えて人民大会堂に着いた。そして、天安門通りに向かった玄関から階段を登って入って行くと、そこに思いがけなく周総理が迎えに出ていて、一人ひとりの紹介を聞きながら握手されるのには驚いた。まさにこれが、人民の国の総理という感じなのである。すぐにそこにしつらえてあった踏台にあがったりして記念撮影を終わると、会見の室《へや》に案内された。それからはまったく体裁などはおかまいなしで、単純率直といった態度で、約一時間半にわたって話をされ、他の用事で迎えにくるまで動かないといった態度で終始した。わたしはそうした周総理にしっかり魅了されてしまい、別れの握手を固く握りかえしてそこを去ったが、周総理の談話の要点は次のようなものであった。

一、遺骨発掘収納の仕事と送還の仕事の意義。それが単に遺骨だけの問題ではなく、政治的な角度からも見なければならないこと。
二、日本軍国主義の中国侵略戦争から、中日両国民の学ぶべきこと。中日両国民の提携。
三、アメリカ帝国主義の侵略には中日が共同して当たらなければいけないこと。
四、中国で日本人の遺骨八九九柱を収集しているが、佐藤政府の態度がおかしいので、当分これを預っておくこと。
五、中国の核実験について、日本政府が抗議などする権利のないこと。
六、遺骨の収集送還には心から感謝するが、しかしこの問題は、根本的に考えなければならない。人生到るところ青山あり、骨を埋むるはただ故山のみならずなどと考えねばならぬこと。

わたしたち一行はその後もたくさんの学校や工場、文化遺産などを見学して、一二月九日に羽田に着いた。中国ではいたれりつくせりの歓待を受けたが、歓待をされればされるほど、戦時中に日本人が犯した罪の大きさに気づいて、慄然とさせられた。

（秋田県北秋田郡比内町独鈷）

戦争さえなければ

花岡町で生れ育って　三浦瑞の証言

戦争が悪いのだと思いますね。戦争さえなければ、花岡事件なんかも起きなかったと思います。花岡事件のことを思うたびに、戦争をしてはいけないのだと、しみじみと思いますね。

両親は盛岡の人なんですが、花岡町に来て一九二九年一二月二九日にわたしが生まれたんです。花岡小学校を六年で終わり、それから大館の女学校に入ったのです。ちょうど紀元二千六百年の唄が流行した次の年の三月に試験があり、四月に入学したのです。敗戦の次の年に卒業したのですが、花岡から大館までは鉱山の汽車で通いました。あの当時は花岡駅が、田んぼの方に移ってました。泉田の方にですね。そこに降りて、社宅に歩いて行ったのです。

あれは女学校の何年生の時でしたかね、まだ戦時中のことでした。今はもうなくなりましたが、花岡駅の前にある花岡病院に、学校の指示で数週間、応急処置の看護実習に行ったのです。そうすると中国人たちが、何十人も引率されて病院に来てました。どの人もやせるにいいだけやせて、骨と皮ばかりになっていました。皮膚はからからに乾燥して、木の皮みたいにがさがさとなっているのです。注射器の針がしなって、刺さらないのです。折れてしまうのではないか、と思ったりしたものです。大内正院長でさえも、注射をすることができず、棄てておりました。わたしたちも実習だからやれと言われてやりましたが、ぜんぜん注射器の針が刺さらなかったのです。これが人間の皮膚かと思い、あ然としたものです。

「中国人は病院に来ると、女の人が手で触ってくれるのがよくて来るので、べつに悪いんじゃないですよ」と誰かが言ってました。

でも、元気な人はいませんでしたし、注射器の針も刺さらない皮膚を持っている人が、悪いところがない人だとは思われませんでした。そんな中国人が毎日、ぞろぞろと引率されて来てあったですよ。

わたしが女学校に入っていたころは、冬に学校で焚《た》く薪を運びに、泊まりがけで山に行ったものです。扇田の方の山でしたが、営林署の作業員たちが泊まる飯場《はんば》に、自分たちで毛布などを持って、先生方がついて行ったのです。そして、大館中学の生徒たちが切った薪を、わたしたちが背負ってだしてくる訳です。太いのも細いのもありましたが、一本背負ってよろよろと歩きました。谷があったり、急な道があったりして、ちゃんとした背負う道具もなくて大変でしたが、多くの人たちでやるものだから、なんとかやれたと思います。夏のうちに交替で、何回か行ったものです。

ちょうど花岡事件が起きた晩は、その山に行っていたのです。翌日の朝の九時ごろに学校へ帰ったのですが、そんなことがあったとは知らされませんでした。午前一一時ごろに汽車に乗り、花岡町に帰って来たんです。いつものように共楽館のわきを通って家に帰ろうとしたら、共楽館の前の広場がいつもと違って異常なんですよ。よく見ると杭が打たれていたり、杭に人が縛られていたりしているのです。

「あれエ、なにがあったんだろう?」

と思ってよく見ると、広場に血だまりが何か所にもあったり、やせた中国人がうしろ手に二人が縛られていたり、ズボンの前が濡れている中国人もいたりするのです。

この日はとても暑い日で、歩いているだけでも汗が流れました。家に着くと母がいたので、

「いま共楽館の前で、こういうのを見てきたよ」

とその様子を言うと、

「実は昨晩、中国人たちが逃げて大変であったスよ。昨日帰らなくて、ほんとによがったな。今朝方まで、大騒ぎであったんだよ」

と母が言ったのです。

それではじめて、広場でさっき見た中国人たちが逃げて、捕らえられてああいうふうにされているのだなと気がついたのです。わたしは疲れていたので、そのまま寝てしまいましたので、また見に行ったりしませんでした。わたしが帰るときは見物している人もあまりいませんでしたが、その後に人が集まって来たのでしょうね。

後になって、「そうすれば、あの人たちが叩かれたり、蹴られたりしたんだな。便所にも連れてもらえなくて、漏らしたんだな。血だまりは、殴られたりした人のだな」と思いました。

あとで友だちに聴いたら、鞄を持って夕方まで見ていたという人もいました。学校に行っても、そんな話はでませんでしたよ。大事件なのにね。

うちの人の両親は、中国人たちが土方仕事に連れられて歩く通りに住んでいたのです。やせていて歩く

のもようやくの中国人に、何か一つでも食べさせたいと思ってそばに寄って行くと、

「そばさ寄るな」

と、補導員に追い払われたそうで、ひどいものだと言っていたと、うちの人があとで知らせてくれました。うちのひとは兵隊に行っていたので、事件のことは知らないんです。

そのあとで勤めるようになってから、スキー大会があって中国人の宿舎になった中山寮の前を通ったことがあります。豚汁をつくったのを馬橇《ばそり》に積み、運んで行く途中でした。そのとき、

「ここだよ。中国人たちが入っていたところは」

と言うので、男の人が、

「どれ、入ってみるか」

って、馬橇から降りて窓から覗《のぞ》いて見たんです。

わたしも降りて見ましたが、戸はみんな壊れていました。真んなかの通路に、ワラが沢山散らばっていました。あとはなんにもなくて、

「馬小屋みたいなところだな。こんなところによく住んでいたものだな」

と思ったものです。

（大館市豊町二―三七）

第三集　あとがき

花岡鉱山の鹿島組花岡出張所に強制連行された中国人は日本の敗戦で自由になったが、花岡事件の証人として耿諄たち二四人は占領軍に残留を命じられた。また、重傷の一八人をのぞいた約五三〇人は、一九四五年一一月二九日に博多から江ノ島丸に乗って帰国した。一九四八年三月一〇日に第八軍事法廷で花岡事件が判決したあとも、四人が日本に残った。そのうち李振平・林樹森・劉智渠の三人が北海道札幌市にいることがわかり、一九七一年から数度にわたって話を聞き、まとめたのを「思想の科学」に一九七四年一月号から九月号まで連載した。これを評論社が「人間の権利叢書」の一冊として出版して下さることになり、連載したのに手を入れていた一九七四年の後半にNHK秋田放送局では、確か翌年は太平洋戦争が終って三〇年になるので、戦時中から敗戦後にかけて秋田県内で起きた大きな出来事を毎月一本放送する企画をたて、そのテーマを決める会にわたしも呼ばれた。それまで数人のディレクターが花岡事件をテーマにした番組を提案していたが、いつもボツになっていた。秋田放送局にいた鬼頭春樹ディレクターもその一人で、何度も提案が潰《つぶ》れていた。この時に彼と相談し、六月に「花岡事件」を入れたところ問題なく通り、花岡事件をテーマにした番組が一九七五年六月二五日にローカルで放送された。その後、ディレクターたちの努力にもよるが、花岡事件の番組がNHKの電波にのるようになった。いったい何が垣根であったのかわからないが、その垣根を一度越えると、垣根は消えてしまっていた。NHKの電波で花岡事件が放送されるようになるとその影響は大きく、多くの人たちが関心を寄せるようになった。

『花岡事件の人たち』（一九七五年、評論社）が発行されたあとも、新しい動きが生まれた。その一つが、一九五一年に発行されたあとは行方不明になっている『花岡ものがたり』の版木さがしだった。このシリーズの各巻に収録している『花岡物語』のノートを入手していたので、版木を見つけたいという思いは強かった。関係したと思われる人に電話をかけたり、手紙を書いたほか、秋田県内だけでなく、栃木県、東京、水戸市と関係者を追って歩いた。それでも見つからず、わたしは「幻の版木」と呼んで半ば諦めかけていた一九八一年に水戸市で見つかり、無明舎出版から発行することができた。絶版後は一九九五年に御茶の水書房から再刊になり、多くの書籍に版画が使われた。

この年の秋、NHKラジオ第一の「あの時わたしは」という番組で、「昭和20年・花岡事件」をやるので協力して欲しいと要望された。花岡鉱山へ一緒に行き、真冬に川を掘る中国人、蜂起したあとに家の前を素足で歩く中国人、共楽館前の砂利に坐《す》わる中国人のことなどを詳しく語る六三歳の元坑夫の未亡人の話に、担当者は喜んで帰った。しかし、放送日の三日前に担当者に電話で、「名前が出ると鉱山勤めの長男や親戚に迷惑がかかるので、（放送に）名前はださないで欲しい」と泣かれた。名前をださないと証言の意味が希薄になるので、ぜひだして欲しいと電話で説得したがダメなので、代わりの人がいないかと言われたが、その人以外に紹介できる人はいなかった。番組は変更できないため、結局わたしが少年の時に体験した中国人のことを語り、一一月二四日の夜に放送された。その日は不在だったので留守番電話しておいたところ、一〇人近い人から電話が入っていた。放送局にも同じくらいの人から連絡があり、名前と住所を知らせて貰った。なかにはわたしの話を批判する人もいたが、中国人のことをいまも忘れていないという人が多かった。電話番号を教えてくれた方に電話を入れると、わたしの知らない事実を詳しく語り、訪ねてくればいくらでも教えるという人が、北は北海道から南は大阪まで一〇人近くいた。戦時中から敗戦後にかけて、花岡鉱山や花岡町で暮した人たちだった。

また、放送局やわたし宛に、放送を聞いた人たちから手紙も届いた。便箋に一三枚もびっしりと書いている人もあったし、体験したことをテープに録音し、送ってくれた方もあった。こうして聞き書きのできる二〇人近くの名簿ができた。その名簿を手に、わたしは話を聞きに歩きはじめた。その人たちの話のなかに、わたしの知らない事実が、次々と出てくるのに驚いた。これまで刊行された書籍や調査報告書にも、書かれていないことも多く語ってくれた。花岡事件の資料が少ない時だっただけに、証言を積みかさねることで、花岡事件がいっそう真実に近づいていくように感じられた。その当時はまだ、アメリカから花岡事件の資料が日本には届いておらず、中国に帰った生存者たちも不明だった。

こうして取材した聞き書きがかなりの量になったとき、『花岡事件の人たち』とは視点をかえて、新しく花岡事件を書きたいと思うようになった。しかもこの時に、花岡事件の起きた地元・大館市を本拠地として県北に広く根を張っている「北鹿新聞」で連載を引き受けてくれたのは、わたしにとっても驚きだった。

ローカル紙はその地域の社会と深く結びつき、政治や経済とも密接にかかわりを持っている。花岡事件を掘り返されては困る人や、不愉快に思う人たちが各方面のトップにいる。そこに根をおろしている北鹿新聞が、地域の恥部と考えている花岡事件を一面に連載するのは、普通では考えられないことだった。しかも、中国人強制連行・花岡事件は、日本の政府や企業がその実態を覆い隠す政策をとっている時であり、地元の大館市や花岡町の花岡鉱山関係者に取材の申し込みをしても、「過去をほじくり出して何になる」と追い返されていた。そのような時に地元の新聞である北鹿新聞に花岡事件の連載をするのはどんなに難しいことかは、地域で生活している人だったら十分に理解できるだろう。その難しさを乗り越えて、北鹿新聞社編集局の人たちの努力と協力で、新聞への連載が決まったのである。

　新聞連載のため新しく取材し、編集局からは写真の撮影や資料集めなどに協力して貰い、一九八二年六月三〇日から「聞き書き　花岡事件―37年目の証言」の連載がはじまった。しかし、読者からははじめて花岡事件の全容を知ったという声が多くでたものの、新聞社の株主などからは連載に反対する声がでるようになり、その声はわたしにまで届くようになった。八月一五日の敗戦日のあたりには、もしかすると連載が中止になるかもしれないという空気が強くなった。ところが、八月二六日に日本政府は教科書検定問題で、「反省に立ち是正」の見解を発表した。これに対して中国と韓国が、教科書問題の日本政府の見解を了承するなど、マスコミは連日のように教科書問題を報道した。その動きのなかで、「聞き書き　花岡事件」の新聞連載は中止せよという声は止まった。そのため幸運にも、一〇月二七日まで一一八回の連載ができたのだ。企画から連載が終わるまで、内外の批判に耐えて連載を続けさせてくれた北鹿新聞社編集局の小松宰、加賀谷勝さん、そして編集局の方々には大変な協力をいただいた。

　この連載に加筆して一九八三年に『聞き書き　花岡事件』として無明舎出版から発行になった。さらに一九九二年には『聞き書き　花岡事件〈増補版〉』として御茶の水書房から出版された。

　また、北鹿新聞に連載した「聞き書き　花岡事件」は珍しいこともあって、切り抜きしている人が結構いた。連載が終ってからも、新聞に載った「聞き書き　花岡事件」を欲しいという要望が、年に一～三人ぐらいから寄せられる。単行本で出版されていると説明しても、連載したのが欲しいというので、わたしが持っている切り抜きをコピーして送ってきた。だが、コピーをとる手間も大変なので、復刻版でもいいという人が多いため、連載したのをそのまま編集し、二〇〇三年に復刻版（能代文化出版社）をつくった。いまでもこの復刻版がよく動いているのは不思議である。

こうした作業をしているうちに、一九八五年になった。太平洋戦争が敗戦になってから四〇年目にあたると同時に、花岡事件が起きてから四〇年でもあった。各地で多様な行事が持たれたが、それに参加しながらわたしは、『証言・花岡事件』という記録集の構想を練っていた。そして秋に、次のようなパンフレットをつくり、知人を中心に配布した。

秋になりましたが、お元気のことと思います。

ことしは、太平洋戦争が敗戦で終結して四〇年目にあたりますので、各地でさまざまな行事や集会などが持たれました。そして同じくことしはまた、当時の秋田県花岡町（現大館市）の花岡鉱山で、「花岡事件」が起きてから四〇年目にあたりましたので、はじめて大館市主催の「日中友好・大館平和祈念祭」が開かれ、花岡事件で犠牲となった四一八人の中国人たちの慰霊祭もおこなわれた、記念すべき年でもありました。

ご存知の方も多いと思いますが、花岡事件というのは、昭和二〇年六月三〇日の夜、秋田県北秋田郡花岡町にあった同和鉱業花岡鉱山の下請けをしていた鹿島組（現鹿島建設）花岡出張所で、大陸から強制連行されて重労働をさせられていた中国人約八〇〇人が、悲惨な虐待にたえかねてほう起したのです。これに対して警察や警防団などが山狩りをして捕らえ、共楽館広場で拷問を加え、二七〇余人が死亡したのです。花岡鉱山には昭和一九年八月から強制連行された中国人が入り、三回にわたって九八〇人が来ましたが、敗戦後に帰国するまでに四一八人が犠牲になったのです。敗戦後は、鹿島組花岡出張所長ら六人がB・C級戦犯として横浜裁判で裁かれたのですが、三人が絞首刑という重い判決にもかかわらず、のちに全員が釈放されました。

しかし、事件が発生してから四〇年という才月は長く、この事件にさまざまな形で関係した人や、また見聞きした人たちがこの世を去っております。そこで、どんなに小さなことでもいいので記録にとどめ、後世に残したいと考えて、『証言・花岡事件』という記録集をつくりたいと考えたわけです。その当時、花岡鉱山で働いた人や、花岡町で暮した人たちも全国に散っておりますので、ぜひとも全国各地から関係者のご協力をいただければ幸いです。

一、体験者、目撃者の手記をお寄せ下さい。どんない小さな体験、目撃したことでも結構ですので、手記にまとめてお送り下さい。

二、体験者、目撃者はご連絡下さい。体験したり、目撃はしたけれども、書くことは出来ませんという方は、連絡をいただければお話を聞きにうかがいます。

三、写真、その他の資料をお貸し下さい。お貸しいただけない時は、連絡をいただければうかがいします。

以上ですが、よろしくお願いいたします。

一九八五年九月

多くはないが、少しずつ反応があった。「わたしも中国人が働くのを見た」とか、「あの人は戦時中花岡にいたから知っているのではないか」という形で伝わってきた。ラジオ放送の時につくった名簿の中でまだ話を聞いていない人もあったので、その人たちも訪ね歩いた。しかし、長い時間話をしたあとで、「名前を出さないで欲しい」と言う人が多かった。ラジオの放送を辞退した人のように、とくに大館市で生活している人の場合は鉱山とはさまざまなつながりがあるため、「わたしも年なのでいつこの世からさよならするかわからないから、あのこと（花岡事件）だけは話しておきたい」と思って話をしても、地元で暮している子どもや親戚のことを考えると、名前をだせないのだ。その立場もよくわかるので、A子とかB夫として書いてきたが、本名でないと説得力が弱い。名前をだしてくれ、しかも自分のこれまでの生き方も語ってくださる人は意外に少

ないのだった。

東京から北に住む人たち二十数人を訪ねて話を聞き、その中から一三人の話を収録した『証言・花岡事件』は、一九八六年に無明舎出版から出版した。その後も聞き取りを続け、新しく四人の証言と、『花岡事件の人たち』に載せている三人の証言を合わせ、『花岡事件を見た二〇人の証言』として一九九三年に御茶の水書房から出版した。このシリーズの第一集と第三集に一〇人ずつ収録しているが、いまも元気な人は少ない。もっと多くの証言が欲しかったと、悔やまれてならない。

本書は、第一部は御茶の水書房『聞き書き　花岡事件〈増補版〉』（一九九二年）、第二部は御茶の水書房刊『花岡事件を追う』（一九九六年）、第三部は御茶の水書房『花岡事件を見た二〇人の証言』（一九九三年）を底本とし構成しています。また、版画ノート「秋田ものがたり」は各集に収録いたします。

員が仮出所。

・1949年　中華人民共和国が誕生。日中友好協会が発足。日本の各地に放置されている中国人強制連行者の遺骨問題が表面化。10月に鹿島組は信正寺の裏の畑地に納骨堂をつくり400余の遺骨を密封、供養塔を建立。
・1953年　中国人俘虜殉難者慰霊実行委員会結成。遺骨は第１次中国人犠牲者遺骨送還船・黒潮丸で中国へ戻る。
・1985年６月30日　大館市主催の中国人強制連行受難慰霊式。記事が中国へ配信。河南省の耿諄が読み、消息が日本に伝わる。
・1987年　旧隊長の耿諄が日本へ招かれ、大館市の慰霊式にも出席。中国に帰った耿諄を中心に、花岡事件の生存者と遺族で花岡受難者聯誼準備会が結成。
・1989年12月22日　北京で「鹿島建設に対する公開書簡」が発表。
・1991年５月　天津市南開大学の劉福友講師が天津市水上公園の抗日受難烈士記念館に日本に強制連行されて死亡した中国人の遺骨2,345柱を発見。うち花岡鉱山の遺骨416柱。
・1993年12月　北京で「花岡事件展」開催。同、中国人民抗日戦争記念館で花岡受難者聯誼会の総会。
・1994年６月20日　秋田県大館市で中国人殉難者慰霊式開催。出席した花岡受難者聯誼会の一行は７月６日に鹿島本社訪問。
・1995年６月28日　耿諄ほか10人は鹿島を相手に、１人550万円を求める損害賠償請求訴訟を東京地裁に起こす。
・1997年12月10日　「損害賠償請求権は消滅した」と「門前払い」の形で請求を退けられた原告側は同12日、東京高裁に控訴。控訴審の東京高裁では、「花岡事件は戦争犯罪であり、時間の経緯で左右されるべきではない」などと訴えるも裁判は長引く。
・1999年９月10日　東京高裁の新村正人裁判長は「通常の事件とは違うと理解している。和解で解決を図るべきだ」と和解勧告。和解協議つづく。
・2000年11月29日　東京高裁で和解が成立。
（和解成立の日、中国人側代理人の弁護士は「この和解は、鹿島に法的責任がないことまで認めたものではなく画期的」と評価。同日、鹿島のコメント「（訴訟では）当社に法的責任がないことを前提にした和解協議を続け、慰霊などの対象として花岡出張所で労働に従事した九八六人全員を含めることがふさわしいと主張した。受難者の慰霊、遺族の自立、介護など具体的に実施できる仕組みを整う見込みがたち和解条項に合意した。『花岡平和基金』の拠出は、補償や賠償などの性格を含むものではない」と発表。※「毎日新聞」より）
・2001年６月26日　河北省石家庄市で花岡蜂起五六周年記念シンポジウム。花岡訴訟原告の一人孫力が「和解」拒否を正式表明。
・2001年６月30日　和解成立後はじめての大館市主催の中国人殉難者慰霊式。中国から事件の生存者と遺族32人出席。中国人の渡航費用は花岡平和友好基金から賄われた。鹿島の役員も初めて出席。
・2003年３月13日　耿諄「厳重抗議」発表。「和解」前後の経緯、和解条項の内容が知らされないことを公表し、「和解」無効を主張。

【花岡事件　関連年表】

・明治初期に地元の人たちによって花岡鉱山発見。
・官営鉱山が次々と民間に払い下げられ、秋田県北の鉱山地帯活況を呈す。
・1915年　小坂鉱山を経営する合名会社藤田組が花岡鉱山を経営。
・1916年　堂屋敷鉱床が発見。花岡鉱山が繁栄の基礎。
・1931年　満州事変、1934年に満州国成立。
・1937年　日中戦争がはじまる。軍需産業として鉱山は生産の増大を要求。日本国内での労働力不足にいっそう拍車。
・1938年の国家総動員法、1939年に国民徴用令公布。
政府は、国民の労働力の強化と管理を進めるために国家総動員法制定。さらに国民徴用令を発令、天皇の勅令であらゆる人たちを戦争のために動員。
・1941年　アジア太平洋戦争がはじまる。花岡鉱山は軍需工場に指定。
・1940年３月　中国人労働者の移入問題。杉本石炭鉱業連盟会長と伊藤金属鉱業連盟会長との連名「鉱山労務根本対策意見書」を企画院総裁、商工、厚生の各大臣に提出。労働法に束縛されない特殊な管理下で中国人労働力の使用を主張。
・1942年10月　企画院第二部の山内課長を団長に、各省庁から選んだ48人で華北労働事情視察団結成。視察後に国内連行計画まとめる。東条内閣は、「華人労務者内地移入ニ関スル件」を閣議決定。
・1943年　1,420人の中国人を日本に試験的に連行。
・1944年　中国人労働者の本格的移入を次官会議で決定。「昭和一九年度国家動員計画需要数」に中国人30,000人計上。本格的に連行を実施。
・1944年　花岡鉱山は小坂鉱山から独立して花岡鉱業所となる。七ツ館坑落盤事故、花岡川の水路変更計画。鹿島組（現鹿島）花岡出張所が工事を請負。
・1944年８月　中国人297人が花岡鉱山の鹿島組花岡出張所へ連行。
・1945年　強制労働による虐待死がつづく。鹿島組花岡出張所さらなる連行計画。５月５日に587人、６月４日に98人を花岡鉱山に連行。秋田県労働課の指示で秋田県労務報告会が工事突貫期間を計画。
・1945年６月30日夜中国人たち残忍非道な虐待に抗して蜂起。失敗に終わる。
・1945年８月14日　日本はポツダム宣言を受諾して無条件降伏。８月17日、内務省主管防諜委員会から敗戦にともなう「華人労務者ノ取扱」についてを関係者に通達。鹿島組花岡出張所は通達を無視し重労働つづける。
・1945年９月11日　花岡事件の主謀者中国人11人が秋田地方裁判所で、１人が無期懲役、ほかは10年以下の懲役に処された。
・1945年11月29日　花岡事件の横浜裁判の証人として耿諄たち24人が残され、ほかの人びとは江ノ島丸で中国へ帰国。
・1946年３月　鹿島組社長・鹿島守之助が総司令部検事局に召還。中国人を使用した日本建設工業会13社の社長への波及防止と鹿島守之助の無罪の策を講じた。
・1948年３月10日　第八軍事法廷で花岡事件判決。絞首刑２人、終身１人、重労働20年２人の判決。最高責任者の社長や政府には波及せず、下級管理者だけに適用。1953年前後に全

マ

ヤ

ラ

タ

サ

索　引

著者紹介
野添憲治（のぞえ・けんじ）

1935年　秋田県藤琴村（現・藤里町）に生まれる。新制中学を卒業後、山林や土木の出稼ぎを7年、国有林の作業員を8年の後、能代市に転住。大館職業訓練所（自動車整備科）を修了後、木材業界紙記者、秋田放送ラジオキャスター、秋田経済法科大学講師（非常勤）などを経て、著述活動に入る。

著書に『出稼ぎ　少年伐採夫の記録』（三省堂新書）、『開拓農民の記録』（ＮＨＫブックス）、『花岡事件の人たち』（社会思想社・現代教養文庫）、『秋田杉を運んだ人たち』（御茶の水書房）、『花岡事件と中国人』（三一書房）、『秋田県における朝鮮人強制連行』（社会評論社）ほか多数。中国語に翻訳され、中国で３冊が出版されている。

『塩っぱい河をわたる』（福音館書店）で第42回産経児童出版文化賞を受賞。

第Ｉ期著作集「みちのく・民の語り」（全６巻、社会評論社）がある。

シリーズ・花岡事件の人たち　中国人強制連行の記録
第三集　花岡鉱山

2008年２月28日　初版第１刷発行

著　者：野添憲治
発行人：松田健二
装　幀：桑谷速人
発行所：株式会社 社会評論社
東京都文京区本郷2-3-10　☎ 03(3814)3861　FAX 03(3818)2808
http://www.shahyo.com
印刷：スマイル企画＋倉敷印刷
製本：東和製本
